AF568688

Reinhard Leube

Septemberrevolution

Dritter Teil

Anderwelt Verlag

Reinhard Leube

Septemberrevolution

London und Deutschland 1938

Der Geschichte dritter Teil

Illustrationen von Daniel van Oz und Andreas Schäfer

Anderwelt Verlag

Impressum

Septemberrevolution
London und Deutschland 1938
Teil 3

Umschlagbild und Illustrationen von Daniel van Oz
und Andreas Schäfer

1. Auflage 2019

Anderwelt Verlag, München
Druck: CPI Books GmbH Printed in Germany

ISBN: 978-3-940321-23-7

Mein sehr herzlicher Dank gilt allen, die dieses Buchprojekt in vielfältiger Form unterstützt haben. Sie haben es überhaupt erst möglich gemacht.

INHALTSVERZEICHNIS siehe Seite 276 ff.

Ein halbes Jahrzehnt im Zeitraffer

Ende Januar ist es fünf Jahre her, dass Hitler Kanzler geworden war. In der kurzen Zeit von fünf Jahren ist tatsächlich eine Menge passiert. Hin und wieder zieht man Bilanz. Sicher ist mancher geblendet vom scheinbaren wirtschaftlichen Aufwärtstrend, doch wer mehr Einblick hat, ahnt für die Zukunft nichts Gutes, denn dieser wirtschaftliche Aufschwung ist ja auf Pump finanziert. Außenstehende müssen sich wundern, dass dem Experten Hjalmar Schacht nicht Bange ist vor galoppierender Inflation, aber der wiegt sich ernsthaft im Glauben, er habe mit Hilfe der Finanzen unseren Führer an der Leine.[1] Der Kanzler selbst verfolgt unbeirrrt seine Pläne, mit denen er angetreten war. Am Ende der Woche, in der ihn der greise Reichspräsident an die Spitze der Regierung berufen hatte, sagte er bereits zur Führung der Reichswehr, was er noch vorhat: Lebensraum schaffen für die Deutschen. Der Inhalt der Rede war nur wenig später in Moskau angekommen. Dort waren sie von solchen Worten nicht so sehr angetan, aber mit seiner Miniarmee konnte der Kanzler seinerzeit noch nicht einmal sein eigenes Land verteidigen. Wer Hitlers Zielvorstellung in *Mein Kampf* gelesen hat, konnte schon eher wissen, was der Mann im Schilde führt. Es geht ihm nicht allgemein um Lebensraum; den hätten die Deutschen ja auch in ihren alten Kolonien in Afrika gehabt. Dort, in der Ferne, hätten London und Paris ihm den auch gern gewährt. Aber es geht Kanzler Hitler um ein zusammenhängendes Land der Deutschen in Europa und das ist ganz klar nur durch Krieg in Europa zu bekommen. Gelacht haben unsere Generäle vor fünf Jahren. „Na, der wird sich noch wundern in seinem Leben",[2] hatte Generalmajor von Brauchitsch gesagt und der Chef des Heeresamts, Oberst Fromm, vertrat in einem Gespräch mit Generalleutnant von Fritsch die Meinung, „dass die maßlosen Vorhaben an der Härte der Tatsachen scheitern und auf ein nüchternes Maß zurückgeführt" würden.[3]

Unser Kanzler wurde das Gefühl nicht los, „gegen eine Wand zu reden".[4] *Grundehrlich* wie er ist, so klug war er auch, und hielt sich fortan zurück mit seinen Visionen, bis er sicher im Sattel saß. Vor zwei Monaten hatte er es noch einmal probiert und diesmal haben die Männer nicht mehr in sich hinein gelacht – sie haben ihm widersprochen. Seitdem sinnt unser

Kanzler auf Abhilfe. Wer sich seinen Plänen in den Weg stellt, muss aus der Sicht genommen werden. Doch unser Kanzler ist kein Tor. Sein Tun darf nicht plump sein, damit sich andere nicht mit den Abgeschossenen verbünden. Gelegenheiten muss man im Leben nicht unbedingt schaffen wollen, dann fällt es womöglich auf. Eine Gelegenheit muss man sehen, wenn sie sich bietet; irgendetwas muss passieren, womit man ursächlich gar nichts zu tun hat. Das hat schon fünf Jahre lang funktioniert und da wäre es doch wahrlich gelacht, wenn es nicht so weiterliefe.

Ein « trockener 30. Juni » mitten im Winter

Für einige Zeit zieht er sich auf seinen Berghof in den Alpen zurück und grübelt, wie er weiter vorgehen soll. Im Januar 1938 ist er zurück in der Hauptstadt seines Reiches. Zwei Monate gingen ins Land; unser Kanzler kann warten und Tee trinken. Doch in Berlin – oder sagen wir besser in Karinhall – brütet auch ein Göring, der Oberbefehlshaber der Luftwaffe, über dem Problem, wie die widerspenstigen Köpfe effektiv aus dem Weg geräumt werden können. Er weiß, dass so eine geeignete *Gelegenheit* für Hitler sorgfältig vorbereitet werden will, und deshalb sammelte er schon geraume Zeit Material gegen diese Widerspenstigen. Der Erste macht es ihm zu einfach. Von Blomberg möchte erneut heiraten. Fein. Allerdings hat er ein schlechtes Gewissen, denn die Dame seines Herzens hat „eine gewisse Vergangenheit“,[5] sie war eine Prostituierte. Damit es darum nun nicht Ärger gab, vergewisserte er sich bei Göring und der riet ihm zu der Hochzeit. Jetzt hat Göring etwas gegen ihn in der Hand. Göring erfährt, dass sich ein zweiter Mann um die Frau bemüht, und hilft dem Schicksal nach. Er sorgt dafür, dass der Nebenbuhler Devisen kriegt und zur Auswanderung veranlasst wird, und gibt am 12. Januar mit Adolf Hitler den Trauzeugen. Ist es ein Zufall, dass bloß wenige Tage danach Gerüchte in der Luft liegen, die den Freiherrn von Blomberg schwer belasten? Es ist bezeichnend, dass Hitler so ziemlich der Letzte ist, der davon erfährt, da sich die Gestapo-Beamten, die sehr wohl davon hören, letztlich kam die Dame mit der Vergangenheit ja aus dem einfachen Volk, nicht wagen zu berichten, was die Berliner Flüsterpresse an Sachen herumtuschelt.[6] Die Geschichte soll hier nicht komplett erzählt werden. Am 26. Januar wird er zu Hitler gebeten, der ihn mit den Worten empfängt: „Die Belastung für mich und für Sie war zu groß. Ich konnte das nicht mehr aussitzen. Wir müssen uns trennen.“[7] Das war die Nummer 1.

Am schönen Berliner Grunewald wohnt ein Rittmeister a. D. Achim von Frisch. Dieser alte Mann steht auf junge Männer und gibt ihnen Geld für sexuelle Dienstleistungen, was sich an Kontobewegungen beweisen lässt und die Gestapo auf den Plan ruft. Im Hintergrund ziehen Himmler und Göring die Strippen und lassen die Kontoauszüge verschwinden, weil sie die Namensähnlichkeit mit dem Freiherrn von Fritsch gerne zum Strick verarbeiten wollen.[8] Von Fritsch soll auf der Basis des § 175 zum Rücktritt bewegt werden. Durch einen Zufall hört Geheimdienstchef Canaris, dem wir vor Jahren begegnet waren, als er noch vom Kanzler begeistert war, dass es sich um eine Verwechslung handele, dass jedoch Heydrich und Himmler davon wüssten und dass Maßnahmen getroffen seien, um Fritsch reinzureiten. Ein Kriegsgerichtsurteil soll den Betrug beweisen. Das bietet eine einzigartige Möglichkeit, um jetzt die Macht der Gestapo ein für alle Mal zu brechen.[9] Dass sie dort sogar einen General verhören, ist für Canaris ungeheuerlich. Ludwig Beck, der einzig brauchbare Mann als Ersatz für Fritsch, steht Fritsch und sich selbst in diesen so wichtigen Tagen zu allem Unglück selbst im Weg. Ihm ist diese ganze Debatte über die mögliche Homosexualität eines hohen Generals zu unangenehm und er verbietet den Männern im Generalstab darüber zu sprechen. Dusselig und pflichttreu, wie sie sind, halten sie sich an das Verbot und versagen so dem Kameraden die notwendige Unterstützung.[10] Fritsch selbst kann sich auch nicht helfen, weil er nicht neben sich tritt und sich diese Szene aus anderen Blickwinkeln betrachtet. Er zermartert sich das Hirn, wieso die Anschuldigung zustande kommen konnte; er kann sich jedoch nicht vorstellen, dass es einen Zusammenhang geben könnte zum Widerpart gegen Hitlers Kriegsplan vom Herbst 37, und erinnert sich auch nicht an die Warnungen von Beck und Goerdeler, ein Anschlag der Gestapo auf die Wehrmacht liege in der Luft.[11] Er ist viel zu stark persönlich von der Angelegenheit betroffen, als dass er sich auch noch als den militärischen Funktionsträger sehen könnte, der Hitlers Angriffsplänen eventuell im Wege steht. Im Kern verhält er sich genau so wie Ernst Torgler, der 1933 meinte, er hätte beweisen müssen, dass nicht er den Berliner Reichstag angezündet hatte, und ganz einfach nicht begriff, dass mit seiner Person die Kommunisten unmöglich gemacht werden sollten.

Bei der Abschiedsaudienz für Blomberg hatte Hitler ausgerechnet den Fachmann in moralischen Angelegenheiten gefragt, ob er sich vorstellen könne, dass der Vorwurf gegen Fritsch gerechtfertigt sei, und Blomberg machte sich bei der Gelegenheit endgültig vor Gott und den Menschen völlig unmöglich. „Bei Frage eins gibt es kein langes Besinnen. Der vom Schicksal Geschlagene greift mit beiden Händen nach der Chance, nicht allein im Morast versinken zu müssen. Jahrelang hat er mit Fritsch aufs Engste dienstlich zusammengearbeitet; jetzt stößt er seinem Kameraden den Dolch in den Rücken: Er könne sich bei diesem Sonderling, meint Blomberg fachmännisch, sehr wohl anormale sexuelle Neigungen vorstellen; nie habe Fritsch geheiratet, er sei kein Mann für Frauen.“[12] Hier geht es gerade überhaupt nicht darum, was jemand von Homosexuellen denkt; es geht darum, dass eine Person mittels eines nicht zutreffenden Argumentes in unlauterer Art aus dem Feld geschlagen werden soll. Das Ende vom Lied ist die Verabschiedung des Freiherrn Werner von Fritsch durch Hitler. Das war die Nummer 2. Diesen 4. Februar wird man ganz bestimmt nicht vergessen.

Es mag erstaunen, dass Werner von Blomberg nach dem Nachfolger für sich selbst gefragt wurde, was wohl zeigt, dass Hitler überrascht ist, wie schnell er diesen Mann losgeworden ist. „Erst bei Frage zwei gibt es eine längere Debatte. Wer will sich nach allem Vorgefallenen noch wundern, wenn der von Hindenburg persönlich bestallte Treuhänder der Seecktschen Reichswehr jetzt den einzigen Parteigeneral vorschlägt, über den die Wehrmacht verfügt? Göring ist Blombergs Mann; – er weiß schon, warum. Umso erstaunlicher ist, dass Hitler nichts davon wissen will. In immer wieder bei ihm verblüffender Sachlichkeit erklärt er, Göring sei ihm zu faul; der könne nicht einmal in seiner eigenen Luftwaffe Ordnung schaffen. Natürlich hat Hitler noch einen weiteren Grund. Niemals wird er dem zweiten Mann zu viel Machtfülle delegieren. Immerhin böte sich jetzt für Blomberg die Chance, jemanden aus der großen Schar qualifizierter Generäle in Vorschlag zu bringen. In blinder Zerstörungswut zerschlägt er jedoch das Werk seiner letzten Jahre: Er selbst regt an, der Führer solle das Kriegsministerium auflösen und es in ein ihm als oberstem Befehlshaber unterstehendes »Oberkommando der Wehrmacht« umwandeln. Blomberg bietet Hitler sozusagen mit sachverständigem Rat das alte, nur zeitgemäß erweiterte Militärkabinett der preußischen Könige an. Hitler will wissen, wer als Chef eines solchen Oberkommandos in Frage komme. Angeblich fällt Blomberg kein geeigneter Offizier ein. Was folgt, ist daher einer jener großen Augenblicke, die dadurch Geschichte machen, dass jemand nicht aufpasst oder sich bewusst nicht festlegen will. Hitler möchte gern wissen, wer denn der General sei, den Blomberg bisher bei sich gehabt habe. Die Antwort lautet: »Ach, Keitel; der kommt gar nicht in Betracht, der ist nur Vorsteher meines Büros gewesen.« Unverzüglich greift Hitler zu: »Das ist ja gerade der Mann, den ich suche.«"[13] Blomberg widerspricht nicht. Gerade hat ihm Hitler seine eventuelle spätere Rehabilitierung in Aussicht gestellt und bis dahin ist General Keitel, mit dem er durch die Heirat ihrer Kinder sogar verwandt ist, genau der richtige Lückenfüller. Vielleicht war es Hitlers heimlicher Traum gewesen, selbst an der Spitze der deutschen Armee zu stehen. Er konnte sich aber gewiss nicht vorstellen, dass das so billig zu haben sein könnte – dass ihm das von *seinem* ersten Marschall angetragen würde.[14]

Den Adjutanten Friedrich Hoßbach schickt Hitler wegen seiner Treue zu Fritsch in die Wüste; Hoßbach hatte von Fritsch eigenmächtig über die Vorwürfe informiert.[15] Die Nummer 4 wird der deutsche Außenminister Konstantin von Neurath. Für ihn macht Adolf Hitler seinen Vertrauten Joachim von Ribbentrop zum Außenminister. Der hatte im Leben einige Erfahrung als Weinhändler und Eishockeyspieler in *Canada* gesammelt, was ihn für diese Position des Außenministers geradezu prädestinierte. Wobei, das muss man ihm lassen: Ribbentrop spricht nicht nur Deutsch und er gab vorher zwei Jahre lang den deutschen Botschafter in London. Dort nannten sie ihn Brickendrop. Wenn jemand irgendetwas Peinliches von sich gibt, dann sagen die Briten, er habe einen Ziegelstein fallen gelassen – *he dropped a brick;* aber was kann man auch von einem Mann erwarten, der nicht gelernt hat, was er tun soll.

Mit Konstantin von Neurath ist das nächste dieser kriegssscheuen Elemente aus dem Wege geräumt. Das haben sie nun von ihrem Auftritt im November. Gewiss hat keiner der Männer etwas gegen Deutschland als Großmacht, doch sie haben in ihrem Kopf noch Platz für das Rückspiel. Auf dem Weg zu alter Größe darf das Reich nicht in einem großen Krieg untergehen. So ziehen sie im Auswärtigen Amt eigene Schlüsse aus dem Rundumschlag vom 4. Februar 1938. Es kann ja kaum die Lösung sein, einfach das Handtuch zu werfen und Ribbentrop das Feld zu überlassen. So bleiben die Männer im Amt, um etwas gegen die Diktatur und einen Krieg zu tun. Hans Bernd Gisevius klärt unmissverständlich, dass man ohne ein Amt jetzt wenig oder eher nichts mehr bewegen kann. Er meint unter anderem, dass *die Linke* unter diesen Bedingungen hier gar keine Chance hat, bei einem Staatsstreich noch dabei zu sein, nachdem sie die Möglichkeiten eines Aufstandsversuches von unten verpasst hatte. Wie die Dinge liegen, stehen die Angehörigen der Mitte und der Rechten den Generälen und Staatsbeamten, die etwas bewirken können, politisch wie auch soziologisch näher, und darauf kommt es an.[16] Die Verbindung des Auswärtigen Amts zum Oberkommando der Wehrmacht wird fest in die Hände der Gegner des Regimes gelegt. Albrecht von Kessel*, ein Freund von Otto C. Kiep*, sowie Hasso von Etzdorf* werden mit dieser Aufgabe betraut. Zu Ex-Reichskanzler Heinrich Brüning hält Theodor Kordt* die Verbindung aufrecht.[17] Den Kritikern Hitlers gelingt bei dieser Partie ein cleverer Schachzug. Sie schaffen es, die Position des zweiten Mannes im Auswärtigen Amt, nämlich den des Staatssekretärs, mit einem Beamten von hoher sachlicher und charakterlicher Qualifikation der alten Schule zu besetzen. *And the winner is:* Ernst von Weizsäcker. Der Diplomat Dr. Erich Kordt führt den Erfolg darauf zurück, dass der neue Amtschef von Weizsäcker nicht kennt. Er bedauert allerdings, dass es von Weizsäcker nicht gelingt, die zunehmende Durchsetzung des Auswärtigen Amts mit „Ribbentropschen Kreaturen und die fortschreitende Verwilderung der außenpolitischen Methoden zu verhindern".[18]

Anders als 1934 setzt Hitler 1938 die Personalwünsche unblutig durch; der französische Botschafter nennt die Aktion den *trockenen 30. Juni*.[19] In das Wirtschaftsministerium zieht für den Fachmann Hjalmar Schacht ein Walter Funk ein, der Hitler vor der Machtübergabe Spendengeld von einer Anzahl prominenter deutscher Großindustrieller vermittelt hatte. Schacht hätte aber auch bessere Karten gehabt, hätte er sich als Minister nicht dauernd in politische Geschichten *eingemischt*. Die Sitzung, in der Hitlers Kabinett von den Neubesetzungen erfährt, ist zugleich die letzte Sitzung, die es gibt. Einer der Männer, die sehr nahe am Geschehen und weit weg von der Macht sind, ist Hans Bernd Gisevius, inzwischen Mitte dreißig. Lakonisch kommentiert er diese atemberaubende Entwicklung von einer Koalitionsregierung unter Einbindung der Nationalsozialisten im Jahre 1933 zu Hitlers Spielzimmer im Jahr 1938. Am Anfang sei das Reichskabinett noch verfassungsmäßiges Beschlussorgan gewesen. 1934 habe es freundlicherweise noch dann und wann tagen dürfen. Im dritten Jahr habe Hitler es ab und zu noch angehört und vom vierten Jahre an beehrte Hitler *Seine* Minister lediglich noch mit Mitteilungen. Die letzte derartige Eröffnung erfolgt an dem besagten 4. Februar.[20] Da erfährt die feine Runde unter anderem, wen es hier bald nicht mehr geben wird. Als der überschlaue Minister Hans Lammers auf den Gedanken verfällt, die Ministerkollegen hin und wieder zum Bierabend einzuladen, wird dann auch das noch vom Herrn und Meister untersagt.[21]

Es ist wohl tatsächlich so, dass sich Hitler vor einer richtigen Staatskrise sah und die Flucht nach vorn wagt, um nicht selbst überrollt zu werden. Der Diplomat Herbert von Dirksen, 55, der gern in Pension ginge, soll Ribbentrop in London als Botschafter ersetzen. Damit er dort aber nicht Politik auf eigene Faust macht, bestellt ihn Ribbentrop öfters lange nach Berlin ein. Mehrere Botschafter, darunter auch die Botschafter in Wien und Rom, werden aus der Welt zurückberufen an den heimischen Herd; sechzehn Generäle aus Reichswehrzeiten werden einfach so pensioniert, vierundvierzig andere Generäle werden versetzt, Umstände, von denen die Herren banal in den Morgenzeitungen gelesen haben. In Berlin angelangt, werden sie mit den Entscheidungen konfrontiert. Der Befehlsempfang endet mit der Aufforderung, mit niemandem darüber zu reden. Damit sich die geschockten Herren in dieser Stimmung nicht womöglich jetzt mit den Kollegen beraten können, werden sie unverzüglich auf ihre Kommandostellen zurückbefohlen. Das Kriegsministerium des Reiches wird in Oberkommando der Wehrmacht umbenannt und Wilhelm Keitel unterstellt.[22] Für 13 Uhr beordert Hitler diesen akkurat frisierten Mann in die Reichskanzlei. Der Führer „schüttet Keitel sein Herz aus über das Schwere, was über ihn hereingebrochen ist. Er wird immer einsamer ... Er sagt zu K., ich verlasse mich auf Sie, Sie müssen bei mir aushalten. Sie sind mein Vertrauter und einziger Berater in den Fragen der Wehrmacht. Die einheitliche u. geschlossene Führung der Wehrmacht ist mir heilig u. unantastbar" und setzt dann im selben Tonfall fort: „Ich übernehme sie selbst mit Ihrer Hilfe."[23]

Mit diesen Worten wird Adolf Hitler Oberbefehlshaber der Wehrmacht. Göring, der auch diesen Stuhl gerne in seine Sammlung aufgenommen hätte, wird vom Führer mit dem Titel eines Feldmarschalls abgefunden. Und das gibt gleich noch so einen prächtigen bunten metallenen Orden. Nicht umsonst sagen die Leute unter der Hand: „Wissen Sie schon das Neueste? Der Göring hat sich einen dreißig Meter langen Säbel machen lassen!" Auf die Frage, warum, heißt es: „Damit er ihn aus dem Flugzeug 'raushängen lassen kann."[24] Normalerweise kommt es in konfliktreichen Zeiten zu einer politischen Machtverlagerung zugunsten des Militärs. In Deutschland passiert in diesen Tagen das ganze Gegenteil. Die Führung der Wehrmacht dankt ab. Jetzt liegen Frieden und Krieg in den Händen eines Zivilisten, der die gesamte Macht in Deutschland innehat. Gisevius hat nur Hohn und Spott für die Generäle übrig und nennt sie bloß noch die Goldbetressten.[25] Als sich in den Stunden danach kein Widerspruch regt, weiß Hitler, dass sein *Coup* geglückt ist. Dann zieht sich der Sieger wieder auf seinen Obersalzberg zurück.[26]

Hohe Militärs koordinieren jetzt den Widerstand

Der Plan des Geheimdienstchefs Canaris zur Entmachtung der Gestapo ist vorerst Makulatur. Er wird Amtsgruppenchef im Oberkommando der Wehrmacht. Sofort verkündet er seine neue Linie: „Unsere gemeinsame Arbeit erstreckt und erweitert sich also jetzt auch auf das innerpolitische Gebiet." Die Presse bekommt seine straffe Hand schnell zu spüren. Als sich ein Leitartikler des Völkischen Beobachters freut, mit dem Abgang Blombergs und Fritschs nehme „der Verschmelzungsprozess zwischen Wehrmacht und Partei ... immer deutlichere organisatorische Formen" an, lässt Canaris bei Reichspressechef Dietrich Protest einlegen, da der Artikel dem Zwei-Säulen-Charakter des Dritten Reiches widerspreche.[27]

Auf der einen Seite gebe es die Reichswehr, Verzeihung, die Wehrmacht, und auf der anderen die NSDAP, auch wenn Canaris sicher klar ist, dass es mit den zwei Säulen so eine Sache ist, nachdem sich Adolf Hitler auch zum Oberbefehlshaber der Wehrmacht erkoren hatte. Erich Kordt vom Auswärtigen Amt ist wütend über die Untätigkeit der Militärs, die nicht schon vor Jahren zumindest gegen die ihnen bekannt gewordenen Menschenrechtsverletzungen im Reich vorgegangen sind. Er erinnert daran, „dass es in den Jahren 1935-1938 in der zivilen Sphäre eine organisierte Opposition gegen Hitler in Deutschland nicht gab und auch nicht geben konnte. Wer gegen die geschriebenen oder ungeschriebenen Gesetze der nationalsozialistischen Partei verstieß, musste damit rechnen, dass seine wirtschaftliche Existenz vernichtet wurde, wenn er nicht gar in ein Konzentrationslager wanderte."[28] Die Angst vor einem wirtschaftlichen Aus, Schmerzen und Tod mit und ohne ein Urteil, verbunden mit dem Fehlen von freier Presse, verhindern solche oppositionellen Gruppenbildungen, falls man sich im Zusammenhang mit einer Diktatur überhaupt getraut, das Wort *Opposition* in den Mund zu nehmen. Kordt lässt es auch nicht ungesagt, dass selbst vom Ausland her die Organisation von Widerstand fast unmöglich ist. Umgekehrt wird den Gegnern eine Flucht ins sichere Ausland erschwert, eine Tatsache, die auch Juden betrifft, obwohl deren Auswanderung erwünscht ist, wenn man die Propaganda ernst nimmt. Kordt erwähnt als Hinderungsgründe nicht nur die Gestapo. Fast noch schwieriger sei die Barriere zu überwinden, die andere Staaten gegen die

Einwanderung fremder Flüchtlinge errichtet haben.[29] Deshalb hätte die Wehrmacht und somit die einzige unabhängige Institution mit den entsprechenden Mitteln in den Händen geradezu die Pflicht gehabt, etwas zu unternehmen, um dem üblen Treiben im Reich ein Ende zu bereiten. Wilhelm Canaris und weitere maßgebliche Personen aus dem deutschen Geheimdienst sind nicht willens aufzugeben. Die Macht, die die Gestapo hat, muss gebrochen werden. Canaris lässt den 50-jährigen Hans Oster, den Sohn eines sächsischen Pfarrers, seinen eigenen Geheimdienst für das Inland einrichten, um in der Bendlerstraße schnell zu erfahren, was im Dreieck Reichskanzlei-Karinhall-Gestapo ausgeheckt wird.[30] Damit verlässt Canaris den Boden der Legalität und bewegt sich nunmehr auf hochverräterischem Terrain. Doch nicht er allein ist jetzt zum Äußersten bereit. Eine ganze Gruppe von Offizieren will das Geschehene benutzen, um Hitler von der Führung des Staates wegzuputschen. Sie sehen an der Lage in der Sowjetunion, wie weit es kommen kann, wenn eine einzige Partei die totale Macht auch über das Militär innehat.[31] Von Fritsch will sich daran nicht beteiligen und sagt ganz schauerlich resigniert: „Dieser Mann ist Deutschlands Schicksal, und dieses Schicksal wird seinen Weg zu Ende gehen."[32] Der Kopf der deutschen Verschwörer ist, schon vom Amt in der Wehrmacht her, General Ludwig Beck. In den vergangenen Wochen war Hitler gerade mit ihm so hart aneinander geraten, dass der Führer erwog, ihm den Laufpass zu geben; doch bei Ludwig Beck findet er keinen geeigneten Grund für einen Rauswurf. Vielleicht wäre ja Adolf Hitler jetzt nicht derart vorsichtig, wüsste er, wie weit der Unmut in der Wehrmachtführung bereits gediehen ist. Beck seinerseits war sich völlig sicher, dass dem Reich keine Gefahr ins Haus stand, solange Generaloberst Fritsch auf seinem Posten war. Nun ist der aber gestürzt und die Vorstellung von der ausschließlich defensiven Aufrüstung wird brüchig. Das malt sich die brave deutsche Hausfrau nicht im Traume aus, dass in Berlin keine monolithische Staatsführung am Werke ist. Doch Diktatur ist, wenn jeder so den Eindruck hat, die Mehrheit sei für alles und gegen überhaupt nichts. Das bewirkt umgekehrt, dass sich jeder Einzelne auch nicht rührt und bei anderen den gleichen Eindruck hervorruft.

Kommt 1938 der Staatsstreich?

Außer den Verschwörern stehen alle Deutschen hinter Hitler, na ja, oder so ähnlich. Kennen Sie eigentlich diesen Spruch schon? „Welcher Unterschied besteht zwischen dem Dritten Reich und der Straßenbahn?" – „Keiner. – In beiden Fällen steht vorn der Führer. Hinter ihm steht das Volk. Und wer nicht hinter ihm steht, – der *sitzt*. Dauernd wird kassiert. Abspringen während der Fahrt ist verboten!"[33] Aber sonst ist alles chic, sollte man meinen. Ist es aber nicht. Fragt Karl: „Wie sollte die deutsche Weihnachtsgans aussehen, die wir leider nicht kriegen?" Die Antwort ist klar: „Sie sollte sein so braun wie Hitler, so fett wie Göring, der Schnabel so groß wie Goebbels' Schnauze, und gerupft und ausgenommen wie das deutsche Volk."[34] Humor ist, wenn man trotzdem lacht. Warum sähe das Volk heute auch nicht mehr, wie es um das Reich steht? Wenn wir schon beim Lachen sind, muss auch gleich geklärt werden, wie die Diplomaten im Auswärtigen Amt die Wilhelmstraße bezeichnen, da dort bekanntlich alle Nase lang bestellte Volksmassen aus irgendeinem Grund Jubel produzieren: Sie nennen sie *Via Spontana*, was alleine Bände spricht.[35]

Es gibt somit keinen Grund, sich über die Ruhe auf der Straße zu freuen. Erich Kordt ist überrascht, dass trotz aller Schikanen der Widerstand im Reich gegen das Regime hier nicht abreißt. Es gibt aktive Widerstandsgruppen in den Kirchen beider großen christlichen Bekenntnisse, in der Beamtenschaft, der Wehrmacht, unter den Arbeitern und an den Unis.[36] Kommunisten betreiben illegale Kurzwellensender und viele ihrer Hörgemeinschaften verfügen über sehr gute Empfangsgeräte. Spitzel wissen von Diskussionsrunden, die von den Roten in Betrieben, Gasthäusern, und auf den Straßen inszeniert werden. Dabei geht es oft um die leidige Lohnfrage, die auch andere Leute aufwiegelt. Sozialdemokraten trachten danach, „massenhaften passiven Widerstand zu erzeugen. Der Illegalität im Inlande obliegt hierbei die Aufgabe, aus dem Kreise der Unzufriedenen und Oppositionellen die Vertrauenspersonen der Arbeiterklasse, die künftig die führende Kerntruppe bilden sollen, für den kommenden Tag der Befreiung zu sammeln."[37] Es klingt zugegebenermaßen seltsam, die Formulierung vom Tag der Befreiung nun ausgerechnet im *Jahreslagebericht des SD* zu entdecken. Auch unverwüstliche Liberale bereiten den

Kollegen dort Sorge: „Je weiter die Auseinandersetzungen fortschritten, umso hartnäckiger wurde der Widerstand und umso schärfer wurden die Rückzugsgefechte und Gegenangriffe.“[38] Und wie sieht es denn zum Beispiel mit den Rechten aus? Diese renitenten Querköpfe sammeln sich in ihrem Alldeutschen Verband. In dem SD-Jahresbericht wird beklagt, dass es sich dabei um Männer handele, „die einen Anschluss an Partei und deren Nebengliederungen nicht gefunden haben ... In ihm blieben die liberalen und intellektuellen bürgerlichen Kreise unter sich, die von jeher dem Nationalsozialismus verneinend gegenüberstanden und zu einer Mitarbeit in Partei und Staat im Sinne des Nationalsozialismus auch heute nicht bereit sind. Zersetzende Kritik trat in den Reihen des AV offen zutage ... Dabei zeigt sich jedoch die Tendenz der außenpolitischen Versammlungsthemen als bedenklich, oft sogar als staatsgefährlich. Es wurden Grundsätze vertreten, die der Außenpolitik des Reiches entgegenstehen.“[39] Wie gar nicht anders zu erwarten, sind führende Leute des Alldeutschen Verbandes die bekannten Verdächtigen, ehemalige Führer der bereits nach der Machtergreifung verbotenen DNVP und der DVP.[40] Dem wachsamen Sicherheitsdienst entgeht es also nicht, dass sich nach der Fritsch-Krise eine bürgerlich-konservative *Opposition* auszubilden beginnt. Einer der Kollegen notiert für seine Auftraggeber, dass die „einschneidenden Personalveränderungen von der gesamten sogenannten Rechtsbewegung als »Schlag ins Gesicht« gewertet“ wird. Weiterhin hält man fest: „Im Altreich behielt die Rechtsopposition, vor allem die Reaktion, ihre äußerlich erkennbaren und noch bestehenden Organisationsformen bei.“ Die SD-Kollegen merken alles: „Diese Gruppen fassten die Personalveränderungen als gegen sie gerichtet auf. Die oppositionellen Zukunftspläne, die gerade von diesen Kreisen in mancher Beziehung gehegt wurden, waren durchkreuzt.“[41] So kennt und liebt man den Duktus von *freien Radikalen*: Die Pläne der negativ eingestellten Kräfte wurden durchkreuzt. Wobei die Lektüre der Aufzeichnungen der Nazi-Spitzel in der Tat etwas Erfrischendes hat: Man spürt förmlich, dass diese Männer wissen, dass ihre Spießgesellen der deutschen Gesellschaft ihren Willen aufzudrücken versuchen. Es entsteht dabei nicht der Eindruck, sie seien die besseren Menschen und die anderen wären nur noch nicht reif für so eine tolle Weltanschauung wie die ihrige.

Da hat der Staatsapparat selbstverständlich alle Hände voll zu tun. Nun wissen wir, was die Linken und was die Rechten machen. Doch wo sind eigentlich unsere Nazis zu finden? Sie kamen vor Jahren von unten und sie sind jetzt schon mehr als ein halbes Jahrzehnt obenauf und so, wie es hier zugeht, kann man nur beten, dass diese Straßenkinder und Rassenfanatiker bald wieder in der Versenkung verschwinden – so oder so, um in dem Zusammenhang einen Lieblingsspruch Adolf Hitlers zu zitieren. Aber am aussichtsreichsten bleibt der Widerstand, der im Amt Ausland/Abwehr (Spionage und Spionageabwehr) im Oberkommando der Wehrmacht unter Admiral Wilhelm Canaris und Oberstleutnant Hans Oster organisatorisch betreut wird. Dort ist das technische Zentrum, ohne das viele Einzelkämpfer gar nicht wüssten, dass noch ganz andere Leute um eine Änderung der Zustände bei uns bemüht sind. Welche Organisation könnte sich noch besser für eine Verschwörung eignen als ein Geheimdienst? Das Agieren im Verborgenen ist sein tägliches Brot. Tarnen und Täuschen sowie verdeckte Aktionen sind bei den Agenten die Norm. Im Zentrum arbeiten zum Beispiel solche Männer wie Helmuth Groscurth, Hans Bernd Gisevius und Friedrich Wilhelm Heinz*.[42] Canaris und vor allem Oster treten mit dem Chef des Generalstabes des Heeres, General der Artillerie Ludwig Beck, in Verbindung. Man sucht Zustimmung bei Politikern, sondiert bei Generälen, Monarchisten, lädt sogar enttäuschte Nazis ein.[43] Jetzt zahlt sich aus, dass Wilhelm Canaris nach der Februarkrise nicht das Handtuch warf, sondern der Chef des Geheimdiensts geblieben ist. Osters Informantennetz ist schnell so legendär, dass es unter Umständen ja auch überschätzt wird. Der Diplomat Werner von Hentig* äußert beispielsweise: „Was schon existiert, ist die Überwachung der gesamten Partei durch die Abwehrabteilung der Wehrmacht."[44] Gut, dass sie sich die Unabhängigkeit ihrer Wehrmacht erhalten hatten. Man wird sehen, ob die Abwehr das Regime des Kunstmalers aus Österreich erden kann. Auf jeden Fall kann ein feindlich-negatives Subjekt mit sozusagen staatlicher Rückendeckung mehr mit Erfolg auf die Beine stellen als eine noch so mutige Privatperson auf eigene Faust.

Sollten Sie die Armee für einen gewöhnungsbedürftigen Fluchtpunkt für oppositionelle Zivilisten halten, dann sind Sie nicht allein. Darauf muss man wirklich erst einmal kommen. So ist es verständlich, dass es manch einem schwerfällt, in den Fluren der Wehrmacht zu wandeln. Doch dort sind Waffenträger in größerer Anzahl zu finden, die gegen scheußliche Zustände bestimmt mehr unternehmen können, als kritische Flugblätter auf den Straßen zu verteilen. Dr. Johannes von Dohnanyi äußert dieser Tage öfters, es gebe begeisterte Soldaten und begeisterte Zivilisten, und er gehöre nun einmal zu den Letzteren. Er ist der Persönliche Referent von Reichsjustizminister Gürtner und sammelt Belege für den Mord und Totschlag, die ihm bekannt werden. Seine Mühe hat natürlich nur unter zwei Voraussetzungen einen Sinn: Von Dohnanyi ist sich sicher, dass die Braunen nicht ewig an der Macht bleiben werden und dass die Mehrheit des Volkes entsetzt reagieren wird, wenn sie von jenen mittelalterlichen Praktiken bei der Gestapo erfährt. Welches Menschenbild hätte jemand, der die Leute anders sieht als von Dohnanyi? Geheimdienstchef Canaris imponiert dessen kühle Ratio, die er an Oster so vermisst. Außerdem ist ihm von Dohnanyi als Informant willkommen; dieser Oberregierungsrat kann detailliert beschreiben, was Fritsch vorgeworfen wird.[45] Die *family* ist stark engagiert. Sein Schwager ist der Theologe Dietrich Bonhoeffer. Auch er sammelt unermüdlich für Prozesse nach der Götterdämmerung. „Vom Mord und Mordversuch", sagt seine Frau Christine und anderen „Greueln in diesen Lagern bis zu den üblichen Devisenschiebereien der Gauleiter und den unerfreulichen Schmutzereien innerhalb der HJ- und SA-Führung gab es wohl kaum ein Delikt, das in dieser »Chronik« nicht verzeichnet gewesen wäre." Dohnanyi schlussfolgert, dass der Kern des Übels der Führer ist und fragt sich, wie man jenen erfolgreich beseitigen kann. Er denkt an ein Attentat durch einen Mann, der Hitler persönlich treffen darf. Er spricht unter anderem Fritz Wiedemann an, doch dem Adjutanten Hitlers ist dieser Schritt eine Nummer zu groß, sodass er zur Antwort bekommt: „Ich gebe Ihnen zu, hier hilft nur der Revolver, aber wer soll es tun? Ich kann niemanden morden helfen, der sich mir anvertraut hat."[46] Es macht sicher nachdenklich, wenn noch nicht einmal eine Person wie der SS-Chef Heinrich Himmler Schritte gegen Johannes von Dohnanyi einleitet, als jener ausgerechnet ihn bittet, Hitler zu lynchen.[47] Aus Sicherheitsgründen wird es Unbekannten reichlich schwer gemacht, Anschluss an die Widerstandsnester zu finden, denn jeder Fremde kann ein Nazi-Spitzel sein. Wenn sie heikle Themen ansprechen wollen, verwenden die Kritiker ein ganzes Ensemble von Codewörtern; Hans Oster heißt *Onkel Pfingsten*, Hitler wird *Emil* genannt und sein Hauptquartier voller Spott *Olymp*.[48] Wenn Oster über Hitler spricht, nennt er ihn unter Freunden schlicht und ergreifend *das Schwein*. Er hatte schon ein Jahr zuvor dafür plädiert, ihn endlich umzubringen.[49] Die Christen ringsum hatten allerdings stets ihre moralischen Bedenken. Vorsicht ist geboten bei Unterhaltungen in geschlossenen Räumen, da dort Wanzen zum Abhören angebracht sein können. So trifft man sich in einem Schwimmbad oder wo auch immer. Die größte Sicherheit bietet jedoch das Gespräch an der frischen Luft. Dort fällt es schnell auf, wenn jemand in der Nähe bleibt und zu lauschen versucht.[50] Admiral Wilhelm Canaris lässt weiter keine Gelegenheit aus, um in den hohen Rängen bekanntzumachen, wie die Gestapo mit Generalleutnant von Fritsch umgegangen ist, damit sich bei den hohen Herren die schräge Sicherheit verflüchtigt, die staatlichen Behörden stellten für sie keine Bedrohung dar. Damit sind wir auch bei der Beantwortung der guten Frage angekommen: Warum macht bislang *keiner* etwas gegen den Terror? Bei denen, die den Terror ausüben, darf nicht erwartet werden, dass sie sich ihm entgegenstellen. Höhere Ränge und große Prominenz, die die Säuberungen des öffentlichen Lebens der Jahre 1933 und 1934 überstanden, sehen sich nicht so recht als bedroht an, und über die Masse der Leute senkte sich das große Schweigen, weil es augenscheinlich jeden betreffen kann. Ergo macht Canaris schon den richtigen Teil der Bevölkerung auf die neue Lage aufmerksam. So notiert Oberst Alfred Jodl am 26. Februar, dass der Chef des Geheimdienstes in dieser Mission mit ihm gesprochen habe: „Canaris bringt vor, in welch unwürdiger Weise die Vernehmung des Generaloberst von Fritsch durch die SS vor sich gegangen ist." Als der Kollege Max von Viebahn von den Vorgängen hört, ist er sich absolut sicher: „Wenn das in der Truppe bekannt wird, gibt es Revolution."[51] Viebahn wird wegen des Widerstandes in eine Irrenanstalt eingewiesen. Einen Etappensieg erzielt Canaris, als die Polizeipräsidenten von Berlin und Potsdam dieses Vorgehen der Behörde auf der Jahrestagung der Schlieffen-Gesellschaft am 28. Februar deren Mitgliedern bekanntmacht.[52] Damit weiß es noch nicht die Welt – das ist aber wenigstens ein Anfang.

Hans Bernd Gisevius erregt sich wohl zu Unrecht über andere Leute, die sich nicht kritisch äußern, wenn er sich selbst als Schaf in einem Wolfspelz eines Staatsbeamten auf den Straßen bewegt. Auch von ihm müssen viele annehmen, dass er das Regime verkörpert, unter dem sie sich nicht frei äußern dürfen. Gisevius macht selbst immer wieder die Erfahrung, dass man ihn mit seinen Sprüchen für einen bezahlten Gestapo-Spitzel hält. Dann werden sich andere Leute in seiner Gegenwart logischerweise ausnehmend zurückhalten mit jeglicher Meinungsäußerung. Man wird auch mangels freier Presse wenig von Unmutsbekundungen hören, doch den aufmerksamen Kollegen vom Sicherheitsdienst „unserer" SS bleibt ja tatsächlich nichts Wesentliches verborgen: Zu Beginn des Jahres 1938 konzentrieren die politischen Kirchen ihre Tätigkeit auf eine Sammlung der Kräfte, auf die Schulung und den Ausbau der gegen Ende des Jahres 1937 aufgebauten Rückzugsstellungen. Mit Hilfe ihrer internationalen Verbündeten hoffen sie, doch noch den Zusammenbruch des nationalsozialistischen Reiches zu erleben. Die katholische Kirche rechnet dabei besonders auf das Bollwerk, das sie sich in Österreich errichtet hat, wie der SD sich ausdrückt. Die feindliche Haltung, die der Papst im Vorjahr durch seine Enzyklika „Mit brennender Sorge" sowie durch seine Weihnachtsansprache „mit ihren verleumderischen Anwürfen" über Kirchenverfolgungen, die zu den schwersten der Weltgeschichte gehören, gegen Deutschland bekundet hatte, ist auch im Jahre 1938 weiter bestimmend für die vatikanische Politik.[53] Der Staat Hitlers versucht sich zu wehren. Da der Bischof von Münster immer wieder einmal negativ auffällt, sitzen unter den Gläubigen stets ein paar Spitzel, damit man den Überblick behält, was er so sagt. Als er eines Tages über die Erziehung von Kindern spricht, kritisiert Clemens August Graf von Galen, dass die NS-Jugendorganisationen vehement versuchen, die junge Generation dem Einfluss von Elternhaus und Kirche zu entziehen. Die Absicht dahinter ist klar – sie soll mit den *richtigen Inhalten* angereichert werden. An der Stelle in der Predigt quakt plötzlich einer der Spitzel laut dazwischen: „Wie kann jemand, der weder Frau noch Kinder hat, es wagen, sich über Fragen der Kindererziehung zu äußern?" Doch unser Bischof ist nicht auf den Mund gefallen und kontert sofort: „Ich verbitte mir abschätzige Bemerkungen über den Führer."[54]

Clemens August Graf von Galen

Auch Künstler haben Möglichkeiten, sich kritisch über die Zustände zu äußern. Der fünfunddreißigjährige Kabarettist Finck aus dem Städtchen Görlitz in Schlesien, der gerade vor zwei Jahren aus dem KZ Esterwegen entlassen worden war, hat das Gefühl, die Zuschauer seiner Programme seien ein bisschen wie eine verschworene Gemeinschaft, die meint: Da spricht endlich einer aus, was wir alle denken, aber wir können hier nur Flüsterwitze machen.[55] Seine Auftritte sind einfach immer wieder genial. Nehmen Sie diesen Einstieg in sein Programm: Die Leute kommen von draußen, wo es jetzt im Februar schön weiß und kalt ist. Er kommt hoch auf die Bühne und begrüßt sein Publikum straff, doch stumm, mit dem Hitlergruß. Das Publikum lacht amüsiert. Fragt Finck: „Warum lachen sie denn?" Erneut den Arm wie zum Gruß hebend, fährt er fort: „So hoch liegt der Schnee!" Glanzvoll ist zum Beispiel auch die folgende Doppeldeutigkeit, gerichtet an die Gestapo-Spitzel im Saal: „Kommen Sie mit? Oder muss ich mitkommen?" Irgendwann kommen nachdrückliche Verwarnungen von offizieller Seite, von ihm mit den Worten kommentiert: „Der Finck ist geschlagen, der Joseph ist da!"[56] Weil die gelbe Karte von Goebbels gekommen war. Er hat ja vollkommen recht: Wer nie lacht, ist irgendwo nicht normal.[57] Wer erst einmal den Kontrast zwischen seinem Eindruck von den Mitbürgern draußen auf der Straße und dann drinnen im Kabarett kennen gelernt hat, wird die Ruhe auf den Straßen letztlich nicht mehr als die reinste Zustimmung zu den Zuständen interpretieren. Aufschwung hin oder her – der Mangel ist allgegenwärtig und der Vier-Jahr-Plan ist nicht geeignet, die Probleme zu lösen. Den Leuten auf der Straße entgeht das nicht, wovon das nachfolgende Bilderrätsel Zeugnis gibt: „Auf einem Tisch liegen vier Äpfel, daneben steht ein brennendes Licht. Was bedeutet das?" Die Antwort lautet so: „Vier Jahre werden wir veräppelt, aber dann geht uns ein Licht auf!"[58] Man kann es andererseits auch noch deutlicher ausdrücken: Ein Mann läuft ohne seine Klamotten über den Alexanderplatz in Berlin. Zur Polizeiwache gebracht, wird er gefragt, warum er das gemacht habe. Darauf entgegnet der Mann: „Ich trainiere. In vier Jahren sind wir alle so weit!"[59] Und wie wird es bei uns aussehen, wenn es noch lange mit den Vier-Jahr-Plänen so weitergeht? 1970 im Deutschen Reich: Der Lehrer fragt die Schüler, was „Butter" sei. Keiner weiß es. Fritz fragt daheim seinen Vater. Der weiß es auch nicht.

Man schaut im Konversationslexikon nach und findet: „Butter: Brotaufstrich der Systemzeit!“[60] Also eines kann man an dieser Stelle festhalten: Früher war nicht alles schlecht.

Als ein Journalist den bekannten deutschen Künstler Werner Finck bei einem Aufenthalt in der Schweiz vor das Mikrophon bekommt, meint er, bei dieser Gelegenheit könnte er ein paar kritische Worte aus berufenem Mund mitschreiben und fragt ihn, was er von den jetzigen Zuständen in Deutschland halte. Finck hat nun zwei Möglichkeiten: Er kann zurück in das Lager Esterwegen – oder er bleibt im Ausland, wo freilich niemand mit seinen Reden etwas anfangen kann, und sagt: „Wissen Sie, Zustände sind da überhaupt nicht. Das Wort möchte ich mir verbitten. Der einzige Zuständige bei uns ist der Führer.“ Darauf erwidert der Journalist, der danach in der Schweiz bleiben wird: Aber er müsse doch zu der Butterknappheit und so Stellung nehmen, da stimme doch etwas nicht. Darauf entgegnet Finck: „Mit der Butterknappheit ist es gar nicht schlimm, die Leute stellen sich eben nur an.“ Mit der Verdrehung der Worte hatte er die Frage des Journalisten bejaht, ohne es unbedingt ausgesprochen zu haben. Dass seine Antwort der ironischen Schärfe nicht entbehrt, wird nach seiner Rückkehr schnell klar. Zurück im Reich wird er prompt auf seine Replik angesprochen, es sei ja überall darüber gelacht worden, was er da gesagt habe. Darauf meint er, diesmal zu einem sehr andersartigen Gesprächspartner: „Ja, aber hören Sie mal. Wenn mir hier das Wort im Mund umgedreht wird! Ich habe doch etwas Positives sagen wollen, es sei gar nicht so schlimm, und jetzt legt man mir das so aus!“[61] Vielleicht muss man eine verstummte Gesellschaft tatsächlich selbst erlebt haben, um zu spüren, wie weit Finck die Nase herausgestreckt hat. Wenn er es übertreibt, fährt auch er wieder in den Kahn ein und bewegt dann so viel oder so wenig, wie ein Häftling in der Diktatur noch bewegt.

Selbst, was die jungen Leute in Deutschland angeht, ist der Sicherheitsdienst nicht zufrieden. Die Kollegen kritisieren: „In der Nachwuchsfrage wurde von nat. soz. Seite vor allem die Interesselosigkeit der jüngeren Generation gegenüber dem politischen Geschehen hervorgehoben.“[62] Da kann man nur gratulieren. Doch so interesselos ist die Jugend gar nicht.

Ein Sozialdemokrat schreibt einen Brief an den exilierten Parteivorstand mit einem Bericht über die Lage in der Reichshauptstadt: „Nur die Bündische Jugend versteht noch Betrieb zu machen." Mit jenen Bündischen ist „Die schwarze Schar" gemeint, zu der die Ring-Pfadfinder, die roten Pfadfinder, die Jungpioniere und die Mitglieder des Turnvereins Berlin-Mariendorf gehören.[63] Was möchte er berichten? „Diese Gruppen haben sich in Berlin zusammengeschlossen. Sie diskutieren und machen sehr viele Wochenendfahrten. Im letzten Sommer fiel das so stark auf, dass die SA sie kontrollierte und ihre Namen aufschrieb . . . Die Bündischen kritisieren, dass sie noch nicht einmal singen können, was sie wollen. Ihre Liedersammlung »Die Weiße Trommel« ist verboten. Die Bündischen nehmen sie aber dennoch mit, und im Arbeitslager verstecken sie sie in ihren Spinden. Das Summen von bündischen Liedern dient ihnen auch dazu, sich unter sich zu verständigen . . . Die Bündische Jugend ist heute sogar stark antimilitaristisch."[64] Die Jugend ist nicht interesselos an sich; sie mag nur nicht vorgekaute Inhalte nachbeten. Das ist ja auch gar keine Frage von dieser oder jener Ideologie, sondern normales Aufbegehren, wenn einem dauernd irgendetwas vorgeschrieben wird, wobei Kriegstreiberei in der Beliebtheitsskala nach wie vor unten rangiert.

Hinter verschlossenen Türen

Vor lauter Affären und Personalkarussell haben wir die Berliner Außenpolitik ganz aus den Augen verloren. Das darf nicht noch einmal passieren, denn während die Welt auf das Reich schaut, um rechtzeitig zu erfahren, was die Veränderungen für das Ausland bedeuten, schaut Hitler auf die Welt, denn er hat ja noch große Pläne. Schon am 14. Januar war Polens Außenminister Jósef Beck beim Großen Bruder in Berlin. Bei den Gesprächen mit Hitler und Göring wurde man sich schnell handelseinig; Warschau wird Berlin unterstützen, wenn es vorhaben sollte, Österreich an das Reich anzuschließen, und dafür wird Berlin Warschau helfen, ein Stück mehr von Litauen zu ergaunern. Ab Februar will Berlin helfen, das Teschener Industriegebiet an der tschechisch-polnischen Grenze an die Republik Polen anzugliedern. Warschau ist gern bereit, den Vorreiter zu spielen. Hinter seinem breiten Rücken kann das Reich dann operieren.[65]

Will Berlin aber Warschau gegen die Tschechen unterstützen, bleibt zu befürchten, dass es zu größeren diplomatischen Verwicklungen kommt, denn zwischen Berlin und Prag gibt es einen Schiedsvertrag, der im Fall von Verwicklungen zwischen dem Reich und der ČSR eine „unbequeme Einschränkung unserer Handlungsfreiheit“[66] bedeuten kann, wie es das Auswärtige Amt im Februar in einem Brief an den deutschen Gesandten in Prag Josef Eisenlohr schreibt. Deshalb heißt es dort ganz folgerichtig, es könne nicht schaden, wenn Eisenlohr bei geeigneter Gelegenheit mal ganz beiläufig die Bemerkung einfließen ließe, dass nach seiner absolut persönlichen Ansicht Vertragsinstrumente wie der Schiedsvertrag durch den Zusammenbruch des Locarnosystems und die Abkehr Deutschlands vom Völkerbund ihr politisches Fundament verloren haben.[67]

Flucht nach vorn – Hitler holt Österreich heim

Der deutsche Botschafter in Wien Franz von Papen, ja, eben der einstige Vizekanzler, der mit einer Rede gegen Reichspropagandaleiter Goebbels die Diktatur noch im Sommer 1934 aushebeln wollte, gehört seit diesem 4. Februar zu den von den Ämtern Entbundenen und fährt auf der Stelle zu Hitler auf den Obersalzberg. Noch eine Woche zuvor war er bei Hitler in der Reichskanzlei und möchte jetzt hören, was sich inzwischen hinter den Kulissen getan hatte. Er findet Hitler in „zerstreutem, fast erschöpftem Zustand ... die Augen starren ins Leere, seine Gedanken sind ganz woanders“.[68] Erst als von Papen sagt, der österreichische Bundeskanzler Kurt von Schuschnigg habe ihm aufgetragen auszurichten, dass er einen Termin beim Führer für eine Aussprache wünsche, kommt der Kanzler wieder zu sich und ist auf einmal ganz Ohr. Die Szene endet mit Hitlers Worten an den gestern frisch hinausgesetzten Staatsdiener: „Das ist eine ausgezeichnete Idee. Bitte fahren Sie sofort zurück, um für die nächsten Tage eine Begegnung zu verabreden.“[69] Hitler steht oben auf dem Berg, schaut hinunter auf die Häuschen, klein wie auf einer Modelleisenbahn, und hinüber in die Wolken. Ja, das ist genial. Er wird die Generäle nicht auf ihre Revanche warten lassen. Wer weiß, wie dieses Kriegsgericht im März in der Sache Fritsch entscheidet. Wenn jener Prozess gar mit dem Freispruch für den Herrn General endet, können sie umgekehrt ihm am

Hitlers Zimmer mit Blick auf den Untersberg

Zeug flicken. Er wird Aufsehen um Österreich inszenieren, dann ist die ganze Truppe in Berlin gut beschäftigt. An einem solchen Ablenkungsmanöver ist auch Hermann Göring interessiert, der zu den Nutznießern des *Personal-Revirements* gehört, und der weiß, dass Fritschs Doppelgänger inzwischen gefunden wurde. Von daher drängt die Zeit.[70] Franz von Papen eilt zurück nach Wien, nicht nur, um dem Bundeskanzler die Botschaft des Reichskanzlers zu überbringen, sondern auch, um schnell die Spuren seiner Tätigkeit in Wien zu verwischen. Das Auswärtige Amt hatte nicht zufällig ihn dorthin entsandt; und als Katholik dürfte er eine wichtige Figur für die Leitung der katholischen Kirche gewesen sein, die Österreich als ihr Bollwerk aufgebaut hat. In seinem Auftrag verbringen seine Kollegen Wilhelm Ketteler und Hans von Kageneck die Unterlagen der Diplomaten in die einigermaßen sichere Schweiz.[71] Es dauert einige Tage, dann ist von Papen wieder bei Hitler auf dem Berg und bringt ihm die Zusage des Bundeskanzlers zu einem Treffen mit.[72]

Tatsächlich macht Bundeskanzler Schuschnigg dem Reichskanzler bald seine Aufwartung. Am Morgen des 12. Februar trifft von Schuschnigg in Berchtesgaden ein und wird von Hitler auf den Treppenstufen des Berghofs empfangen. Weil Hitler findet, eine militärische Drohkulisse stünde der Szenerie ganz gut, lässt er den neuen Chef des Oberkommandos der Wehrmacht Keitel und weitere führende Männer aus dieser Branche auf seinen Berg holen. Er führt den Österreicher in seine große Wohnhalle, in der ein riesiges breites Fenster den Blick freigibt auf malerische Berge und Täler. Das ist wirklich grandios. Der Bundeskanzler steht davor und sagt zu Hitler, wie beeindruckt er sei. Des Führers Reaktion erwischt ihn kalt: „Ja, hier reifen meine Gedanken. Aber wir sind ja nicht zusammengekommen, um von der schönen Aussicht und vom Wetter zu reden."[73]

Hitler überschüttet ihn in einem völlig unvermittelten Gefühlsausbruch mit Vorwürfen und der Herr Bundeskanzler, der eine eher konservative Vorstellung von diplomatischen Gepflogenheiten hat, ist geschockt und möchte nach draußen gehen. Das Letzte, was Schuschnigg beim Hinausgehen hört, ist ein lautes „General Keitel! Wo ist Keitel? Er soll sofort zu mir kommen." Als der Gerufene in der Halle ist und nach Hitlers Begehr fragt, lächelt der Kanzler: „Gar nichts. Bitte setzen Sie sich." Keitel blickt irritiert drein und sein Führer erläutert: „Ja, der Bundeskanzler will mit seinem Außenminister Schmidt eine kurze Konferenz abhalten, ich habe sonst gar nichts."[74] In dieser Atmosphäre gelingt es, wie kaum anders zu erwarten, dass die Gäste dem Protokoll zustimmen, in dem es heißt, der gemäßigte NS-Führer Arthur Seyß-Inquart könne Wiener Innenminister werden und die Kontrolle über die Polizei bekommen. Aufmerksame Beobachter der Szene in Deutschland wissen, dass das seinerzeit der alles entscheidende Schachzug war, als die bürgerlichen Minister im Januar 1933 in eine Koalitionsregierung unter Beteiligung der Hitler-Partei einwilligten. Der neue Wiener Innenminister soll auch die Regierungsarbeit beider Länder koordinieren. Dafür will Hitler den Nationalsozialisten in Österreich jede illegale Tätigkeit verbieten. Hitler bespricht danach mit dem Chef des Geheimdienstes geeignete Maßnahmen, die der Führung in Wien suggerieren sollen, dass ein militärisches Eingreifen der Wehrmacht bevorstehe. Das Schauspiel beginnt am 14. Februar.[75]

Der Kampf um die Köpfe

Schon am Tage nach Schuschniggs Besuch, der dem Staatsgast eine Idee davon gibt, welche feinen Aussichten ihn mit dem Berliner Volkskanzler unter Umständen noch erwarten, fängt die Reichserziehungswoche der evangelischen Kirche an. Sie dient einer Erfassung und Ausrichtung der Erziehungsberechtigten in allen kirchlichen Fragen und verfolgt darüber hinaus den Zweck, die Jugend und die Eltern wieder enger an die Kirche zu binden, wie der Sicherheitsdienst konstatiert. Doch die Kirchen, das sind die Traditionsvereine, in denen konservative Werte gepredigt und gelebt werden: Du sollst nicht töten, alle Menschen sind vor Gott gleich oder: Auch ein behinderter Mensch ist ein Mensch. In dem Bericht vermerkt der SD, dass die Kirche nach Wegen suche, um den Verlust ihrer Mitsprache bei der Ausführung des schulplanmäßigen Religionsunterrichts anders wettzumachen. Was haben diese Schlauberger angestellt? Sie haben einfach den Konfirmandenunterricht verlängert. Weiter heißt es: „Ganz besonderen Wert legt die Kirche auf die Jugendarbeit und die Jugendschulung. Wenn auch den Verbänden durch die verschiedenen staatlichen Erlasse und Verordnungen die Jugendarbeit weitgehendst beschränkt worden ist, so werden doch immer neue Mittel und Wege gefunden, um die Arbeitsmöglichkeiten aufrecht zu erhalten. Durch die Veranstaltung zahlreicher Bibellager, deren Teilnehmer sich überwiegend aus Angehörigen der HJ und des BdM zusammensetzten, wurde ein großer Teil der Jugendlichen praktisch dem Einfluss der NS-Jugendorganisationen entzogen."[76] Das ist alles, was Sie schon immer mal über die Hitlerjugend und den Bund deutscher Mädel im sechsten Jahr dieser Revolution wissen wollten. Aber wer würde auch vermuten, *alle* Kinder in HJ und BDM wären Nazikinder, wenn sie unter Druck dort eintreten mussten? Beim Sicherheitsdienst will einfach keine Freude aufkommen: „Die Kampfmethoden der evangelischen Kirche gegen den Staat und die Partei haben sich im Allgemeinen nicht geändert."[77] Die Kirchen wollen Konfessionsschulen als einer Alternative zu den nationalsozialistischen Gemeinschaftsschulen; ihnen geht es um die Ehegesetzgebung und um das Niederlegen des Religionsunterrichtes durch die Lehrer. Sie dürfen sich nicht dazu bereit erklären, die nationalsozialistischen Inhalte an die Kinder weiterzureichen. Man kann sich nämlich auch an Bildung seine Hände schmutzig machen. Um die Macht der Kirchen zu brechen, wird auch wirtschaftlicher Druck genutzt. Mit Hilfe einer Grundsteuerverordnung wird ihre Steuerfreiheit wesentlich beeinträchtigt.[78]

Der Führer spricht zu *Seinem* Volk

Um die deutsche Bevölkerung kümmern sich Hitlers Sicherheitskräfte – der Führer selbst steigt nicht in diese Niederungen des Alltages. Er sorgt sich um seinen Platz in der Geschichte. Am 20. Februar 1938 steht unser Meister vor dem Berliner Reichstag und betont, dass die Republik Polen und das Deutsche Reich in Frieden und Eintracht gedeihlich zusammenzuarbeiten fähig sind: „So gelang es, den Weg für eine Verständigung zu ebnen, die, von Danzig ausgehend, heute, trotz des Versuches mancher Störenfriede, das Verhältnis zwischen Deutschland und Polen endgültig zu entgiften und in ein aufrichtig freundschaftliches Zusammenarbeiten zu verwandeln mochte ... Deutschland wird jedenfalls, gestützt auf seine Freundschaften, nichts unversucht lassen, um jenes Gut zu retten, das die Voraussetzung für jene Arbeiten auch in der Zukunft abgibt, die uns vorschweben: den Frieden."[79] Mag ja sein, dass ihm kurz die Grammatik entglitten ist, er kriegt jedoch auch hier die Kurve und benennt sein Ziel. Es geht ihm um den Frieden. Es sind eben Reden wie diese, die gläubige Nazis in Deutschland von den zwanziger Jahren an von ihrem Friedenskanzler überzeugt haben. Unterstützt wird der *konstruktive Pazifismus*, der Länder ohne handgreifliche Maßnahmen eingemeinden soll, weder aus Brasilien noch aus China, sondern selbstredend auch diesmal durch London. Es ist ja für jeden Historiker fast schon peinlich, immer wieder auf den Herren an der Themse herumtrampeln zu müssen. Aber Fakt ist nun einmal, dass Premierminister Neville Chamberlain und sein Schatzkammersekretär Sir Eric Simon im britischen Unterhaus im Februar erklären, man könnte doch nun ganz einfach einmal nicht erwarten, dass Großbritannien die Unabhängigkeit Österreichs unterstütze.[80] Es spricht aber nichts dagegen, dass Forscher auch noch woanders suchen.

Adi beißt wegen Niemöller vor Wut in den Teppich

Was die übrige Öffentlichkeit im Reich unterdessen bewegt, ist der jetzt angelaufene Prozess gegen den 46-jährigen Berliner Pfarrer Niemöller, der schon 1935 zum ersten Mal verhaftet worden war, weil er sich über Ausfälle des Rassenhetzers Alfred Rosenberg mokiert hatte. Nun *sitzt* er ja schon wieder ein halbes Jahr. Durch seinen sonntäglichen Kirchgang ist Hans Bernd Gisevius mit Familie Niemöller bekannt. Er weiß, wie sie mit dem Pfarrer bis zum Juli 1937 umgesprungen waren: „Keiner seiner Schritte blieb unbewacht, kein Gespräch unbelauscht, keine Predigt unbespitzelt, immer wieder ließen sie ihn auf dem Alexanderplatz oder in der Prinz-Albrecht-Straße »verhören«."[81] Er ist ein richtiger Polizist und weiß von daher, wie es dort wirklich zugehen sollte. „Selbst dann waren nicht genug Gründe beisammen, dem Unbekümmerten seine Kanzel zu verbieten. Andererseits war Niemöller zu populär, ihn stillschweigend hinter Lagergittern verschwinden zu lassen."[82] Hans Bernd weiß ebenso, dass Frau Niemöller ihrem Mann in der Unentwegtheit nicht nachsteht. Nachdem einige Geistliche Ende des Jahres 1937 aus der Haft entlassen worden waren, hat die Propaganda der Kirchen gegen den Staat nachgelassen. Jetzt, da der Prozess gegen Martin Niemöller ansteht, wird ihre Propaganda wieder verstärkt. Dass marxistische und jüdische Kreise im Ausland die Parole der Bekennenden Kirche aufgreifen, in dem Prozess stünden Lebensfragen der Christenheit zur Entscheidung, stößt beim SD nicht auf Begeisterung.[83] Eine Volksfront möchte man ja am wenigsten. Lassen wir uns von Hans Bernd aus erster Hand informieren: „Aber alle Nachrichten stimmen überein, die Anklage steht auf schwachen Füßen. Niemöller ist unverzagt. Er verteidigt sich nicht nur, kurz entschlossen geht er zum Gegenangriff über." Er sagt, der Eindruck, den dieser ungewöhnliche Angeklagte auf die Richter macht, sei so stark, dass sein Freispruch nahezu mit Bestimmtheit zu erwarten sei. Morgen soll das Urteil verkündet werden. Nochmals besprechen sie im Pfarrhause zu Dahlem, was danach geschehen solle. Niemöller hat bereits angekündigt, dass er noch am gleichen Abend auf der Kanzel stehen wolle ... „Der erste Anruf, gegen elf Uhr, kommt von befreundeter Seite und gibt mir in Umschreibungen das Urteil durch: praktisch lautet es auf Freispruch, jedenfalls auf sofortige Haftentlassung, wenngleich die Richter irgendeinen formalen Verstoß zum Anlass genommen haben, auf eine Gefängnisstrafe in Höhe der bereits abgesessenen Untersuchungshaft zu erkennen."[84] Wohl löst die Aussicht auf die Entlassung Martin Niemöllers große Emotionen aus; soll Gisevius erzählen: „Was wir in jenen Stunden nicht wissen und was uns vielleicht ein bisschen getröstet hätte, ist, dass es in der Reichskanzlei einen Mordsspektakel gibt. Hitler schäumt vor Wut, er schreit, er brüllt. Jetzt habe er es satt mit der Justiz. Nicht nur Niemöller, nein, zugleich mit ihm soll der Gerichtshof ins Konzentrationslager."[85] Lediglich die Intervention des Reichsjustizministers Franz Gürtner kann das verhindern. Es sind Szenen wie diese, die sich herumgesprochen haben und die auf den Straßen für das Gerücht sorgen, dass sich unser Adi bei Wutanfällen selbst nicht kenne und in den Teppich beiße. So kommt es zu dem Witz: Eines Tages kauft sich Hitler einen neuen Teppich für die Reichskanzlei. Da fragt die Verkäuferin: „Mein Führer, soll der Teppich sofort eingepackt werden, oder wollen sie ihn erst zur Probe beißen?"[86]

Der Sicherheitsdienst fasst die Lage zusammen: „Wie auch 1937 zeigten sich noch auf allen Lebensgebieten Spannungen nicht nur zwischen den

Organisationen des Staates einerseits und der Partei andererseits, sondern teilweise auch der verschiedenen Stellen der Partei untereinander. Im Rechtsleben fehlte es an vertrauensvoller Zusammenarbeit zwischen der staatlichen Justizverwaltung und den Rechtsstellen der Bewegung, wobei es diesen nicht gelang, den von ihnen angemeldeten Führungsanspruch im Rechtsleben durchzusetzen."[87] Auch im Jahre 6 der nationalsozialistischen Revolution ist der Kampf um die Macht nicht gewonnen. Die Zeit des Wartens ist unerträglich. „Etwa gegen zwölf Uhr klingelt es wieder. Helldorff ist am Apparat." Es lässt durchaus tief in die Abgründe des Dritten Reiches blicken, dass der Polizeipräsident von Berlin Wolf-Heinrich Graf von Helldorff als Informant für regimefeindliche Subjekte auftritt. Gisevius entschlüsselt: „Ein wenig stockend – teils mag dies an der Schwierigkeit solcher getarnter Übermittlungen liegen, teils auch an der Materie selber – erzählt er mir, die Ärzte seien sich leider schlüssig geworden, besagten Patienten in ein nahe liegendes Sanatorium zu verbringen. Das bedeutet: Konzentrationslager Sachsenhausen. Jetzt warte ich nur noch auf den Anruf Nummer drei. Dieser ist fällig von Dr. Koch, Niemöllers prachtvollem Verteidiger, bestqualifiziert für seine Aufgabe, indem er selber lange Zeit im Gestapo-Bunker gesessen hat." Wie schafft man sowas als Anwalt eigentlich? Er hatte noch 1935 gewagt, gegen die Enteignung eines jüdischen Großindustriellen rechtliche Einwendungen zu erheben. Diesem Deutschen muss somit auch keiner mehr erläutern, was Nationalsozialismus genau ist. „Verabredungsgemäß will Koch nach der Urteilsverkündung im Gerichtsgefängnis der Entlassung Niemöllers beiwohnen und ihn dann persönlich – im eigenen Wagen und tunlichst unauffällig – zum Hotel Fürstenhof hinüber fahren, wo Frau Niemöller ein Zimmer gemietet hat."[88]

Adolf Hitler rächt sich an denen, die ihm seine *Show* vermasselt haben. Der Anwalt, Dr. Koch, merkt bei der Fahrt vom Gerichtsgefängnis zum Fürstenhof, wo Frau Niemöller wartet, dass an seinen Vorderrädern die Verschraubung gelöst worden war.[89] Es ist aber nicht davon auszugehen, dass sich der Führer im Blaumann und mit veröltem Werkzeug an dem Wagen zu schaffen gemacht hatte. Dafür hat der Alleinherrscher, „dieser Usurpator, der sich niemals auf eine demokratische Mehrheit stützen konnte",[90] seine Lakaien. Hanns Kerrl, den Reichsminister für Kirchenfragen, den der Führer als einen der Verantwortlichen für das harmlose Urteil ansieht, wird von ihm mit Macht- und Liebesentzug bestraft; noch nicht einmal vorgelassen wird er ab jetzt zu seinem Führer. Doch vor der Öffentlichkeit wahrt Herr Hitler das Gesicht: Titel und Bezüge soll Kerrl behalten dürfen. Propagandaminister Goebbels bekommt genauso sein Fett weg. Er muss während der KZ-Haft des Pastors neue Auflagen des Niemöller-Bestsellers *Vom U-Boot zur Kanzel* hinnehmen. Wir können verdammt stolz sein auf Deutschland, wenn unter den Bedingungen, wie sie hier herrschen, ein unbekannter Pastor durch regimekritische Reden prominent wird und ihm nun gerade die Prominenz des Bürgerrechtlers zu Sonderrechten in der Haft verhilft, wie es bei Martin Niemöller läuft. Als sie die Kommunisten von den Straßen wegfingen, hatten die Bürger nichts dagegen, und als sie die Adligen eingesperrt haben, war der Prolet nicht interessiert. Aber bei diesem Pfarrer sind sich die Deutschen einig. Adolf Hitler hat im Bewusstsein dieses öffentlichen Druckes „befohlen, dass er auf das Anständigste behandelt wird, dass er als starker Raucher die besten Zigarren bekommt, und dass er alle wissenschaftlichen Forschungsmöglichkeiten erhält, falls er das wolle."[91] Niemöllers Aufpasser dürfen ihm noch nicht einmal eine Gefangenenglatze verpassen. Darauf können wir in der Tat stolz sein. Die Nazis haben zu klären, ob sie auch etwas haben, worauf sie stolz sein können. Und London ebenfalls.

Behind closed doors

Viel Zeit zum Aufregen bleibt ja nicht. Jetzt muss Hitler *statesman* sein, denn schon am 3. März besucht ihn der britische Botschafter Sir Nevile Henderson. Legationsrat Dr. Paul Schmidt führt das Protokoll. Das wird nicht schaden, denn er kann Hitlers Kritikern dann berichten, worum es da ging. Gleich am Anfang wünscht Sir Henderson, dass über den Inhalt der Unterredung Stillschweigen bewahrt werden soll. Er will „in großen Linien einen Lösungsversuch der Englischen Regierung vortragen".[92] In England wäre die Wirkung auch nicht verheerender als in Deutschland, würde laut werden, was die englische Elite mit Hitler zu bequackeln hat. Londons Regierung geht es um kein Handelsgeschäft, sondern um einen

„Versuch, die Grundlage für eine wahrhafte und herzliche Freundschaft zu Deutschland herzustellen". Beginnen soll das mit einer Besserung der Atmosphäre und weitergehen soll diese Entwicklung „mit der Schaffung eines neuen Geistes der freundschaftlichen Verständigung".[93] Der Herr Botschafter greift Hitlers Wort aus seinem *Talk* mit Lord Halifax auf, es müsse „eine Lösung der höheren Vernunft gefunden werden".[94] Nicht zu glauben, dass London diese Idee Hitlers aus dem Herbst 1937 aufgreift, aber es liegt in Londons Interesse, dass Deutschland nicht durch Zirkus in Mitteleuropa geschwächt wird, bevor das gegenseitige Schlachten von Deutschen und Russen angefangen hat. Der Botschafter Henderson verweist auf früher geführte Gespräche mit Herrn von Ribbentrop, der zugegen ist, und Herrn von Neurath, in denen bereits auf „die Wichtigkeit einer deutschen Mitwirkung bei der Beruhigung in Europa"[95] aufmerksam gemacht worden sei. Er reicht Hitler den Zettel mit seinen schriftlichen Weisungen aus London. Darin steht, in Österreich wie auch in der Tschechoslowakei, oder ČSR, müsste mehr Vertrauen in die Intentionen in Berlin geschaffen werden, und, dass sich London noch nicht so recht in der Lage sehe, die Folgen der zwischen Österreich und Hitlers Reich getroffenen Abmachungen richtig zu beurteilen. Man habe noch Zweifel über ihre Auswirkungen und die letzten Ereignisse hätten Besorgnisse in vielen Kreisen geweckt. Was eine Begrenzung von Rüstungsgütern angeht, merkt er an, die Schwierigkeiten in dieser Angelegenheit seien der Regierung in London gut bekannt. Er erinnert an Hitlers Vorschlag über das generelle Verbot des Bombenabwurfs. Seine Regierung würde einen neuen Vorschlag begrüßen. Doch wichtiger erscheine ihr eine Beschränkung der Bombenflugzeuge überhaupt. Witzig, wo in London bereits '36 der Beschuss von Zivilisten beschlossen wurde. Henderson erklärt, sein Premier habe einer Lösung der Frage, wie das Reich wieder zu Kolonien kommen könne, die ganze Aufmerksamkeit gewidmet. Eine Lösung, die viele Vorteile böte, bestehe nach seinen Vorstellungen darin, einen Plan auf der Grundlage eines neuartigen Regimes der kolonialen Verwaltung in einem bestimmten Gebiet von Afrika auszuarbeiten. Der Plan würde sich auf ein Areal beziehen, das ungefähr dem Kongobecken entspricht, und würde von allen in Frage kommenden Mächten angenommen sowie angewendet werden.[96]

Hitler erwidert, der wichtigste Beitrag zu Ruhe und Sicherheit in Europa wäre ein Verbot der internationalen Hetzpresse. Er habe sich wegen der ständigen Kritik aus verständlichen Gründen „in eine gewisse Isolierung zurückgezogen".[97] Er findet, „dass die Britische Regierung schon in der Lage gewesen sein müsste, die Presse in einem anderen Sinne zu beeinflussen."[98] Er hat von der Insel erfahren, dass die Presse dort „von maßgeblichster englischer Seite"[99] beeinflusst worden sei. Mit den Kolonien braucht ihm auch der Engländer nicht zu kommen. Entspannt meint er, „man könne ruhig 4, 6, 8 oder auch 10 Jahre warten".[100] Was Österreich und die ČSR anlangt, lasse sich sein Reich in seine „Beziehungen zu den stammesverwandten Ländern oder Ländern mit starken deutschen Bevölkerungsanteilen von dritten Mächten nicht hereinreden".[101] Bezogen auf Österreich meint der Führer und Reichskanzler, „wenn sich England weiter den deutschen Versuchen widersetze, hier eine gerechte und vernünftige Regelung zu schaffen, dann würde der Augenblick kommen, wo gekämpft werden müsste."[102] Henderson sagt dazu, dass er selbst immer wieder für den Anschluss Österreichs an Deutschland eingetreten sei.[103]

Von Hitler möchte Sir Henderson gerne wissen, ob er unter Umständen eine Volksabstimmung in Österreich wünsche. Der weicht aus; es werde verlangt, dass auf dem Wege der Evolution die berechtigten Interessen der deutschen Österreicher gesichert und der Unterdrückung ein Ende gemacht werde.[104] Auf die erklärte Bereitschaft des Premierministers zur Bereinigung der Schwierigkeiten weicht der Kanzler wiederum aus und erinnert daran, dass er schon vor Jahren entsprechende Vorschläge mit diesem Ziel gemacht hat, aber „die Antwort sei der französisch-russische Pakt gewesen, der dann durch den Hinzutritt der Tschechoslowakei für Deutschland besonders gefährlich wurde". Was die Rüstungsbegrenzung angeht, verweist er auf eine kürzliche Rede von Woroschilow, der „die rücksichtslose Anwendung von Giftgasen durch die Sowjetstreitkräfte angekündigt" hatte. Abmachungen unter Einschluss Moskaus erklärt er für „so gut wie wertlos".[105] Damit zieht unser Kanzler auch gleich seinen Vorschlag zurück, einem Verbot des Bombenabwurfs beizutreten. Nachdem Hitler wiederholt die englische Presse kritisiert hat, kritisiert umgekehrt sein nobler Gast, „im Übrigen seien auch in der deutschen Presse, besonders in der Zeit seines Amtsantritts heftige Angriffe gegen England im Gange"[106] gewesen. Vertraulich erklärt Henderson, dass Lord Halifax heute eine Pressekonferenz der verantwortlichen Zeitungsverleger sowie ein Gespräch mit dem Präsidenten der Vereinigung der Zeitungsverleger und leitender Mitglieder des englischen Rundfunks einberufen habe, in deren Verlauf Lord Halifax erneut auf die Verantwortung dieser Stellen für den Frieden hinweisen würde. Mehr ließe sich bei der herrschenden Pressefreiheit in England nicht machen.[107] Der Führer wünscht sich von der englischen Presse, wie er sagt, mehr Objektivität in der Beurteilung Deutschlands. Es spricht schon Bände, dass der Brite an der Stelle nicht widerspricht. Henderson wiederholt die Vorschläge der Briten aus dem Gespräch von Halifax und Hitler vom 19. November 1937. Entscheidend war, dass London nichts hatte gegen den Anschluss von Österreich, der Tschechoslowakei und Danzigs an das Reich, wenn es dabei bloß keine Gewalt anwende, und das immer unter der Prämisse, dass das Deutsche Reich eine beständige Bastion gegen den Bolschewismus bleiben solle.[108] Völlig beiläufig und als ob es gar nicht gesondert betont werden müsste, wird wieder das Endziel des militärischen Zusammenstoßes des Reiches mit der Sowjetunion beschworen.

Ist es nötig, daran zu erinnern, dass die ausgebeuteten Massen des alten Russland nur mit Unterstützung reicher Leute aus England und aus den Vereinigten Staaten eine Revolution gegen das aufstrebende Zarenreich ins Werk setzen konnten? Wobei es über clevere Agenten gelungen war, die Anschubfinanzierung von der Reichsleitung des kaiserlichen Dummlands aufbringen zu lassen, das dann prompt seine Novemberrevolution am Halse hatte, auch egal. Wenn die Vordenker aus London den Führer dann dazu ermahnen, es nicht auf die Eskalation der Gewalt ankommen zu lassen, haben sie natürlich mehr Verstand als der Heißsporn aus dem Wald in Österreich, der offenbar ernstlich glaubt, er erziele seine Erfolge dank der Vorsehung. In London kalkulieren sie knallhart: Wenn sich der Führer in einem Krieg in Mitteleuropa verausgabt, kommt es nicht mehr zu dem erwünschten zeitgleichen Auspowern Russlands. In London sind sie nicht lebensmüde; mit den Abermillionen des Reiches zwischen dem Pazifik und Mitteleuropa wollen sie sich nicht selbst balgen.

Schattendiplomatie mit dem Strick um den Hals

Haben Sie es noch im Ohr, wie unser Adi am 20. Februar geträumt hatte vom Frieden? Und wie er zu dem Insulaner meinte, wenn nicht getanzt würde nach seiner Pfeife, dann werde der Augenblick kommen, an dem richtig gekämpft werden müsste? Aber die Briten wollten ja verhindern, dass die Öffentlichkeit vom Inhalt der Unterredung etwas erfährt. Wenn die Leute nicht wissen, was die Staatsführung plant, kann sie nichts dagegen unternehmen, vorausgesetzt, dass es überhaupt möglich ist. Es ist die Staatsführung, in der sich langsam herumspricht, dass Hitler unser Reich in einen großen Krieg stürzen will. Und folgerichtig formiert sich dort der Widerstand gegen diesen Mann. Während sich die Frau im Volk denkt, dass die hohen Beamten dieses Regime stützen, haben die hohen Beamten Angst vor der Frau aus dem Volk, die ihrerseits gar nicht hört, was ihr Führer im Leben noch vorhat. Wenn Ihnen das wirklich zu lustig formuliert ist, dann haben wir uns hochgradig missverstanden. In einer Gesellschaft ohne freien Gedankenaustausch ist dieses Missverständnis für die weitere Entwicklung des Ganzen unter Umständen folgenschwer.

Verständlich, dass nicht jeder außer Hitler aufbricht, um zu verhindern, dass der Mann einen Krieg verursacht. Aber trotz aller Widrigkeiten der Zeit versuchen es manche trotz allem. Einer bekommt eine Dienstreise genehmigt, andere besuchen Freunde und Bekannte im westlichen Ausland. Sinnlos wäre dies alles nur, wenn nicht maßgebliche Kreise in der Staatsführung und im Auswärtigen Amt hinter den Missionen stünden. In jedem Fall muss bei diesen *Talks* so agiert werden, dass dort nicht am nächsten Tag in der Zeitung steht, Tourist X hat sich kritisch über Hitler geäußert. Dazu kommt, dass es sorgfältig abgesprochen werden müsste, was da erzählt wird, aber das geht ja unter den herrschenden Zuständen gar nicht. Ist Carl Goerdeler der allererste Deutsche, der zu Gesprächen im März nach Paris losfährt? Gegenüber Alexis Léger vom Quai d'Orsay, dem französischen Außenministerium, drängt er auf eine unnachgiebige Haltung gegenüber Gebietsforderungen an die Tschechoslowakei.[109] Das Gleiche versucht er einen Monat später in London. Er unterhält sich mit Sir Robert Vansittart, dem diplomatischen Hauptberater des englischen Außenministers. Der hält ihm verblüfft entgegen, was er gerade sage, sei

Carl Friedrich Goerdeler

ja Landesverrat.[110] Da hat er selbstverständlich recht, doch gerade darin zeigt sich, dass Adolf Hitlers Kritiker sehr gut verstehen, dass das Reich die Diktatur in ihrem jetzigen Stadium nur noch loswerden kann, wenn irgendeine Unterstützung aus dem Ausland kommt. Das Regime ist nur zu beseitigen, wenn Hitler sich an jemandem die Zähne ausbeißt.[111] Die Kritiker meinen, die *begeisterten Massen* seien nur für einen neuen Anfang zu gewinnen, wenn alles auf einen neuen Krieg hindeutet.

Wie kommt Carl Friedrich Goerdeler eigentlich in die Lage, als Vertreter eines anderen Deutschland in den Westen geschickt zu werden? Beinahe noch interessanter ist es zu erfahren, was ihm Türen und Ohren führender Männer in Außenministerien öffnet. Wer bekommt denn so einfach Gelegenheit, auf die Außenpolitik einer Großmacht Einfluss zu nehmen? Von Goerdeler haben die Franzosen wenigstens schon mal etwas gehört. Er war vor Jahren Preiskommissar in Berlin gewesen und vor kurzem ist Goerdeler zurückgetreten vom Amte des Leipziger Oberbürgermeisters. Danach hatte ihn der Chef der renommierten Stuttgarter Firma Robert Bosch als *Berater* angestellt und mit Geld versorgt, damit er im Ausland Hilfe gegen dieses braune Regime organisieren kann. Er fährt nicht nur nach Frankreich und England sondern auch nach Italien und Schweden, in die Balkanländer und die Schweiz, nach Belgien, in den Nahen Osten, nach Kanada und in die USA. Überall warnt er vor der Gefahr, die sich aus dem Wesen des Naziregimes ergebe.[112] Jener Robert Bosch tut jetzt schon seit Jahren, was er in seiner Stellung eben tun kann, unterstützt deutsche Juden bei der Auswanderung mit Geld und Verbindungen ins Ausland bis nach New York. Die Ausreise der Juden aus Deutschland ist zwar staatsoffiziell erwünscht, man will sie andererseits jedoch über die umfunktionierte Reichsfluchtsteuer aus dem Jahre 1931 vorher noch so richtig abzocken.[113] Daraus wird folgender recht schwarzer Humor: Zwei Juden treffen sich. Sagt der eine: „Die Nazis haben es geschafft: Mit der Rassenschande ist es jetzt in Deutschland zu Ende.“ – „Wieso?“ fragt der andere. „Wieso, wieso! Denk doch mal nach: Die reichen Juden sind alle im Ausland, und nur wir armen sind noch hier. Aber – Armut schändet nicht!“ Ohne Boschs Hilfe könnten sich viele also gar nicht in Sicherheit bringen. In seinem Robert-Bosch-Krankenhaus beschäftigt er jüdische

Ärzte und sorgt dafür, dass sie und auch ihr Eigentum geschützt werden. Wie Bosch bemühen sich einige andere deutsche Industrielle wie Ernst Leitz und Berthold Beitz* in diesem Sinne, um große Namen zu nennen.

Eine Analyse für Prag

Der Tschechoslowakische Gesandte in Paris, Osuský, fertigt am 4. März 1938 einen Bericht über die momentane Lage für seinen Außenminister Krofta in Prag an. Er schreibt, ausgelöst durch die Demission Edens in London, fragten sich immer mehr Franzosen, ob Frankreich wegen der Tschechoslowakei in den Krieg ziehen solle. Vor allem die Kommunisten sind dagegen und setzen auf die russische Karte. Neben ihnen vor allem Paul Reynaud; er fordert auch die Teilnahme der Kommunisten an der Regierung.[114] „Minister Delbos ist schrecklich müde und äußerst furchtsam. Er würde am liebsten nicht nur aus seinem Amte abgehen, sondern einfach fliehen, wenn er wüsste wie."[115] Der Senator Bérenger habe nach einer Tagung des Auslandsausschusses des Französischen Senats zu ihm gesagt, der französisch-tschechoslowakische Freundschaftsvertrag habe einen Bestandteil von Locarno gebildet, und weil dieses Vertragssystem ungültig geworden sei, wäre folglich auch der Vertrag zwischen der ČSR und Frankreich nicht mehr bindend. Der Gesandte reagiert irritiert und erinnert daran, dass sich ja „in der ersten Zeit nach dem Abschlusse des Vertrages von Locarno die Tschechoslowakei um die Teilnahme an den Locarnoer Beratungen der Großmächte und Belgiens bemühte", doch zu der Zeit seien sie eben mit der Begründung ausgeschlossen worden, dass jener tschechoslowakische Vertrag gerade keinen Bestandteil dieses Abkommens von Locarno gebildet habe. Danach versucht es der Gesandte erneut mit seiner Berufung auf den französisch-tschechoslowakischen Freundschaftsvertrag von 1924, woraufhin Senator Bérenger sagt, er sei ihm „zu großem Dank verpflichtet, denn bei ihnen sei die Sache ganz anders hingestellt worden."[116] Der Senator argumentiert, dass die Maginotlinie verhinderte, dass Frankreich der Tschechoslowakei helfen könnte. Um effektiv zu helfen, müssten die französischen Truppen durch Italien marschieren können. Osuský antwortet ihm, die formulierte Frage wäre irrig gestellt. Es gehe ja überhaupt nicht darum, technisch zu prüfen, auf welche Weise Frankreich der Tschechoslowakei zu Hilfe kommen werde, sondern es handele sich darum, ob Paris bereit sei, dem Reich bei einem Überfall auf die Tschechoslowakei den Krieg zu erklären. Die ČSR treffe ihrerseits Vorbereitungen, um ihrer Pflicht, die sich aus dem Vertrag mit Paris ergeben, nachkommen zu können, und sei bereit, ihre Pflicht auch zu erfüllen. Wenn sich Frankreich bei einem Überfall auf die ČSR nicht verteidigen wolle, würde sich in der Folge weder sein Land noch Mitteleuropa des Reiches erwehren können.[117] Der Senator antwortet, Paris sei überzeugt, dass man ohne England in Mitteleuropa nichts tun könne.[118] Wohin soll das führen, wenn sich Paris weiter gerade an London kettet? Nimmt er hin, dass Frankreich zur germanischen Provinz werden kann, wenn das Reich über die Bodenschätze und das Militär der ČSR verfügt? Auf jeden Fall steht Paris den Planungen in London damit nicht mehr in der Quere.

Wien will die Österreicher vor Hitler bewahren

In der Nacht zum 9. März sucht Wiens Bundeskanzler Schuschnigg den Rat von fünf seiner engsten Berater. Es kommt heraus, dass binnen vier Tagen eine Volksabstimmung zur Sammlung möglichst vieler Kreuzchen für den Erhalt der Unabhängigkeit durchgeführt werden soll, deren Ausgang aber reichlich unsicher scheint. Die Sekretärin von Bundesminister Zernatto hört von diesem Plan und verrät ihn. So kommt es, dass man in Berlin bereits am nächsten Mittag davon weiß. Adolf Hitler ist sichtlich überrascht, dass von Schuschnigg, nachdem er ihn behandelt hatte, wie er es vom Schulhof her kannte, weiterhin versucht, ihm ein Schnippchen zu schlagen. Er schickt einen Boten los, um dem Bundeskanzler die Idee der Volksbefragung auszureden. Der Bote ist schon Stunden unterwegs nach Wien, da kommen unserem Führer noch ganz andere Gedanken.[119] Er geht in Ruhe sämtliche Beschlüsse durch, auf die er sich mit Dr. Kurt von Schuschnigg gerade geeinigt hat, und denkt bei sich, daraus könnte man eigentlich auch ableiten, dass er ihn hätte fragen müssen, wenn er eine Aktion durchführen will, die beide Staaten betrifft. Daraus leitet er wiederum ab, er habe das Recht, Truppen in das Land zu schicken.[120] So könnte es ihm gelingen, die dortigen Nationalsozialisten aus der Illegalität zu führen und an die Macht zu bringen. Er verlangt vom Chef seines Oberkommandos der Wehrmacht Wilhelm Keitel die Vorlage der Pläne für den „Sonderfall Otto", wie ein Einmarsch nach Österreich bezeichnet wird, doch da erlebt er eine unangenehme Überraschung. Es gibt keine Pläne, weil sie nicht vorbereitet worden waren. Vor etwa einem Jahr hat Ludwig Beck die Erstellung solcher Pläne verhindert. Beck klemmt jetzt zwischen Baum und Borke – zwischen einem unfertigen Staatsstreich in Berlin und einer Bedrohung des Reiches durch andere Länder bei einem schlecht organisierten militärischen Abenteuer in Österreich. Nach fünf Stunden liegt alles bereit.[121] Ab dem Abend des 9. März herrscht völlige Konfusion in Hitlers Berliner Amtssitz. Es fängt mit dem schon üblichen Tobsuchtsanfall des Führers über den „Verräter" Schuschnigg an und es geht mit erregten Telefonaten mit Göring und Himmler weiter. Es ist zu vermuten, dass der Adjutant des Führers jetzt schon den Teppich bereit legt. Dann werden verschiedene Militärs herbeibeordert, ob sie in dieser Angelegenheit zuständig sind oder nicht.[122]

In dieser Lage ist es Bundeskanzler Schuschnigg, der dringend auf Hilfe aus dem Ausland angewiesen ist. Wie verhalten sich im Moment der Not jene, die *nie* eine Vereinigung von Deutschland und Österreich wollten? Für London lässt Horace Wilson Berlin zur Kenntnis geben, dass man in der englischen Hauptstadt seine Linie, eine Verständigung mit Deutschland und Italien herbeizuführen, durchhalten wird.[123] Dabei könne man die Interessen der Sowjets durchaus missachten. „Das dort herrschende System muss eines Tages zerschmelzen."[124] Das war ja auch schon am 3. März in Berlin Thema in Hitlers Gespräch mit Londons Botschafter Sir Nevile Henderson. Am 10. und am 11. März unterhalten sich darüber der britische Außenminister Lord Halifax, der deutsche Außenminister von Ribbentrop, sein Assistent Erich Kordt, der persönliche Beauftragte von Premierminister Chamberlain Sir Horace Wilson und der britische Verteidigungsminister Sir Thomas Inskip. Es werden auch jene Vorschläge vom 19. November '37 aufgefrischt, vom Vier-Mächte-Pakt Berlin-Rom-London-Paris und dem Anschluss Danzigs, Österreichs und der ČSR an das Reich bis hin zu den ehemaligen deutschen Kolonien, von denen der Meister aber nach wie vor nichts wissen will.[125] Das Forschungsamt dechiffriert indessen eine Depesche aus Paris an den Gesandten in Wien, nach der London nicht bereit sei, Kanzler Schuschnigg zum Widerstand aufzufordern. Bald darauf erfährt das Amt, dass sich auch Paris nicht für Österreichs Unabhängigkeit einsetzen wird, da England dies ablehnte.[126]

Bleibt nur noch der Rettungsanker Italien. Doch als Schuschnigg in Rom nachfragen lässt, wie es mit einer Rückendeckung für sein Referendum aussieht, zeigt ihm Mussolini bloß die kalte Schulter.[127] In der römischen Außenpolitik ist nur auf ihre Wechselhaftigkeit Verlass. Das müsste dem Berliner Kanzler mit Benitos Achse Rom-Berlin zu denken geben. Doch in dem Moment hindert ihn offensichtlich niemand an dem Einmarsch, und viel mehr interessiert unseren Führer Hitler im Moment gar nicht. Am Rand: Die drei Jahre alten Römischen Verträge sind damit hinfällig. Dass keiner mehr die Österreicher vom Deutschen Reich isoliert halten will, wissen jedoch nur ausgewählte Personen in der Hauptstadt, so dass sich andere weiter Sorgen machen, wie das Ausland auf Hitlers jüngsten Einfall reagieren könnte.

Am 10. März sollte eigentlich das Reichskriegsgericht zusammentreten, um den Fall Fritsch aufzuklären, deshalb schürt Göring Hitlers Zorn am Vorabend und wirbt für ein sofortiges Losschlagen gegen Österreich und tatsächlich wird am Vormittag die Sitzung des Kriegsgerichts auf Hitlers Weisung hin abgebrochen.[128] Zielbewusst setzt ein Göring seinen Willen durch. Wer weiß, was für Aufregungen dem Deutschen Reich unter *dem* Kanzler noch bevorstehen – doch die dramatischste Nacht in den ersten sechs von tausend Jahren wird die Nacht vom 10. zum 11. März. General Keitel kann nicht einschlafen, weil immer wieder ein anderer der Herren vom Generalstab des Heeres bei ihm anruft, um ihren Führer von dieser Handlung des Wahnsinns abzubringen. Sie beschwören Wilhelm Keitel, den Verzicht auf den Einmarsch zu erwirken. Doch der denkt „gar nicht daran, den Führer auch nur ein einziges Mal zu fragen. Ich versprach es zwar, gab aber kurze Zeit später ohne dies den ablehnenden Bescheid. – Der Führer hat hiervon nie etwas erfahren. Sein Urteil über die Führung des Heeres wäre sonst vernichtend gewesen, und das wollte ich beiden ersparen."[129] Er, von dessen intellektueller Begabung noch nicht mal der

Führer überzeugt ist, hat also fähigeren Menschen erspart, dass jemand schlecht über sie denkt. Es ist gar nicht so gut, wenn dumme Menschen plötzlich anfangen zu denken. Die ihm unterstellten Militärs nennen ihn folgerichtig bald „*Lakai*tel".[130] Nach dieser dramatischen Nacht steht die Frage im Raum, ob die Generäle eine Chance hatten, dem Führer seinen wirren Plan auszureden. Werden wir es je erfahren? Doch wir müssen so lange gar nicht warten. Schon am Morgen bekommen wir eine Antwort. Wie auch vor ein paar Tagen wieder, als Justizminister Gürtner unseren bockigen Kanzler davon abbrachte, den Gerichtshof zusammen mit dem Angeklagten Niemöller ins KZ zu schicken, schafft es auch Neurath, der noch nicht einmal mehr zuständig ist, den Führer von einem Einmarsch in ein anderes Land abzuhalten. Neurath wendet sich an Papen, er solle Hitler die Großaktion ausreden. Wider Erwarten gibt der hin- und herschwankende Hitler auffallend schnell nach: „Ja, ja, das kann gemacht werden." Dann sagt er zu Keitel, der genau diese Reaktion nicht erwartet hatte: „Lassen Sie Brauchitsch sofort wissen, dass der Einmarschbefehl aufgehoben ist."[131] Zu Papen sagt Brauchitsch: „Gott sei Dank, dass uns das erspart bleibt."[132] Goebbels jedoch schäumt, weil eine Million Flugblätter fertig sind für den Abwurf über Österreich, die auf einmal nicht mehr aktuell sind. Doch die Erleichterung hat nicht lange Bestand.

Göring sieht seine Felle davonschwimmen und setzt sich nun seinerseits bei Hitler dafür ein, dass doch Wehrmachtstruppen nach Österreich geschickt werden sollen.[133] Am Abend des 11. März 1938 telefoniert Göring wie vom Teufel besessen mit dem neuen nationalsozialistischen Wiener Innenminister Arthur Seyß-Inquart, um ihn zu drängen, sich sofort zum Bundeskanzler machen zu lassen. Zwischendurch erklärt ein Dr. Mühlmann, dass Bundespräsident Miklas weiter hartnäckig die Zustimmung verweigert. Die Wogen schlagen hier hoch und Göring versteigt sich zur Androhung: „Machen Sie die führenden Leute auf Folgendes aufmerksam, was ich Ihnen jetzt sage: Jeder, der Widerstand leistet oder Widerstand organisiert, verfällt augenblicklich damit unseren Standgerichten, den Standgerichten der einmarschierenden Truppen, ist das klar?" Zwei Stunden später telefoniert der Generalfeldmarschall mit Herren von der Deutschen Gesandtschaft in Wien und gibt den Text eines Telegrammes durch, das in Windeseile vom Innenminister Seyß-Inquart nach Berlin durchgestellt werden soll: „Die provisorische österreichische Regierung, die nach der Demission der Regierung Schuschnigg ihre Aufgabe darin sieht, die Ruhe und Ordnung in Österreich wieder herzustellen, richtet an die deutsche Regierung die dringende Bitte, sie in ihrer Aufgabe zu unterstützen und ihr zu helfen, Blut zu vergießen zu verhindern. Zu diesem Zweck bittet sie die deutsche Regierung um baldmöglichste Entsendung deutscher Truppen." Es dürfte der Aufregung geschuldet sein, dass das Wörtchen zu einmal zu oft eingebaut wird.[134] Jenes Telegramm wird übrigens letzten Endes nie abgeschickt. Von Hans Bernd Gisevius ist zu erfahren, dass es erst nachträglich im Reichspostministerium fabriziert wird, so dass akribische Historiker etwas in den Akten finden können.[135] Es ist nicht das erste Mal in den vergangenen Jahren, dass Göring führt und unser Führer kopflos ist. Er, der nicht so recht weiß, wie weit er nun gehen soll, gibt letztlich Görings Drängen nach und Jodl paraphiert den Befehl zur Invasion am frühen Morgen des 12. März. Dann schickt Hitler ein Ultimatum an Bundeskanzler Schuschnigg, in dem er ihn auffordert, die Volksabstimmung abzusagen.[136] Woher kommt seine Unsicherheit?

Hat sich der Wunsch nach einer Vereinigung mit dem Reich im Lauf der Jahre geändert? Als die Salzburger am 29. Mai 1921 über den Anschluss an das Reich abstimmten, waren ca. 98 Prozent dafür.[137] Da hat man nur geahnt, was jener Vertrag von Saint-Germain bedeutete. Hitlers Einzug in Österreich wird dann wirklich ein Spektakel: „Am 12. März gegen vier Uhr nachmittags überschreitet Hitler – braune Uniform, militärisch zugeschnittener Ledermantel, auf der braunen Mütze als neue Insignie die Wehrmachtskokarde mit goldenem Eichenlaub – im dreiachsigen geländegängigen Militärwagen bei seiner Geburtsstadt Braunau die Landesgrenze. Während die motorisierten Truppen auf ihrem Eilmarsch nach Wien wider Erwarten langsam vorankommen, weil sie bis zu 60 Prozent Ausfälle haben, eine höchst bedenkliche Manövererfahrung, stemmen sich ihm selber fast noch unüberwindlichere Hindernisse entgegen. Die Landstraßen sind von jubelnden Menschen überfüllt. Er kommt diesen ersten Tag nicht weiter als bis an die Gräber seiner Eltern in Leonding und bis ins heimatliche Linz."[138]

Agenten des deutschen Geheimdienstes melden keine gefährlichen Aktivitäten im Ausland. Stattdessen laufen die Berichte über das Vordringen der Wehrmacht in Österreich ein und wider Erwarten braust ihnen dort frenetischer Jubel entgegen. Die Reaktion großer Teile der Bevölkerung erinnert an den ohrenbetäubenden Jubel beim Anschluss des Saarlands und dann des Rheinlandes. Adolf Hitler fährt nach Linz und ist derartig überwältigt, dass er kaum reden kann.[139] Davon kann man denken, was man möchte – verständlich ist es, wenn man sieht, wie die Österreicher nach der Niederlage im Krieg behandelt worden sind. Gedemütigt, den Nachfolgestaaten ihrer ehemaligen Monarchie gegenüber diskriminiert, verarmt und auf beleidigende Weise in Abhängigkeit gehalten, verspürt die Bevölkerung Österreichs in wachsendem Maße jenes Bedürfnis nach Änderung, das diese Kränkung durch den bestehenden Zustand zu stark empfindet, um jetzt lange nach der Realität des Kommenden zu fragen. Im Gefühl ethnischer und geschichtlicher Verbundenheit richtet sie ihre Blicke immer stärker auf das wie verwandelt wirkende Deutschland, das unter den Siegern von gestern Furcht und Schrecken verbreitet.[140] Was manche Österreicher täglich stört, ist der Ständestaat, wie er dort nach dem Ende der Monarchie eingeführt wurde, und was sie bewundern, ist eine Ordnung wie unter Kanzler Hitler, in der auch jedes Kind aus dem einfachen Volk seine Chance zum Aufstieg bekommt. Im Unterschied zu den Menschen in der Sowjetunion und Deutschland haben Österreicher noch keine Erfahrungen mit Regenten aus der Unterschicht gesammelt und sind offen für Neues.

Doch nicht jeder Österreicher sieht sich befreit. Etwa 50.000 von ihnen werden umgekehrt bald danach eingesperrt. Unter ihnen ist auch Kurt von Schuschnigg, der es versäumt hat, rechtzeitig ins Ausland zu fliehen. Heute hofft er noch, dass er nicht lange von der Gestapo in Wien in Haft gehalten wird. Inzwischen ist Seyß-Inquart neuer Bundeskanzler. Dieser kommt zu Kanzler Hitler nach Linz und berichtet ihm, dass das Kabinett in Wien den Anschluss Österreichs an Hitlers Reich beschlossen hat. Die Karriere dieses Arthur Seyß-Inquart ist atemberaubend und ähnelt der Biographie von Leuchtspurmunition. Am 11. März war er Bundeskanzler geworden. Am 13. März verlangt er von Präsident Wilhelm Miklas, dass er das Gesetz zur Vereinigung von Österreich und Deutschem Reich unterzeichnet. Als der sich weigert und von seinem Amte zurücktritt, wird Arthur Seyß-Inquart sein Nachfolger, und mit der Unterschrift unter das Gesetz vom 13. März gibt es sein Amt nicht mehr.

Schlechter als Schuschnigg erwischt es den engsten Mitarbeiter des ehemaligen Botschafters in Wien Franz von Papen, Wilhelm Freiherr von Ketteler. Seine Leiche wird am 14. März von Männern vom Sicherheitsdienst (SD) in die schöne blaue Donau geworfen.[141] Glauben Sie, dass es morgen so in der Zeitung steht? Wer weiß, ob das jemals geklärt werden kann, wenn die zuständigen Strafverfolgungsbehörden kein Interesse an einer Aufklärung zeigen. Es war auch nicht so, dass jemand an die Börse des Freiherrn heranwollte. Ketteler und sein Kollege Hans von Kageneck waren die beiden, die im Februar ihre Diplomatenakten in die Schweiz verbracht hatten, und nach seiner Rückkehr nach Wien hat Ketteler mit der Vorbereitung eines Attentats auf Hitler begonnen. Papen hatte vermutet, dass Hitler kommen könnte, und wenn er herkommt will Ketteler den Führer, der bei derartigen Anlässen immer gerne im offenen Wagen steht, von einem Fenster der Botschaft aus erschießen. Papen unterrichtet den Kanzler, Himmler, Göring und Kaltenbrunner darüber, dass der Mitarbeiter der deutschen Botschaft unauffindbar sei. Wen soll er auch informieren außer dem hier zuständigen Personal? Immerhin erreicht er die Herausgabe eines Erlasses am 25. März, in dem es hoch dramatisch heißt: „Mit sofortiger Wirkung weise ich den Chef der Ordnungspolizei und den Chef der Sicherheitspolizei an, eine besonders sorgfältige und umfassende Fahndung nach dem seit Sonntag, den 13. März, vermissten Wilhelm Freiherrn von Ketteler einzuleiten.“[142] Allerdings wird Ketteler in der Folge des Erlasses nicht wieder lebendig, sondern bleibt tot. Als er nach mehreren Wochen irgendwo flussabwärts am Ufer der Donau aufgefunden wird, hat er bei der Obduktion so viel Chloroform im Körper, dass ausgeschlossen werden kann, dass er sich selbst umgebracht hatte. Er muss betäubt worden sein und später ist die Leiche dann offenbar in den Fluss geworfen worden. Sucht man den oder die Täter, so muss festgestellt werden, dass nicht jeder Beliebige im rechten Moment ein wenig Chloroform zur Hand hat, genau wie nicht jeder eine geeignete Waffe in der Tasche hat, wenn er den Führer erblickt. Der zeigt sich zwar gern im Volk, kündigt seinen Besuch aber in den seltensten Fällen vorher an. So ist es nicht einfach, ihn mit einem Attentat wegzuzaubern.

Aus London erfährt Hermann Göring von Joachim von Ribbentrop über das Telefon, dass der Chefdiplomat den Eindruck habe, dass jetzt, nachdem die österreichische Frage geregelt sei, eine Verständigung zwischen England und Deutschland umso leichter sein werde. Absolut sicher ist er sich allerdings nicht, weil sich Chamberlain in dieser Sache bislang nicht geäußert hat, er fügt aber hinzu: „Ich glaube, dass er das einsieht."[143] Zu Halifax habe er gesagt, „dass wir ehrlich eine Verständigung anstreben". Der erwidert darauf, das Einzige, was ihn beunruhige, sei die Tschechoslowakei.[144] Sein Gesprächspartner weiß das natürlich und sagt zu ihm: „Nein, nein. Das steht außer Frage." Hermann Göring weiß jedoch auch, dass sein Führer schon am 5. November angekündigt hatte, dass er die Tschechoslowakei völlig von der Landkarte nehmen möchte. Der Chefdiplomat lässt den Bayern wissen: „Ich antwortete ihm, dass wir weder daran interessiert noch gewillt seien, in dieser Richtung irgend etwas zu unternehmen. Im Gegenteil, wenn man unsere deutschen Brüder dort anständig behandeln wird, so werden wir zweifellos zu einer Verständigung gelangen." Und Göring sagt: „Jawohl, ich bin auch überzeugt, dass Halifax ein durchaus vernünftiger Mann ist."[145] Freud lässt grüßen. Das müsste vielleicht schon heißen: Nein, wir werden in der Richtung nichts unternehmen und wir werden fraglos zu einer Verständigung kommen. So sicher ist sich Botschafter Herbert von Dirksen in London, der zuvor seit 1928 Botschafter in Moskau und seit 1933 Botschafter in Tokio war, in der Angelegenheit jedoch gar nicht: „Zeitlich ist diese Bereitwilligkeit an eine gewisse Klärung der tschechoslowakischen Frage geknüpft. Man möchte in London diese Frage wenigstens durch eine zeitweise und probeweise Vereinbarung zwischen Sudetendeutschen und tschechoslowakischer Regierung aus dem unmittelbaren Gefahrenbereich als Herd eines neuen Weltkrieges gerückt sehen, bevor man an eine so weitreichende neue politische Unternehmung, wie den Versuch eines Ausgleichs mit Deutschland, herangeht."[146]

Unterdessen gehen mit den Österreichern die Gefühle durch. Als am 15. März der Führer und Reichskanzler aller Deutschen durch die alte und schöne Metropole des Zwergstaates Österreich fährt, der nur noch den deutsch besiedelten Teil der früheren Habsburger-Monarchie umfasst, und sich zu seiner eigenen Überraschung feiern lassen darf, kommt es in der Tat zu emotionalen Szenen. Der Einzug ist wirklich triumphal. „Aus dem im wahrsten Sinne des Wortes Unbeschreiblichen muss allerdings ein Begebnis herausgehoben werden, das selbst für einen Hitler alles – bis dahin – Vorstellbare übertrifft: Der Kardinal kommt zum Volkstribunen, ihm seine Glückwünsche und Loyalitätsbeteuerungen zu entbieten. Hitlers Flugkapitän Bauer schildert die unvergessliche Szene: »Wir standen auf dem Flur, um zu sehen, wie Hitler den Kardinal empfangen würde. Hitler kam Innitzer bereits in der Tür entgegen. Er machte eine tiefe Verbeugung, wie ich sie bei ihm nie sonst gesehen habe. Auch der Kardinal war äußerst liebenswürdig und zuvorkommend. Der Abschluss war ebenso herzlich.«“[147] Vor tausenden tobenden Menschen sagt unser Kanzler in einer seiner bedeutungsvollen Reden: „Als Führer und Kanzler der deutschen Nation und des Reiches melde ich vor der Geschichte nunmehr den Eintritt meiner Heimat in das Reich.“[148] Der Anschluss der Österreicher öffnet den Spekulationen Tür und Tor, wer die Glücklichen sein werden, die nach ihnen eingemeindet werden sollen: Die Schweizer schlafen seit einiger Zeit recht unruhig. – Warum? – Sie fürchten es, als Eidgenossen zu Bett zu gehen und als Volksgenossen aufzuwachen.[149] Im Reich hat man auch schon eine Vorstellung davon, was die Österreicher zum Beispiel konkret auf dem Feld der Presse in Zukunft erwarten wird: Ein Deutscher besucht die heimgekehrte Ostmark. Er möchte gern einen Kaiserschmarrn essen. Im letzten Augenblick fällt ihm ein, dass er wohl nicht mehr gut nach einem „Kaiser“-Schmarrn fragen könne. Kurz entschlossen bestellt er: „Einen Hitler-Schmarrn, bitte!“ Der Ober geht und kommt letztlich mit einer Zeitung zurück: „Bittschön, der Herr, hier ist der Völkische Beobachter!“[150]

Aus Wien schreibt der Diplomat Ernst von Weizsäcker im Taumel seiner patriotischen Gefühle an alle Zuhausegebliebenen: „Der gestrige Tag in Wien ist schon der bemerkenswerteste seit dem 18. Januar 1871. Die österreichischen Dragoner nach der Prinz-Eugen-Melodie zusammen mit unseren Truppen defilieren zu sehen sowie die Kundgebung vom Balkon der Hofburg sind Eindrücke, die ich Euch allen gewünscht hätte."[151] Mag durchaus sein, dass ihm diese Freude irgendwann mal im Halse stecken bleibt, aber Sie glauben doch nicht im vollsten Ernste, unser ehemaliger Kanzler Otto von Bismarck hätte vor 72 Jahren jemanden aus dem Volk gefragt, ob es richtig sei, die Österreicher *nicht* in das endlich vereinigte Deutschland hineinzunehmen, damit nicht die mächtige Kapitale Wien, sondern das halbstarke Berlin Hauptstadt eines kleindeutschen Reiches werden kann? Wer noch weiß, welche Euphorie 1871 nur allein ob *jener* Lösung herrschte, der wundert sich nicht über die Gefühle, die jetzt die Ausrufung des Großdeutschen Reiches auslöst, zumal bei diesem Anlauf noch nicht einmal ein Krieg vorausgeht. Anders als damals ist auch das Verhältnis Deutschlands zu seinen Nachbarn. Das Reich lebt im Frieden mit Polen wie mit Frankreich; das sind fraglos großartige Aussichten für die übrigen 995 Jahre des Reiches mitten in Europa. Es wird auch gleich wieder eine Wahl angesetzt, deren Ergebnis die breite Zustimmung aller Deutschen zum Anschluss Österreichs bekunden soll.

Trotzdem bleiben andere zurückhaltend. Ganz sicher ist die Vereinigung im Prinzip schön. Doch muss das nun bedeuten, dass sich ausgerechnet der Nationalsozialismus auf diese Weise langsam in Europa breitmacht? Ein Priester oder gar ein Bischof kommt schon mit einer Menge Leuten in vertraulichere Gespräche und hat durchaus einen gewissen Überblick, was die Lage hier angeht. So bleiben „die deutschen Bischöfe auch nach der Rückkehr der Ostmark zum Reich in hartnäckigstem Widerstand"[152] gegen das Regime. Bischof Preysing sorgt für die Unterbindung jeglicher Wahlpropaganda durch die kirchliche Presse und für das Verbot staatsbejahender Kanzelabkündigungen, um die Volksabstimmung am 10. 4. möglichst wirksam zu sabotieren. Wie es der Sicherheitsdienst erwartet hat, findet die Loyalitätserklärung des österreichischen Episkopates gegenüber der nationalsozialistischen Führung *nicht* die Zustimmung des deutschen Episkopats im Altreich. Der deutsche Episkopat und mit ihm die amtlichen Stellen des Vatikans haben diese Erklärung aufs Schärfste abgelehnt und sie als „moralische Selbsthinrichtung" bezeichnet. *Radio*

Vaticana sowie die deutschen Bischöfe fordern von allen Gläubigen das eindeutige Bekenntnis zu den Zielen des politischen Katholizismus.[153]

Bleibt nur abzuwarten, wie die Westmächte mit Hitlers neuestem Handstreich umgehen. US-Präsident Franklin Delano Roosevelt weigert sich, auf einem Treffen mit Journalisten die Ereignisse in Österreich auch nur zu kommentieren. Großbritanniens Schatzkanzler Lord John Simon erklärt, dass sein Land niemals spezielle Garantien für die Unabhängigkeit Österreichs gegeben hat. Alle Hindernisse, die Großbritannien gegen die Einheit der Deutschen und Österreicher gebastelt hatte, sind auf einmal gegenstandslos. Ist es verwegen, daraus abzuleiten, dass sie damals eingeführt wurden, um Konfliktpotenzial in die Welt zu setzen und auf den *Superman* zu warten, der diese verfahrene Chose dann wieder aus dem Schlamm zieht? Am 14. März 1938 diskutierte das Unterhaus zu London die Vereinigung von Österreich mit Deutschland. Premier Arthur Neville Chamberlain hat das Parlament darüber informiert, dass die Botschafter Großbritanniens und Frankreichs der deutschen Regierung eine Protestnote wegen der Eingemeindung Österreichs gesandt haben. Freilich hat davon keiner was, denn als sich das Berliner Außenministerium weigert, diese Protestnote überhaupt anzunehmen, passiert null Komma nichts, kein Aufruf zum Boykott, keine Mobilisierung, nichts. Dafür erkennt die Londoner Regierung zwei Wochen später am 2. April 1938 die Annexion von Österreich durch Deutschland in aller Form an. In Paris reagiert die Regierung gleich überhaupt nicht. Genau am 11. März wurde die alte abgelöst und hat es nicht mehr geschafft etwas dazu zu sagen; die neue war noch nicht bereit die Handlungen Deutschlands zu verurteilen. Und am Ende des Tages folgen die Franzosen ängstlich der Entscheidung an der Themse und nehmen die neue Situation in Europa einfach hin.[154]

Nationale Gleichschaltung auch in Prag

Damit sind freilich längst nicht alle Probleme in Europa gelöst. Wir sind ja noch nicht im Himmel. In der ČSR z. B. leben 6 Millionen Tschechen neben 3 Millionen Slowaken, was eigentlich nicht wirklich überraschen kann. Doch alles in allem hat das kleine Land eine Bevölkerung von ungefähr 15 Millionen Einwohnern, 3,4 Millionen Deutsche gibt es, Juden in großer Zahl, eine dreiviertel Million Ungarn, weiter eine halbe Million Ruthenen und hunderttausend Polen.[155] Somit gibt es im Lande deutlich mehr Deutsche als Slowaken und unser friedliebender Führer zeigt sich hier solidarisch mit den Führern Polens und Ungarns. So weit so gut. Es ist nicht so gut, dass die tschechische Regierung mit den verschiedenen Volksgruppen in dem Staatskonstrukt, das zu den fragwürdigen Folgen der Verhandlungen zum Abschluss des Weltkrieges in Versailles gehört, nicht sonderlich pfleglich umgeht. Dies führte zu Spannungen zwischen den verschiedenen Ethnien. Es ist schon berechtigt, von Gleichschaltung in der nationalen Frage zu sprechen. Was die Deutschen angeht, so sind deutsche Städtenamen umgemodelt worden, deutsche Kinder sollen auf Biegen und Brechen die Sprache der Tschechen lernen, Schulen werden benachteiligt, eine Verordnung verbot jeden Geldverkehr mit dem Ausland, eine andere verfügte den Abbau der deutschen Beamten; es gab die Landreform, mit der deutscher Grundbesitz enteignet wurde, der nach 1620 erworben worden war; und andere Volksgruppen sind zu Recht genauso unzufrieden. Es ist auf jeden Fall nicht so, wie es hier sein soll.[156]

Nun ist es wie im richtigen Leben, die Einen sitzen in der Kneipe, um zu fluchen, und dann gibt es Leute, die etwas unternehmen mögen. Zu den Leuten, die nicht nur schimpfen wollen, gehört Konrad Henlein, Bankangestellter und nach dem Weltkrieg Turnlehrer, jetzt 39. Er hatte sich das Ziel gesetzt, die Deutschen, die ihre Interessen in fünf Parteien vertraten, in einer Bewegung zusammenzuführen. Davon versprach er sich, dass ihre Stimme im Prager Parlament einfach mehr Gewicht bekommt. Im Herbst 1933 hat er sein Baby, die Sudetendeutsche Heimatfront, aus der Taufe gehoben. Später, auf Druck der Prager Behörden, musste der Lehrer die Partei umbenennen in Sudetendeutsche Partei. Überrascht es tatsächlich, dass der Turnlehrer beim Führer Interesse weckt, wenn die

Tschechen im Sudetenland ihren militärischen Festungsgürtel nach dem Vorbild der Maginotlinie gebaut haben?[157] Darüber hinaus liegt dort gut die Hälfte der Steinkohle und fast der gesamte Vorrat an Braunkohle der Tschechoslowakei.[158] Die werden in der Industrie und im Handwerk, in Schulen und Krankenhäusern genauso benötigt wie beim Militär. Gleich der erste Interessent dafür residiert seit einigen Jahren in Berlin.

Moskau will ein Österreich II verhindern

Der Volkskommissar für Auswärtige Angelegenheiten der Sowjetunion Maxim Litvinov verweist in einer Erklärung am 17. März auf wiederholte Moskauer Vorschläge für ein System kollektiver Sicherheit im Rahmen des Völkerbundes, wie sie vor Jahren schon Paris unterbreitet hatte. Er verweist ebenso auf Moskauer Bemühungen um gegenseitige Beistandspakte gegen Aggressoren, wie man sie mit Frankreich und mit der ČSR schon geschlossen habe. Liege keine Aggression vor, so bedrohten diese Verträge keinen einzigen Staat. Unter Hinweis auf Überfälle in den vergangenen Jahren warnt Maxim Litvinov davor, dass eine internationale Passivität und die Straflosigkeit bei Aggressionen im Einzelfalle zu einer Wiederholung und Mehrung solcher Fälle führen werde. Die Ereignisse, gerade eben in Österreich, bestätigten, wie richtig diese Warnung war.[159]

Litvinov äußert die Vermutung, die absehbare Unterjochung der kleinen Nachbarländer könnte die Voraussetzung schaffen für Druck und sogar für einen Überfall auch auf große Staaten. Er sieht im Moment in erster Linie die Tschechoslowakei als bedroht an, aber eine kleine Aggression könne sich zu neuen internationalen Konflikten auswachsen – das zeige sich in der alarmierenden Lage an der polnisch-litauischen Grenze. Der Minister erklärt die Bereitschaft Moskaus zu präventiven Schritten, um die verstärkte Gefahr eines neuerlichen Weltgemetzels zu beseitigen.[160]

In Maxim Maximowitsch Litvinov hat der Möchte-Gern-Deutsche Adolf Hitler die Inkarnation der jüdisch-bolschewistischen Verschwörung mit Bindestrich *in persona* gefunden. Der sowjetische Außenminister, der in seiner polnischen Heimatstadt Białystok als Sohn eines jüdischen Bankbesitzers logischerweise keine Karriere in Aussicht hatte, hieß eigentlich Meir Henoch Mojszewicz Wallach-Finkelstein und hatte schon vor mehr als drei Jahrzehnten die Bekanntschaft des Georgiers und Möchte-Gern-Russen Stalin gemacht, eines Heißsporns, der aus dem Priesterseminar gesetzt worden war, weil er an wichtigen Prüfungen nicht teilnahm und stattdessen für den Kommunismus kämpfte. Der eigentliche Name jenes Möchte-Gern-Russen war Iosseb Bessarionis dse Dschughaschwili. Meir Henoch Mojszewicz Wallach-Finkelstein hatte obendrein auch noch eine englische Jüdin geheiratet. Das ist wahrscheinlich bereits der Beweis für die jüdisch-bolschewistische Weltverschwörung. Andererseits haben es die vielen Millionen Juden in Russland nicht leicht und für eine Karriere als Staatsdiener in Moskau ist es auch besser, Maxim Maximowitsch zu heißen als Meir Henoch Mojszewicz Wallach-Finkelstein.

Warschau und Berlin planen Raubzüge

Gehen wir nach Westen und schauen uns an diesem Tage im Reich um. Hermann Göring schreibt an den polnischen Botschafter in Berlin Jósef Lipski und bedankt sich für die Unterstützung seines Landes zugunsten der Wiedervereinigung von Deutschland und Österreich. Um Moskauer Konteraktionen zu begegnen, schlägt er eine militärische Zusammenarbeit mit Polen gegen Russland vor. Wie schon erwähnt, ist man in Polen selbst an Tschechien interessiert und würde sich mit dem kleinen Zipfel von Teschen zufrieden geben. Es trifft sich gut, dass es in der Gegend, in der ungefähr 100.000 Polen leben, ein entwickeltes Industriegebiet gibt. Was schon steht, darf fraglos stehen bleiben und weiterhin produzieren. Für Polen. Es ist nicht so leicht mit dem Egoismus von Führern und anderen Menschen. Polen ist auch für weitere Gebiete in der Sowjetunion offen, denkt jedoch im Moment erst einmal nur darüber nach, wie es ein Stück mehr von Litauen ergaunern kann.[161] Vilnius hat es ja schon. Flink wird in Warschau nachgefragt und schon hat Lipski seine Antwort in der Hand. Er erhält die Weisung, Herrn Göring zu informieren, das Kabinett in Warschau sei bereit, die Interessen des Reiches bei einer polnischen Aktion gegen Litauen zu berücksichtigen. Dabei wird an das Gebiet am Fluss Memel gedacht. Man geht davon aus, dass polnische und deutsche

Truppen zugleich in die entsprechenden Gebiete der Republik Litauen einrücken könnten. Die Warnung, die der Moskauer Außenminister ausspricht, verhindert den Handstreich gegen Litauen.[162]

Zwischen Putsch und Furcht

Das Kriegsgericht im Fall des Generalobersten Freiherr von Fritsch, das ja am Morgen des 10. März auf Anordnung des Führers seine Beratung nicht fortführen durfte, weil er gerade in Österreich Geschichte machen wollte, entscheidet endlich am 18. März und spricht den General in allen Punkten frei. Das ist für den Geheimdienstchef Canaris der Moment, um die Gestapo, die bei dem Prozess demaskiert und blamiert wurde, auszuschalten. Seine Parole lautet, er wolle die Wehrmacht von dem Alpdruck einer *Tscheka* befreien. Damit setzt er die deutsche und die sowjetische Bande übrigens gleich. Die führenden Generäle sind jedoch zu feige und verhindern diese Aktion.[163] Canaris und Kollegen, die so ähnlich denken wie er selbst, versuchen gerade nach der Angliederung Österreichs, das nur noch Ostmark heißen darf, stramme Nazis vom deutschen Geheimdienst unbedingt fernzuhalten. Als er den Ex-Leiter der österreichischen Gegenspionage Erwin von Lahousen für die Abwehrabteilung rekrutiert, schärft er seinem neuen Agentenkollegen ein: „Sie dürfen niemals, unter keinen Umständen, in Ihrer Abteilung ... oder Ihrem Stab Mitglieder der NSDAP, der SA oder der SS dulden, ebenso wenig Offiziere, die mit der Partei sympathisieren."[164] Mit Blick auf Hitlers Pläne in Richtung Süden und Osten befällt Canaris eine beklemmende Ahnung: dass nämlich der Mann, der das Großdeutsche Reich geschaffen hat, auch sein Vernichter werden könnte. Canaris findet sich in einer vollkommen schizophrenen Situation wieder. Er ist ein Wegbereiter für Hitlers Eroberungszüge und er möchte solche Verrücktheiten verhindern. Während er nationalsozialistische Gruppen in anderen Ländern unterstützen soll, mit Vorliebe ja dort, wo Adolf Hitler Zelte aufzuschlagen gedenkt, erlaubt er führenden Offizieren der Wehrmacht, gegen das nationalsozialistische Regime hier im Reich zu konspirieren.[165] Hat er in dieser Hinsicht eine Wahl? Wenn er in Hitlers Augen keine Erfolge mehr vorweist, ist er zügig seines Amts enthoben und kann auch den Widerstand nicht mehr koordinieren.

Was wird aus der Tschechoslowakei?

Der deutsche Gesandte in Prag Josef Eisenlohr schickt am 18. März eine Depesche an den Staatssekretär des Auswärtigen Amtes Freiherrn Ernst von Weizsäcker, in dem die weitere Zusammenarbeit mit den Vertretern der Sudetendeutschen Partei geplant wird. Sie sollten bis zum Eintritt in die Prager Regierung oppositionell bleiben und in diesem Moment nicht staats- und regierungsfreundlich werden. Bei Redeauftritten dürften sie kein Vertrauen auf Regierungs-Versprechungen zeigen, sollten aber die Bevölkerung etwas hoffnungsvoll stimmen unter Hinweis auf deutschen Schutz, um die Gefahr von Zwischenfällen zu verringern. Am Ende muss alles darauf hinauslaufen, dass letztlich nur noch deutsche Beamte dort tätig sind. Eisenlohr führt weiter aus, dass ein Festbeißen auf bisherige agitatorische Forderungen der Sudetendeutschen Partei wie ein Volksschutzgesetz und territoriale Autonomie, „die praktisch undurchführbar und für jede Tschechoslowakische Regierung unannehmbar sind", nicht mehr statthaft ist, weil das Reich sonst letztendlich die Sudetendeutsche Partei im Stich lassen müsse, um nicht auch selbst in einen bewaffneten Konflikt hineingezogen zu werden,[166] so jener Diplomat alter Schule.

In London wird unterdessen entschieden, dass auf Prag Druck ausgeübt werden solle, damit die tschechische Regierung den Deutschen in ihrem Land Konzessionen macht. Berlin und Paris sollen auch in der gleichen Weise auftreten. Wert wird darauf gelegt, dass das Reich auch weiterhin nicht mit Gewalt vorgeht, sondern die Geduld aufbringt zu warten, bis es das bekommt, was es will. Moskau soll trotz der Bündnisverpflichtungen der Tschechoslowakei gegenüber unbedingt außen vor gelassen werden. Zu denen, die diese Sicht vertreten, gehören Chamberlain, Lord Halifax, John Simon, Samuel Hoare, Horace Wilson, der *Cliveden Set*, Londons Botschafter in Berlin Sir Nevile Henderson und der britische Geschäftsträger in Prag Basil Newton. Über Publikationen werden entsprechende Argumente in die öffentliche Wahrnehmung eingestreut. Auf Paris wird Druck ausgeübt, diese Linie ebenso zu vertreten. Widerwillig akzeptiert man dort die Strategie, da man glaubt, ohne die britische Unterstützung nichts für die ČSR und ein kollektives Sicherheitssystem in Europa tun zu können. Davon einmal ganz abgesehen überwiegt bei den Franzosen die Furcht vor der Ausbreitung des Bolschewismus und eine Niederlage Hitlers ist in einflussreichen Kreisen der Oberschicht darum keineswegs erwünscht.[167] Hitler in Berlin hat nicht so große Not, entschieden Druck auf Prag auszuüben. Im Unterschied zu ihm versucht Premier Chamberlain erst umständlich die Gründe für das Tun und Nichtstun zu erklären. So meint er am 20. März, man müsste ja bloß auf eine Landkarte sehen, „um zu erkennen, dass nichts, was Frankreich oder wir tun können, die Tschechoslowakei davor bewahren kann, von den Deutschen überrannt zu werden, wenn sie das wollen." Daraus leitet er ab, Großbritannien sei überhaupt nicht in der Lage der ČSR zu helfen. Ein Versuch würde bloß wie ein Vorwand wirken, um Krieg mit Deutschland anzufangen. „Daran könnten wir nur denken, wenn wir einigermaßen Aussicht hätten, es in kurzer Zeit auf die Knie zu zwingen. Dafür aber sehe ich keine Chance. Deshalb habe ich jeden Gedanken daran aufgegeben, der Tschechoslowakei oder auch den Franzosen zu ihren Verpflichtungen gegenüber jenem Land Garantien zu geben."[168]

Genauso umständlich stellt sich London an, um die Vorschläge von Meir Henoch Mojszewicz Wallach-Finkelstein – also des sowjetischen Außenministers Litvinov zu verwerfen. In einer Note des Foreign Office an die sowjetische Botschaft in London vom 24. März heißt es, Staatssekretär Baxter habe die Moskauer Presseerklärung „gelesen und mit großer Aufmerksamkeit geprüft".[169] Nach einleitenden warmen Worten schraubt er die hoch gesteckten Erwartungen herab und holt sie auf den Boden der britischen Interessen: „Die Regierung Seiner Majestät würde es auf das Wärmste begrüßen, wenn eine internationale Konferenz zusammenträte und man erwarten könnte, dass sämtliche europäische Staaten sich einverstanden erklären, auf dieser Konferenz vertreten zu sein, und auf der folglich Fragen, die als größte Bedrohung des Friedens angesehen werden, in freundschaftlicher Weise erörtert und vielleicht auch endgültig geregelt werden könnten." Eine Konferenz jedoch, an der nur einige der Mächte teilnehmen würden und die nicht nur eine Regelung ungelöster Probleme gewährleisten solle, sondern zugleich eine koordinierte Aktion gegen Aggressionen an sich organisieren, würde nach Ansicht der Regierung Seiner Majestät nicht notwendigerweise eine so günstige Wirkung auf die Perspektiven des europäischen Friedens haben. Mit sehr elegant gewählten Worten ist der Moskauer Vorschlag für ein System kollektiver Sicherheit im Rahmen des Völkerbundes praktisch abgelehnt, genau wie die Idee der gegenseitigen Beistandspakte gegen Aggressoren.[170] Es kann nur Angst und Bange machen, wenn London die Moskauer Außenpolitik immer weiter ausbremst, statt sie wirklich in ein Sicherheitssystem einzubeziehen. Das mag verständlich sein, wünscht London doch Russland als Machtfaktor an sich endgültig auszuschalten. Wie soll der Text aber weitergehen, wenn Moskau umschaltet und sich nur noch um die eigene Sicherheit kümmert? Kann es dann nicht trotz aller Feindseligkeit unter den freien Radikalen in Russland und jenen in Deutschland zu einer Annäherung zwischen beiden Reichen kommen? Dann hat London gerade den Riesenmachtblock vom Pazifik über den Balkan bis an die Küste der Nordsee selbst aus der Taufe gehoben, der nach dem strategischen Fahrplan Halford John Mackinders in Ewigkeit verhindert werden sollte.

In einer Rede vor dem Unterhaus am selben Tag rügt Chamberlain jene streng, die von Gewaltanwendung sprechen und damit seine Diplomatie behinderten. Diese britische Regierung könne nicht Verpflichtungen für eine Region eingehen, in der Lebensinteressen Englands nicht im selben Maße betroffen sind, wie dies bei Frankreich und Belgien der Fall sei.[171] Damit hat das Deutsche Reich grünes Licht für die Entfaltung nach Südosten. Legationsrat Altenburg im Auswärtigen Amt zu Berlin antwortet am 29. März auf die Depesche des Gesandten Eisenlohr in Prag und legt seinem Brief eine Niederschrift bei über eine Besprechung, die der neue Außenminister Ribbentrop zur Lösung sudetendeutscher Probleme angesetzt hatte. Daraus darf Eisenlohr entnehmen, SdP-Chef Henlein solle ein Maximalprogramm an Zielen selbstständig aufstellen und am Ende solle die völlige Freiheit seiner Volksgruppe garantiert sein. Wenn alles gut geht, sind sie dort bald so frei, wie sie es im braunen Reich ja schon lange sind. Konrad Henlein sollte sich auf gar keinen Fall vorzeitig mit Versprechungen zufrieden geben, auf jeden Fall aber soll er mit anderen nationalen Minderheiten und besonders mit den Slowaken zusammenarbeiten. Berlin solle weder Verhandlungspartner für Prag werden noch Anwalt der Sudetendeutschen gegenüber London und Paris.[172]

Spannend wird es, wenn nun ein Chef-Brite wie Cadogan einem Prager Unterhändler wie dem Gesandten Masaryk *face to face* gegenüber sitzt und ihm etwas Schönes erzählen muss. Nach solch einer Märchenstunde schreibt Masaryk aus London einen Bericht an seinen Außenminister in Prag. So erfährt Krofta Anfang April, dass der Brite keine hohe Meinung von dem Pariser Außenminister Paul-Boncour habe. Cadogan habe auch großes Misstrauen gegenüber Russland geäußert sowie Zweifel darüber, dass es außerhalb seiner Grenzen tatkräftig eingreifen könne.[173] Das bedeute jedoch auf der anderen Seite noch lange nicht, dass sich politisch mit Russland nicht operieren lasse. Es liege umgekehrt im Interesse der Tschechoslowakei, den Deutschen die Gefahr vor Augen zu stellen, die von einem russischen Eingreifen ausgehe. Deutschland habe trotz aller Versicherungen Angst vor Russland.[174] Im Klartext hat er ihm damit zu verstehen gegeben, dass die Tschechen allein auf weiter Flur dastehen, dass rundum niemand in der Lage und/oder willens ist, ihnen zu helfen, und dass sie an den Grenzen zu Deutschland Vogelscheuchen aufstellen sollen, auf denen russische Uniformen drapiert sind.

Die Deutschen sollen schon wieder wählen

Im Reich selbst hat sich, zumindest, was die Anzahl der Gänge zur Wahl angeht, gegenüber den Jahren vor 1933 wenig geändert. Im Unterschied zu damals wird jedoch nicht eine erfolglose Regierung durch die nächste wildwasserrudernde Regierungsequipe ersetzt. Die nächste Wahl ist nun schon für den 10. April 1938 angesetzt und da sollen die Leute in Österreich und Deutschland über ihre Wiedervereinigung abstimmen. Unter die Einschränkungen bei dieser Wahl fällt, dass ganze Gruppen aus der Bevölkerung, wie die Juden, von einer Beteiligung im Vornherein ausgeschlossen sind. Nach offizieller Lesart stimmten mehr als 99 Prozent der Leute für die Vereinigung. Inoffiziell waren es mehr als 150 Prozent. Die Ergebnisse stimmen zwar nicht,[175] aber wer wird das offen aussprechen? Was sich der einfache Mensch längst nicht mehr so ohne Weiteres wagt, exerziert Bischof Sproll vor, entsprechend der vom *gesamten* Episkopat und Klerus in Deutschland geübten bewussten Zurückhaltung, „radikal, aber folgerichtig", wie ein Kollege beim SD meint. Der Bischof geht nicht zur Wahl, was beim SD als offener Ausdruck der Feindschaft gegenüber der Staatsführung gewertet wird. Als sich die Gemüter einige Zeit später wieder beruhigt haben, wird Sproll in den katholischen Gottesdiensten als edler und tieffrommer Bischof gefeiert. Als markantes Beispiel führt ein Kollege in der Abteilung *Horch-und-Guck* den Bischof Bornewasser und seine Predigt an, die er am 28. August 1938 im Dom zu Trier hält.[176]

Versetzen Sie sich einmal für einen Moment in die Lage eines Menschen in verantwortlicher Position, der sieht, wie mit seinen Schäfchen die Gefühle durchgehen, und nun durchaus versucht, sie bei allen großartigen außenpolitischen Erfolgen der braunen Equipe daran zu erinnern, dass bei uns die christlichen Werte in vielen Bereichen des täglichen Lebens nichts mehr zählen. Wobei die katholischen Bischöfe trotzdem noch eine gewisse Zurückhaltung ihrer Schäfchen beobachten, während sie bei den Protestanten gleich vollkommen verzweifeln könnten. Bei denen hat der SD dafür umso mehr Grund zum Frohlocken. Dort wird festgestellt, dass deren Anhänger in einer Zeit deutscher geschichtlicher Entscheidungen „gesundes völkisches Bewusstsein" zeigen würden, während zugleich die Führer der kirchlichen Gruppen ihre Schäfchen immer mehr aus ihrem Einflussbereich entschwinden sehen.[177] Hier stellt sich den Kritikern der Zustände bei uns sicher die Frage: Was können wir ausrichten, wenn wir die Tuchfühlung zur Masse verlieren? Hans Speidel, der es unterdessen bis zum 1. Generalstabsoffizier gebracht hat, weist darauf hin, dass diese Verbindung mit Österreich speziell für Süddeutsche ihrem Geschichtsbewusstsein entsprechend eine Erfüllung nationaler Wünsche bedeutet und deshalb so breite Zustimmung findet. An Vertragsbruch oder sogar an eine Kriegsgefahr denken dabei die wenigsten Leute.[178]

London behält unbeirrt seinen Kurs bei

Die Engländer hingegen denken an nichts anderes als eine Kriegsgefahr (bei sich) und schließen darum am 16. April einen Vertrag über Freundschaft und Zusammenarbeit mit den Italienern. Chamberlain bekräftigt ihn noch mit der Anerkennung der italienischen Annexion Abessiniens, die durch einen Krieg (woanders) Wirklichkeit wurde. Sicherlich haben sich die Briten da lange geziert, und nichtsdestotrotz: Eine friedliebende Außenpolitik sieht anders aus. Der *Duce* in Rom darf sich auch darüber freuen, dass Chamberlain jetzt dem *Caudillo* in Spanien den Status einer kriegführenden Partei zuerkennt.[179] Wie viele Inselbewohner wird dieser Politiker zuvor um ihre Zustimmung gebeten haben? Also jetzt mal ganz ehrlich: Hinterher, das holen die Hunde. Sicherlich gibt es irgendwann in England die nächste Wahl, bei der die Briten Chamberlain abwählen können, aber bis zur Wahl sind in jenen Ländern vielleicht schon Folter, Mord und Totschlag passiert, die man nicht mehr ungeschehen macht.

In einem Land der geheimnisvollen Friedhofsruhe

Hitler, der mit den Briten das große Flottenabkommen und mit Rom die Achse schon in der Tasche hat, kommt mit diesem britisch-italienischen *Freundschaftsvertrag* seinen Bündniswünschen aus *Mein Kampf* näher. Doch das gefährdet er auch wieder durch Planungen für seinen Krieg. So unterhält sich der Kanzler am 21. April mit dem Schlüsselverwalter vom Oberkommando der Wehrmacht Wilhelm Keitel in Vorbereitung seines Falles „Grün“, den Angriff auf die Tschechoslowakei.[180] Unter friedlichen Mitteln stellt sich der Mitteleuropäer landläufig auch etwas anderes vor. Wie viele Deutsche werden umgekehrt im Reich gefragt, ob ihnen passt, wie bei uns mit den Menschenrechten umgesprungen wird? Selbst Nazis mit Fan-Qualitäten, die mit Kritik hervortreten wollen, müssen hier mit Repressalien rechnen. Und welche Vorstellung soll der einfache Mensch vom Ausmaß der Verbrechen in Zuchthäusern und Lagern haben, wenn selbst Ausländer im Reich, die unter dem Schutz der Immunität stehen, keinen Zugang zu den einschlägigen Informationen haben? Später wird sich der US-Korrespondent William L. Shirer erinnern, wie es im Lande mit den *Infos* aussieht: „Erstaunlich ist, wie wenig wir Journalisten und Diplomaten, die wir während der Hitlerzeit in Deutschland tätig waren, von dem Geschehen hinter den Fassaden des Dritten Reiches wirklich wussten. Es gehört freilich zum Wesen einer totalitären Diktatur, hinter verschlossenen Türen zu arbeiten und Geheimnisse vor den spähenden Blicken Außenstehender verborgen zu halten."[181] Der US-amerikanische Beobachter hält für Außenstehende fest, es sei einerseits sicher verhältnismäßig einfach, über alle bekannten aktuellen Vorgänge im Lande zu berichten; schon bei Beispielen wie dem Reichstagsbrand hört es jedoch auf. Über seine Hintergründe wird man noch lange nach dem Ende des Dritten Reiches rätseln. Es wird immer weniger aufklärbar, wer konkret an diesem Anschlag auf die Demokratie beteiligt war, je mehr Jahre und Jahrzehnte inzwischen vergehen. Also ist es noch nicht einmal in diesen Fällen möglich, an die einschlägigen Hintergrundinformationen heranzukommen. Irgendwie hat die niedliche Naivität etwas Rührendes, wenn Shirer sich darüber erstaunt zeigt, dass er nicht von einer Nachrichtenagentur unterrichtet wird, welchen Umfang der Terror hat, und welcher Methoden sich diese Brutalos bedienen. Er beschließt seine Betrachtung mit den Worten: „Das und noch vieles andere blieb uns weitgehend verborgen, bis die deutschen Geheimdokumente ans Tageslicht kamen."[182] Oder bis *Jemand* die Leute mehrere Jahre später zur Besichtigung in die geheimnisumwobenen Lager führt, von denen so oft getuschelt wird.

Will man einem helfen, der in Gefahr ist, braucht man ja nicht bloß Mut. Man muss auch erst einmal davon erfahren, um helfen zu können. Nicht jedem tut es andererseits Leid, was sich bei uns so zuträgt. Doch es gibt zum Beispiel die Deutschen, die den Juden helfen wollen, die durch die Nazis um ihre Firmen gebracht worden waren. Deshalb führen sie diese Häuser anstelle der eigentlichen Eigentümer treuhänderisch weiter. Die Nazi-Führung ist nicht amüsiert und erlässt am 22. April eine „Verordnung gegen die Unterstützung zur Tarnung jüdischer Gewerbebetriebe", die „der Beseitigung der Missstände in der Vertretung jüdischer Firmen durch Arier diente", wie es im Jahresbericht des Sicherheitsdienstes der SS heißt. Im Januar waren Juden bereits durch noch mehr Gesetze und Verordnungen aus weiteren Berufen ausgeschlossen worden.[183]

Heuchelei gehört zu den Basics für manchen Job

Bei einem Treffen der britischen und französischen Minister Ende April sagt Großbritanniens Premier Chamberlain, dass sein Blut koche, wenn er sehe, wie Deutschland seine Herrschaft über Europa ausbreite – und von Erfolg zu Erfolg schreite.[184] Da sei Vorsicht geboten, hier werde „mit Menschen spekuliert". Was er nicht sagt, ist, dass er und Londoner Unterhändler unserem Führer seit Monaten die Ruhe vermitteln, in der die Kraft liegt. Wüsste Hitler nicht aus allererster Hand, dass London keine militärischen Machtmittel gegen seine territorialen Ambitionen in Anwendung bringen wird, könnte der Führer nicht derartig ruhig über die Warnungen der Generäle und Diplomaten hinweggehen. Was bezweckt Chamberlain mit seinen Formulierungen tatsächlich? „Man könne sich unmöglich die Schrecken vorstellen, die Frankreich und England aus einem Konflikt erwachsen würden, und es sei zweifelhaft, ob diese beiden Länder stark genug sind, um Deutschland ihren Willen aufzuzwingen, sei es auch um den Preis von Leiden und furchtbaren Verlusten."[185] Wie ist das zu verstehen? Es ist, wie es ist, und ändern können wir das auch nicht; Hauptsache, Hitler lässt England und Frankreich aus dem Spiele?

Ansonsten stellt sich Chamberlain ja auch die Frage, ob die europäische Lage so düster sei, wie Édouard Daladier sie sieht. Er seinerseits zweifle daran, dass Hitler eine Vernichtung des tschechoslowakischen Staates, oder auch eines reorganisierten tschechoslowakischen Staates wünscht; er glaube nicht, dass der Führer den Anschluss an sein Reich will. Ganz zweifellos habe Herr Henlein aus diesem Grund nichts darüber erwähnt. Welche Logik ist das denn? Falls Deutschland die Vernichtung der ČSR wünschte, so sehe der Premierminister, um völlig offen zu reden, einen Weg, wie es daran gehindert werden könnte; er glaube aber eben gerade nicht, dass man dieses in Berlin wünsche.[186] Er fügt hinzu, er habe einen Krieg miterlebt und sich davon überzeugt, wie schwer es sei, dass irgend jemand aus dem Krieg gestärkt und glücklicher hervorgehe. Deshalb sei ein Krieg nur unter dem Druck zwingendster Notwendigkeit wirklich als Mittel einzusetzen. Chamberlain erklärt, dass er aber gegen die Idee von Präventivkriegen überhaupt sei.[187] Zu ihrem weltumspannenden *Empire* kamen die Briten nämlich wie die Jungfrau zum Kinde.

Die Franzosen suchen die englische Zustimmung in drei Hinsichten: Es solle Flottengespräche geben, um sicherzustellen, dass Frankreich seine Truppen in Afrika bei einer Krise auf englischen Schiffen schnell genug nach Frankreich zurückführen kann, es geht um wirtschaftliche Unterstützung für die *Kleine Entente,*[188] so dass sie nicht mehr unter Berliner Druck steht, und Paris wünscht ein britisches Versprechen, dass die ČSR eine Garantie bekommt, zumindest als Rumpfstaat erhalten zu bleiben, wenn sie einer Abtrennung der Sudeten zugestimmt hat. Diese Garantie lehnt London gleich ab und die Behandlung der anderen Punkte behält man sich für später vor. Im Wesentlichen wird auch die bislang heilige Londoner Verpflichtung zum Schutz der französischen Ostgrenze außer Kraft gesetzt. Fest zugesagt wird nur das Eingreifen der *Royal Air Force* mit Bombern, weil England von den Deutschen aus der Luft auch selbst bedroht werden könnte.[189] Die französischen Vorschläge werden letztlich insgesamt abgelehnt und Neville Chamberlain äußert in einem Brief an seine Schwester: „Zum Glück zeigen die Dokumente nicht, wie nahe wir wegen der Tschechoslowakei einem Bruch waren."[190]

Im Deutschen Reich hingegen genießt der gütige alte Mann Sympathien, wovon eine Weisheit zeugt, die auf die unterschiedlichen Charaktere von Diktatoren und Demokraten abzielt: Chamberlain, Mussolini und Hitler stehen an einem Teich und wollen ausprobieren, nach wessen Methode die meisten Fische gefangen werden können. Chamberlain beginnt. Er zündet sich ein Pfeifchen an, setzt sich ans Ufer, wirft seine Angel aus – und hat nach zwei Stunden einen Eimer voll gefangen. Nunmehr kommt Mussolini dran. Der springt kopfüber in den Teich und greift sich einen fetten Hecht. Doch Hitler lächelt nur, streicht die Locke auf der Stirn zurück und befiehlt, das Wasser aus diesem Teich abzulassen. Zu Hunderten zappeln nun die Fische am Boden. Hitler steht, triumphierend um sich blickend, daneben. Chamberlain und Mussolini drängen ihn: „Nun, so nehmen Sie doch die Fische!" Darauf erwidert Hitler: „Erst sollen sie mich bitten!"[191]

Große runde Kulleraugen machen die Vertreter der Tschechoslowakei in den Gesprächen über ihr Ländle, die vom 28. bis 30. April '38 in London durchgeführt werden. Zum Erstaunen der Vertreter Prags schließen sich die französischen Diplomaten plötzlich den Forderungen der britischen Diplomatie an. Es heißt, man wolle den Zusammenstoß mit Deutschland auf jeden Fall vermeiden. Am 15. Mai veröffentlicht die vollkommen unabhängige New York Herald Tribune eine Mitteilung aus London, in der so einigermaßen alles auf den Kopf gestellt wird. Weder Franzosen noch die Sowjets seien bereit für die Tschechoslowakei zu kämpfen und genau deshalb werde auch Großbritannien nicht zu den Waffen greifen, um die slawische Republik zu verteidigen. Weil dies so sei, sollte die Tschechoslowakei mit aller Nüchternheit die Situation analysieren, in der sie sich befindet und verstehen, dass der einzige Ausweg darin liege, eine friedliche Lösung in der Frage mit den Sudetendeutschen zu finden. Danach wird der Ton von Hitlers Ansprüchen noch lauter und kompromissloser, denn die Veröffentlichung in der amerikanischen Presse fällt in erstaunlicher Art und Weise mit einem anderen Ereignis zusammen. Zwei Tage vor der Veröffentlichung in der New York Herald Tribune ist der Führer der Sudetendeutschen Konrad Henlein in London gewesen. Henlein hat mehrere Treffen mit Abgeordneten des britischen Parlaments und Vertretern der Opposition gehabt. Nach den Konsultationen forderte dieser Henlein nicht nur die Autonomie des Sudetenlandes, sondern auch eine vollkommene Zerstücklung der Tschechoslowakei. Und jetzt kommt der ultimative Hammer: An der Spitze der Sudetendeutschen arbeiten nicht nur Deutsche, sondern auch Vertreter des britischen Geheimdienstes. In Deutschland ist das bekannt, doch die Kontakte werden aus dem Grund nicht unterbunden, weil die Briten genau wie Hitlers Mannen die Übergabe der Tschechoslowakei an Hitler vorbereiten. Der mit allen Wassern gewaschene Walter Schellenberg vom Geheimdienst der SS erklärt, dass der englische Geheimdienst in dieser Sache hervorragend informiert ist. Das können die Briten zeitnah dementieren, wenn das nicht gar stimmt. Oberst Malcolm Christie, der bis 1930 Luftfahrtattaché Großbritanniens in Berlin war und der mit Henlein schon mehrmals gesprochen hat, wird sich zum Beispiel im August 1938 mit ihm in Zürich treffen, um an dem Punkt weiterzukommen.[192] Kein Wunder, dass London für Stimmen wie zum Beispiel die von Carl Friedrich Goerdeler kein Ohr offen hat.

Verliebt – verlobt – verheiratet?

Es gibt jetzt schon geraume Zeit die *Achse Rom-Berlin*, doch die beiden dazugehörigen Länder sind noch immer nicht vertraglich verbunden. In diese Richtung möchte der Führer des frisch gebackenen Großdeutschen Reiches mit einem einwöchigen Staatsbesuch Anfang Mai im sonnigen Italien weiterkommen. Ist der Wille vorhanden, unterzeichnet man das auch in einem Tag, doch Mussolini und sein Gefolge richten ihre Agenda für den Staatsbesuch so ein, dass sehr viel los ist, aber keine Gelegenheit für eine ruhige Unterhaltung über politische Themen bleibt. Hitler und Goebbels sind zwar ständig gesprächsbereit, aber Dolmetscher Schmidt bekommt wenig zu tun. Sicher ist Hitler dem *Duce* zu Dank verpflichtet, weil dieser sich der Angliederung der Ostmark an das Reich nicht in den Weg gestellt hat, denn in Rom war seit Jahren klar, dass das deutsch besiedelte Südtirol aus dem italienischen Staatsverband wieder herausgelöst werden kann, wenn die deutsche Armee direkt an seiner nördlichen Grenze steht. Während unser Führer sonst immer so darauf beharrt, alle deutsch besiedelten Gebiete heim ins Reich zu holen, muss Südtirol wie gehabt weiterhin von Nordtirol getrennt bleiben, weil er mit Italien gern gemeinsam Krieg führen würde. Selbst für diesen nationalen Verrat hat der Führer der Deutschen eine passende Sprechblase zur Hand: „Es ist mein unerschütterlicher Wille und mein Vermächtnis an das deutsche Volk, dass es ... die von Natur zwischen uns beiden aufgerichtete Alpengrenze für immer als eine unantastbare ansieht, die die Vorsehung und die Geschichte unseren beiden Völkern ersichtlich gezogen haben." Die politischen Notwendigkeiten können gelegentlich einfach auch stärker sein als die Logik. Doch nicht einmal der endgültige Verzicht auf dieses deutsch besiedelte Land kann die Römer beeindrucken. Außenminister Graf Ciano beendet Hitlers Betteln um einen Vertrag auf eine möglichst elegante Weise: „Die Solidarität, die zwischen unseren beiden Regimes besteht, ist in diesen Tagen mit solcher Deutlichkeit in Erscheinung getreten, dass sich ein formeller Bündnisvertrag erübrigt."[193] Aber mit den Briten schließt er einen Vertrag über Freundschaft und Zusammenarbeit ab. So macht er natürlich die ganzen Wahlberliner rund um den Führer und Reichskanzler Hitler nicht glücklich.

Das Drama um die ČSR geht in die nächste Runde

Während sich der Führer in Italien um sein Bündnis bemüht, bringt der Generalstabschef Beck eine Denkschrift zu Papier, in der er eindringlich auf die Gefahren hinweist, die sich mit einem Überfall auf die Tschechoslowakei verbinden, und ein großer Krieg, der sich daraus sicher ergibt, ist für Ludwig Beck gleichbedeutend mit einem *Finis Germaniae*, einem Ende des Reiches, mit der Vernichtung alles dessen, was Deutsche in generationenlangem Mühen geschaffen, erlitten und geopfert hatten. Ist seine Sorge berechtigt? Aus London kommen doch immer neue Signale, die nahelegen, dass sich Großbritannien in die tschechoslowakische Angelegenheit so wenig einmischen wird wie zuvor in Österreich. So ist in der Daily Mail am 6. Mai im Leitartikel zum Beispiel zu lesen, dass jene Tschechoslowakei ein von Hass getriebenes Land sei, das von Menschen bewohnt werde, deren Umgang mit den deutschsprachigen Bewohnern der Sudeten so empörend sei, dass man das nicht tolerieren könne.[194] Es vergehen nur wenige Tage und am 10. Mai findet im Londoner Haus von Lady Astor eine Konferenz von Premierminister Chamberlain mit nordamerikanischen Journalisten statt. Es ist schön, dass sie in den gänzlich unparteiischen Gemächern der Gastgeberin des angeblich doch deutschfreundlichen *Cliveden sets* stattfindet. Dann kann ja nichts mehr schiefgehen, stimmt's? Bei der Zusammenkunft wird erneut für die britischen Vorschläge für die Politik gegenüber dem Reich vom 19. November 1937 geworben.[195] Da standen die Tschechen bereits auf der Speisekarte.

Europa geniest den Frieden und niemand spricht von Krieg, also keiner äußert in der Öffentlichkeit, dass sie oder er Krieg will. Mitten in diesen Frieden hinein melden die Nachrichten, dass am 20. Mai die Regierung in Prag die Mobilmachung der tschechoslowakischen Armee angeordnet habe. Angeblich seien deutsche Truppenkonzentrationen an der Grenze festgestellt worden. Da ist der Spaß aber aus. Die Führung in London ist in Aufruhr. Hatte man Berlin nicht gesagt, es bekomme, was es wolle, es solle jedoch Geduld beweisen? Hatte man. Der gemütliche Chamberlain ist außer sich. Der politisch führende Engländer sieht sich taktisch überlistet und in seiner kontinentalen Machtstellung gefährdet, woran unser Botschafter Herbert von Dirksen bei späterer Gelegenheit noch einmal erinnert. Chamberlain will auf einmal weiteren Versuchen einer Machtverschiebung auf dem Kontinent ohne eine vorherige Verständigung mit England auch um den Preis eines Krieges entgegentreten.[196] Diese Töne sind neu und kommen einigermaßen überraschend; jetzt bläst Hitler der Wind ins Gesicht.

London schickt seinen Botschafter Sir Nevile Henderson am 21. Mai an die Front in das Auswärtige Amt zu den vermeintlichen Missetätern. Der hiesige Außenminister von Ribbentrop ist richtiggehend empört und er wirft diesem neugierigen Briten vor: „Sie haben sich, Herr Botschafter, hinter meinem Rücken bei General Keitel wegen angeblicher deutscher Truppenbewegungen an der tschechoslowakischen Grenze erkundigt!“[197] Selbstredend ist die Stimmung auf beiden Seiten höchst gereizt. Da sagt Henderson mit Entschiedenheit, dass Frankreich für die ČSR einstehen würde und er könne nicht ausschließen, dass sich Großbritannien ebenso verhalten werde. Am nächsten Tag geht eine Warnung vom Londoner Außenminister hier ein. Halifax warnt vor überstürzten Handlungen. Sie könnten viel zu leicht zu einem allgemeinen Kriegsbrand führen, der die Vernichtung der europäischen Zivilisation nach sich ziehen würde.[198] So einfach ist das auf einmal. Und wie herzlich war man von Carl Friedrich Goerdeler zuvor noch gebeten worden, das nur einmal laut und deutlich auszusprechen?

Doch es gab keine deutschen Truppenkonzentrationen und deshalb hat auch niemand welche bemerkt. Was hatte den Staatspräsidenten in Prag umgetrieben, als er seine Mobilmachung anordnete? Hatten eigene oder deutsche Agenten von älteren und neueren Angriffsplänen berichtet und möchte Edvard Beneš in einem Präventivkrieg verhindern, dass ihm die Deutschen näher kommen als nötig? Wer weiß. Es verschlimmert diese Situation noch, dass große internationale Medien aus der Ruhe nach der Mobilmachung in der ČSR herleiten, dass man dem deutschen Diktator Hitler „energisch entgegentreten müsse, um ihn zur Raison zu bringen.“ Wenn sich jemand vorgenommen hätte, Hitler mit allen Mitteln zur Raserei zu bringen, dann konnte er sich keine bessere Methode aussuchen als diese. Denn einem Diktator öffentlich Schwäche vorzuwerfen, ist ja wohl das ungeeignetste Mittel, ihn zur Vernunft zu bringen, noch dazu, wenn, wie in diesem Fall, die ganze Angelegenheit völlig aus der Luft gegriffen war, wie der Chefdolmetscher des AA anmerkt.[199]

Die Wochenendkrise vom 20./21. Mai liefert London eine willkommene Begründung, um die Beziehungen zu Prag so weit abzukühlen, dass man mittelfristig die Tschechoslowakei bei nächster Gelegenheit auch gleich ganz fallen lassen kann. Auf Englands Presse wird jetzt eingewirkt, um zu verhindern, dass Artikel erscheinen, die auf die heftigen Angriffe der deutschen Presse scharf reagieren. Ganz so übertrieben frei ist Englands Pressewelt also auch wieder nicht. Außenminister Halifax hält im House of Lords eine für Deutschland freundliche Rede und tritt etwas später im *Royal Institute of International Affairs* ebenfalls mit Ausführungen vor das erlesene Publikum, in denen er dem offiziellen Berliner Standpunkt weitgehend Rechnung trägt, wie der Botschafter von Dirksen das AA in Berlin informiert. Demselben Ziel, den Deutschen wieder von der Palme herunterzuholen, dient die Rede von Premierminister Chamberlain, die er in Kettering hält.[200] Dirksen berichtet, „die Tendenz, die als gefährlich erkannte sudetendeutsche Frage mit Anstand und in einem Deutschland günstigen Sinne zu lösen", sei die britische Schlussfolgerung aus dieser Wochenendkrise. Eine der französischen Botschaft in London nahe stehende Person habe angeregt, dass das Reich eine Volksabstimmung im Sudetenland vorschlagen sollte. Der Vorschlag würde von England und Frankreich wahrscheinlich angenommen werden, ein Hinweis auf zuvor erfolgte Abstimmungen zwischen Paris und London. Doch Berlin erteilt ihm Weisung, diesen Gedanken nicht weiter zu verfolgen.[201] Da man bei einem Plebiszit nie weiß, wie sich die Leute entscheiden, hatte Hitler das ja vor ein paar Wochen auch in Österreich zu vermeiden gewusst.

Die Katholische Kirche ist der Fels in der Brandung

Der Sicherheitsdienst konstatiert, dass die Parolen, die der Vatikan beim Eucharistischen Weltkongress am 28. Mai in Budapest ausgibt, „in aller Klarheit die politische Zielsetzung des Vatikans" bestätigen: Die Katholische Kirche mobilisiert ihre Gläubigen „gegen die geistigen Wortführer der Gegenwart, die das individuelle und kollektive Glück ohne Christus und gegen Christus"[202] erstreben, so Kardinalstaatssekretär Pacelli. Bei *Horch-und-Guck* heißt es: „Als schärfste Waffe hat auch die katholische Weltpresse unter Zuhilfenahme der verschiedenen katholischen Nachrichtenbüros die Angriffe des Vatikans unterstützt. Bereits in Budapest waren zudem die Vertreter des katholischen Presseverbandes verpflichtet worden, in strengster Einheitlichkeit die Richtlinien der permanenten Kommission des Verbandes zum erhöhten Kampfeinsatz gegen den Nationalsozialismus einzuhalten. Auf der vom Vatikan vorgezeichneten Linie unversöhnlicher Gegnerschaft hat auch der Deutsche Episkopat von Anfang des Jahres 1938 an die schärfsten Angriffe gegen den nationalsozialistischen Staat vorgetragen."[203] Hoffentlich kommen Historiker später nicht auf die Idee, solche Einträge unberücksichtigt zu lassen.

Der nächste Fall von Größenwahn

Sucht man einen Gernegroß, findet man ihn ja tatsächlich an jeder Ecke. Doch diese Art gehört nicht unbedingt zu den angenehmen Leuten. Der polnische Botschafter in Paris Juliusz Lukasiewicz möchte zum Beispiel eine Verhandlung mit einem großen Mann führen. Ihm fehlt es freilich, wie ganz allgemein der polnischen Staatsführung in Warschau, an einem realistischen Bild von den Möglichkeiten seines Landes zwischen einem Riesenreich östlich der Grenzen von Polen und unserem Reich westlich seiner Grenzen. Für den 27. Mai hat Lukasiewicz einen Termin mit dem französischen Außenminister, der für eine echte Großmacht spricht. Das Gespräch dürfen wir uns nicht entgehen lassen, um am fremden Beispiel zu lernen, wie wir uns niemals verhalten dürfen. Übrigens ersucht auch er keinen einzigen Menschen auf der Straße um die Erlaubnis für seine

Gesprächsinhalte, auch wenn es genau sie sind, die es ausbaden müssen, wenn er als Vertreter der Warschauer Regierung da Bockmist anrichtet.

Keine Frage, der frische Außenminister von Frankreich Georges Bonnet ist besorgt. Er liest die Mitteilung, die sein polnischer Amtskollege dem Botschafter mitgegeben hat, zweimal durch und hält sich diplomatisch zurück. Bonnet versucht, Lukasiewicz mit dem Hinweis auf eine Unterhaltung mit dem Chef des Generalstabs Gamelin auf die Lage Polens für den Fall einer Besetzung der ČSR durch die Deutschen aufmerksam zu machen. Er sähe dieses als ungeheure und gefährliche Verschlechterung der militärischen Situation an. Er habe die Absicht, sich weiter mit Vertretern des französischen Heeres über das Thema zu unterhalten, bitte Lukasiewicz jedoch, jetzt schon die Regierung in Warschau auf das eben Gesagte aufmerksam zu machen. Lukasiewicz weiß sehr gut, weshalb er dem Gesprächspartner nicht sagt, dass die Deutschen Tschechien überhaupt nicht völlig besetzen können, weil sein Land die Zusicherung von Hitler hat, eine Ecke des Landes könne sich Polen selbst nehmen. Wenn Bonnet von solchen Absprachen wüsste, würde er den Herrn Botschafter wohl zügig aus dem Zimmer geleiten lassen. In der Mitteilung wird noch der Anschein erweckt, Außenminister Jósef Beck ersuche um die Pariser Hilfe, um den hunderttausend Polen im Norden der ČSR das Leben ein wenig zu erleichtern.

Georges Bonnet geht es wie bereits seinen Vorgängern im Amt um Wege zu einem sicheren Frieden in Europa, damit die Franzosen in Ruhe ihre *Baguettes* und die Früchte aus den Kolonien genießen können. Bonnet bezeichnet Frankreichs Pakt mit Moskau als vage; auf ihn werde nur zurückgegriffen, wenn Frankreich Schwankungen Polens fühle. Bonnet ist kein Anhänger einer Zusammenarbeit mit dem Kommunismus und er betont, die französische Regierung möchte sich restlos auf Polen stützen und mit ihm zusammenarbeiten; ihr Bündnis soll noch weiter gefestigt, präzisiert und ausgebaut werden. Bonnet wäre schon sehr froh, wenn er den Sowjets erklären könnte, dass er ihrer Hilfe nicht bedürfe. Doch dafür sei es nötig, dass das französisch-polnische Verhältnis geklärt werde. Sicher habe auch der französisch-sowjetische Pakt positive Seiten. Wenn es zum Krieg mit den Deutschen komme, würde er die Grundlage bieten, um von Moskau Hilfe in Form von Material und Rohstoffen fordern zu können. In einer bestimmten Situation könne also dieser Pakt von Polen ebenfalls ausgenutzt werden.

Lukasiewicz sagt ihm natürlich etwas ganz anderes. Seiner Ansicht nach sei „absolut nicht daran zu denken, dass im 20. Jahrhundert, nach dem großen Krieg, in dem das nationale Prinzip triumphiert hat, irgendein Staat, und sei es selbst ein stärkerer als Deutschland, sich ein von anderen, fremden Völkern bewohntes Territorium gegen deren Willen aneignen könnte.“[204] Hofft er auf die Höflichkeit des Franzosen, dass der ihm nicht vorhält, sein gerade neu gegründetes Land habe bereits kurz nach eben jenem großen Krieg in größeren Landstrichen Europas genau diese Lage herbeigeführt und sei brutal gegen die ursprünglichen Einwohner dort vorgegangen? Vielleicht war Lukasiewicz bei keiner Besprechung in Warschau dabei, in der es darum ging, Gebiete von Litauen, Tschechien und sogar der Sowjetunion durch polnische Truppen besetzen zu lassen und in ein perspektivisches Großpolnisches Reich einzuarbeiten? Dieser teilweise Gedächtnisschwund ergibt natürlich nur dann Sinn, wenn sich sein Gesprächspartner auch nicht an die ganze Wahrheit erinnern mag. Es ist auf jeden Fall wahr, dass Polen im 15. Jahrhundert einmal von der Ostsee bis zum Schwarzen Meer reichte, aber Böhmen erstreckte sich im 16. Jahrhundert auch einmal bis zur Adria, und wenn jedes immer noch existierende Land wieder den Zustand der größten Ausdehnung durchsetzen will, haben wir den nächsten Hundertjährigen Krieg.

Jedenfalls sieht der Minister die Lage anders und weist den Botschafter darauf hin, dass er keinen Zweifel daran hat, dass ein Konflikt zwischen Deutschland und Polen wahrscheinlich sei. Außenminister Stresemann habe seinerzeit bereits in persönlichen Gesprächen mit ihm kategorisch erklärt, Deutschland würde sich niemals mit dem aktuellen Verlauf der polnischen Grenze einverstanden erklären, und es sei schwerlich anzunehmen, dass sich dieser Standpunkt Deutschlands nach dem Machtantritt der Nationalsozialisten von Grund auf geändert hat. Infolgedessen seien bessere Beziehungen zu Russland für Polen zweifellos von Nutzen.

Deshalb brauchen sie nun nicht gleich den Kommunismus einzuführen. Minister Bonnet kommt auch auf die Minderheitenprobleme in Europa zu sprechen. Sicherlich sei der deutsch-tschechische Konflikt durch die Frage der deutschen Minderheit hervorgerufen worden, man müsse sich jedoch bei seiner Behandlung über das Problem der Minderheit erheben und verstehen, dass es sich um die Aufrechterhaltung des Friedens und um die Bremsung der deutschen Expansion in Mitteleuropa handelt. Als Georges Bonnet meint, es gebe viele Minderheitsprobleme, heute diese und morgen jene, meint der polnische Botschafter „eine indirekte und, wie mir scheint, jeder Bösartigkeit entbehrende Anspielung auf unsere Minderheitsprobleme“ zu hören.[205]

Der Herr Minister meint genau das und es ist nicht Bösartigkeit sondern Sorge vor zu vielen Egoismen in Europa, die den Kontinent über Nacht in Flammen aufgehen lassen können. Bonnet vertritt die Meinung, jene Frage der polnischen Minderheit in der Tschechoslowakei sei derjenigen der deutschen Minderheit nicht analog, weder hinsichtlich der Zahl der Bevölkerung, die in beiden Fällen im Spiel ist, noch aus dem Grund, weil die polnische Minderheit einen Staat interessiert, der mit Frankreich in einem Bündnis liiert ist, und weil sich die Polen da auf dem Territorium eines ebenfalls mit Frankreich befreundeten Staates befinden. Sicherlich werde die Tschechoslowakei nach Erledigung der Fragen der deutschen Minderheit zur Lösung der Fragen der polnischen und anderer Minderheiten übergehen müssen, doch es wäre höchst unangenehm und unbegreiflich, wenn die polnische Forderung bezüglich ihrer Minderheit die Situation komplizierte und zu einer neuen Zuspitzung führte nun ausgerechnet im Augenblick einer eventuellen Regelung in der Sudetenfrage. Der Pariser Außenminister wünscht sich keine polnischen Handlungen, die die Pariser und Londoner Bemühungen torpedieren, den drohenden deutsch-tschechoslowakischen Konflikt friedlich beizulegen,[206] und will auf Polens „Mitwirken bei der Wahrung des Friedens sowie beim Widerstand gegen die deutsche Expansion rechnen können“.[207] Doch Juliusz Lukasiewicz, der für das größte Polen überhaupt spricht, besteht darauf, dass die Problematik der polnischen Minderheit „gleichzeitig und völlig analog“ mit der der Sudetendeutschen geregelt werden muss.[208] Wer im

Zusammenhang mit so einer nicht hilfreichen Haltung von Größenwahn spricht, steht nicht allein. Das sieht der Historiker Ludwik Niemirowski, 49, in England genauso und er stammt selbst aus Wola Okrzejska.[209]

Der Herr Minister bleibt ganz der Diplomat und redet mit Engelszungen weiter geduldig auf den Botschafter ein, der sich ganz offenbar nicht klar darüber ist, in welcher Gefahr sich sein Land befindet. Er bezeichnet es als „in höchstem Grade unangenehm und gefährlich", dass man sich in Polen durchaus nicht dazu durchringt, die Haltung Polens für den Fall eines französisch-deutschen Konflikts zu präzisieren, sondern dass hier „dazu noch in so scharfer Form" eine eigene Forderung formuliert wird, die neue Schwierigkeiten und weitere Gefahren voraussehen lasse.[210] Er wünscht sich außerdem eine Warschauer *Démarche* in Berlin, doch der Botschafter befindet, dass Polen bereits das getan habe, worum es dem Minister mit seiner Démarche ginge, indem Warschau vor kurzem schon öffentlich erklärte, dass man sich im Fall größerer Komplikationen eine Entscheidung über sein Eingreifen vorbehalte.[211] Bonnet erläutert, dass es genau diese vage Formulierung war, die am Ende des Tages alles und nichts heißt, die die Franzosen so stark aufgewühlt habe. Seiner Ansicht nach müsste Warschau auch der öffentlichen Meinung Frankreichs Aufmerksamkeit schenken. Was der Sprecher der polnischen Führung hier ausdrückte, hätte auf die öffentliche Meinung Frankreichs den denkbar schlechtesten Eindruck gemacht. Die französische Öffentlichkeit sei von der Haltung Polens sehr enttäuscht.[212] An der Stelle fällt dem polnischen Botschafter auch nichts anderes ein, als den französischen Minister aufzufordern, auf die Presse Einfluss zu nehmen, damit sich in Frankreich die öffentliche Meinung über Polen verbessert.[213] Das klang ja schon so übelst verquer, als Reichskanzler Hitler einen Briten aufgefordert hatte, bei seinen Zeitungen einmal richtig Maß zu nehmen. Aber bei dem Botschafter, der nicht sehen will, dass weitere Gebietsansprüche an die ČSR in dieser Situation genau so unpassend sind wie eine unklare polnische Haltung bei einem deutschen Überfall auf Frankreich, wirkt das in der Tat noch deplacierter. Woher soll denn eine Bereitschaft der Franzosen kommen, für Polen einzutreten, wenn die Deutschen *dort* vielleicht einfallen sollten? Doch davon geht Lukasiewicz bekanntlich nicht aus.

Ein unerwarteter Zwischenfall wird eingeplant

Eine Woche ist der Fehlpass des Präsidenten der ČSR jetzt her und alles ist wieder gut. Doch Hitler wäre nicht Hitler, wenn er den verschossenen Ball auf dem Spielfeld herumliegen lassen würde. Für den 28. Mai wird eine zünftige Konferenz mit den militärischen und den außenpolitischen Spitzen in Berlin einberufen. Vor einer Landkarte entwickelt der Kanzler seine Vorstellung von der Eingemeindung der Tschechoslowakei. Somit war die Warnung des französischen Außenministers an den Botschafter Warschaus nicht voreilig ausgesprochen worden. Im jüngsten seiner unabänderlichen Entschlüsse ordnet Hitler an, die Vorbereitungen für eine militärische Aktion gegen die Tschechoslowakei für den 2. Oktober des Jahres zu treffen.[214] Den polnischen Botschafter Jósef Lipski informiert Hitler bei einem Gespräch darüber, dass er sich am 28. Mai infolge der Wochenendkrise entschlossen habe, das Tempo der Aufrüstung und den Bau der Befestigungsanlagen des Westwalls zu forcieren.[215] Am 30. Mai präzisiert der Kanzler seine Idee, wie das südöstliche Nachbarland zum Reich geschlagen werden soll und sein fürsorglicher Keitel legt den Zeitpunkt sicherheitshalber auf den 1. des Monats, damit am nächsten Tage alles reibungslos über die Bühne geht. In der Endfassung des Textes ist diesmal Hitlers zufällige Gelegenheit gleich mit eingeplant: „Militärisch und politisch am günstigsten ist blitzschnelles Handeln auf Grund eines Zwischenfalles, durch den Deutschland in unerträglicher Weise provoziert wurde und der wenigstens einem Teil der Weltöffentlichkeit gegenüber die moralische Berechtigung zu militärischen Maßnahmen gibt.“[216]

David gegen Goliath

General Ludwig Beck war einer der vielen deutschen Konservativen, die im Chaos der Jahre 1932/1933 den Siegeszug der nationalsozialistischen Bewegung begrüßt hatten, doch er zerbrach sich bald seinen Kopf ob der Folgen dieser neuartigen Politik. Als er von Hitlers Ausführungen Ende Mai erfährt, verstärken fachliche Fragen seine Zweifel am Führer.[217] Das Reich verfügt nur über 35 Infanterie- und 4 motorisierte Divisionen, von denen keine voll besetzt oder ausgerüstet ist. Die Tschechoslowakei aber hat weiter ihre 33 Divisionen und ihre Armee ist besser ausgebildet, hat die bessere Ausrüstung und bessere Befestigungsanlagen. Dagegen sind die deutschen Panzer bis auf ganz wenige 18-Tonner vom Typ Mark III, die mit 37-mm-Geschützen ausgerüstet sind, alle leichter als 10 Tonnen und bewaffnet nur mit Maschinengewehren. Bei den Tschechen warten Hunderte von 38-Tonnen-Panzern regelrecht darauf, Deutschland platt zu schießen, wenn es näher kommt. Auf den Luftstützpunkten der ČSR stehen außerdem 1500 Kampfflugzeuge zum Abheben bereit, die alles in Schutt und Asche legen können, was so unter ihren Rumpf kommt.[218] Im Rücken stehen die französische Armee, die englische und französische Luftwaffe, und hinter den Tschechen warten die Sowjets auf ihr Zeichen zum Losschlagen. Auch Ludwig Beck teilt die Meinung, dass ein Angriff natürlich den Bestand von Volk und Vaterland gefährden muss.[219]

Kleiner Mann, was nun? Geht Beck damit einfach an die Öffentlichkeit, ist das Geheimnisverrat. Dann entscheidet ein Militärgericht, wie es im Text weitergehen wird. Außerdem kann Hitler das Ganze in diesem Falle auch einfach bestreiten. In einem mehr oder weniger freien Staate gäbe es jetzt wohl erst einmal eine Indiskretion und am nächsten Tag stünde in der Zeitung, gut informierte Kreise sagten, ein führender Politiker sei auf ein Problem mit einem Nachbarland gestoßen und wolle deshalb die Armee dorthin schicken, bräuchte aber noch etwa ein halbes Jahr für die nötige Aufrüstung. Wie aber sieht das tägliche Leben hier im Reich aus? Die Diktatur ist sicherlich nicht das wirklich große Thema der einfachen Leute. Optimal ist die Lage für jemanden, der bloß leben will und seiner Arbeit nachgehen, ob im Büro oder in einer Rüstungsfabrik, jemanden, der mit dem Notwendigen versorgt werden und mit seiner Familie froh und glücklich sein möchte. Das Wetter und das Essen sind mal gut und mal schlecht und die Kinder bekommen gute Noten in der Schule. Wenn man dies oder das nicht sagen soll, tut man es nicht; wenn man irgendwas mitmachen soll, ist man wenigstens mit Leuten zusammen. Da wird von den meisten Leuten auch nicht großartig nachgefragt, warum das so sein soll. Das wurde so festgelegt und dann ist das eben Gesetz. So weit ist es wie in jedem anderen Land dieser Welt, so dass viele Leute nur am Rand wahrnehmen, dass man die Gesellschaft, in der wir leben, auch als

Diktatur bezeichnen könnte, wenn man mal so recht darüber nachdenkt. Überdies liegt die Zahl der politischen Gefangenen deutlich unter zweihunderttausend, was bei über siebzig Millionen Menschen im Reich nun auf keinen Fall zwangsläufig jedem einzelnen Menschen auffallen muss. Es wird in dem Maße prekärer, in dem jemand mit mehr Leuten direkter zu tun hat und an neuralgischen Punkten arbeitet – wie Lehrer, Anwälte oder Schauspieler, und es wird lockerer, je näher jemand der Produktion von Gütern steht. So wird man auf das derbe Wort eines Tischlers oder eines Schlossers ungleich weniger achten als auf die Kritik eines Arztes, da er *per se* Autorität genießt und täglich soundsovielen Leuten Wasser in den Wein ihrer Gutgläubigkeit gießen kann.

Nachdem Männer die Zustände einer Diktatur mit Gewalt herbeigeführt haben, beendet man sie eigentlich gar nicht mehr von innen. Wäre dies möglich, würde es sich ja um eine gute Demokratie handeln. Wenn man da vielleicht überhaupt etwas machen kann, dann nur, wenn Kritiker im Inland eine Chance bekommen durch eine Destabilisierung des Regimes während einer außenpolitischen Krise. Freie Bürger können Gefangene befreien – viel schwerer fällt es aber Gefangenen, sich selbst zu befreien. In einer geschlossenen, überwachten Gesellschaft muss es den einzelnen Menschen beinahe unmöglich erscheinen, Widerstand zu organisieren – ja überhaupt nur Gleichgesinnte zu finden. Selbst für jemanden in einer Position wie General Beck ist *Opposition* lebensgefährlich. Wie kann er den drohenden Kriegsausbruch verhindern? Allein schon bei der Suche nach Unterstützern für sein Unterfangen geht er ein enormes Risiko ein. Es sind nur Teile der Gesellschaft und dann auch immer Individuen, die sich mehr oder weniger häufig damit auseinandersetzen, dass sie dieses und jenes nicht sagen oder tun dürften, sich an anderer Stelle aber ganz bestimmt nicht verweigern sollten. Dabei wird das jeweils unerwünschte Verhalten unterschiedlich hart bestraft. Je nachdem, worauf man in der jeweiligen Diktatur Wert legt, kann es beispielsweise schon strafwürdig sein, dass jemand Sommersprossen hat. Auch wenn die angeboren sind, muss man nichts tun und nichts lassen, sondern wird auch ohne eigenen Beitrag bestraft oder gleich umgebracht. Da jeder Einzelne bei Kritik aus dem Verkehr gezogen werden kann, wird Kritik diese Lage nicht ändern.

Das liegt darin begründet, dass Kritik unter den gegebenen Umständen in einem auslösenden Moment individuell und lokal beschränkt auftritt. Mangels freier Massenmedien kann sie gar nicht als Zündfunke wirken.

Mit den Personen und Gruppen, die in dieser Weise auffallen, befassen sich staatliche Sicherheitskräfte schneller als sie in der Lage wären, eine flächige Wirkung zu entfalten. Von den Maßnahmen des Staates erfährt die Bevölkerung erstens zu spät und zweitens hat der Staat dadurch die Möglichkeit, diese Personen und Gruppen durch geschickte Propaganda zu diffamieren, so dass die Bevölkerung in der Breite gar nicht erfahren wird, dass jemand ein Zeichen setzen wollte. Erfahrungsgemäß sind die meisten Leute gutgläubig und nehmen die offizielle Darstellung eher ab als zu vermuten, dass damit vielleicht Kritiker aus dem Verkehr gezogen werden sollen. Da geht es übrigens nicht darum, das Tun und Lassen in einer Diktatur zu entschuldigen. Es geht darum zu verstehen, wie so ein System praktisch funktioniert – als Tipp, falls Sie einmal in so eine Lage kommen sollten. Dass so was möglich ist, hat hier auch keiner gedacht.

Gehört jemand zu dem kleineren Teil der Gesellschaft und will durchaus einen, zwei oder später sogar fünf andere finden, mit denen etwas super Kleines erreicht werden kann, so sind Geschicklichkeit und vor allem die Geduld Voraussetzungen dafür, dass sie überhaupt etwas schaffen, ehe sie einem Richter vorgeführt werden. Man kann sein Pulver demzufolge auch umsonst verschießen. Haben Sie eine Vorstellung davon, was sich unser Generalstabschef Beck vorgenommen hat, wenn er die Ausrufung eines Krieges verhindern möchte? Seit der Fritsch-Krise ist klar, dass die Gestapo vor nichts zurückschreckt. Was raten Sie ihm? Sie haben derart recht, da müsste man einfach. Das ist aber im Moment nicht so einfach. Man kann zum Beispiel nicht einfach den erfolgreichsten Führer, seit es Führer gibt, wegputschen und einfach erzählen, er habe von einem Krieg gesprochen, wenn der gute Mann seit zwei Jahrzehnten nur von Frieden und von nichts anderem spricht.

Natürlich ist ein Soldat in höchster Stellung in besonderem Maße an den militärischen Eid und damit seit dem Sommer 1934 direkt an die Person

Adolf Hitlers gebunden. Darüber hinaus spielt auch für Ludwig Beck die übernommene Verantwortung für sein Vaterland eine Rolle, und er weiß nicht so recht, ob es tatsächlich die richtige Entscheidung ist, ausgerechnet im Moment der Gefahr den Posten zu verlassen. Was ihn wie andere Kameraden bisher gehindert hat, sind neben dem geschworenen Eid die traditionellen Vorstellungen von Loyalität und Gehorsam. Jetzt lähmen sie die Männer, dem Kanzler bedingungslos in die Parade zu fahren. Zu groß ist ihre Angst, eine neue Dolchstoßlegende könnte wieder um sich greifen. Daneben spielt natürlich eine Rolle, dass seit der Vergrößerung der Armee vor einigen Jahren eine ganze Reihe jüngerer Offiziere in die Wehrmacht eingetreten waren, die Hitler gläubig ergeben sind und dem diplomatischen Geschick des großen Machers vertrauen. Für Beck selbst sind mit seinem Wissen um einen ernsten Kriegsplan des Kanzlers mehr und mehr die Grenzen des militärischen Gehorsams erreicht.[220] Immer stärker drängt es ihn, sich nunmehr unwiderruflich von dem Kanzler zu trennen und seinen Rücktritt einzureichen. Generalleutnant Fritz Erich von Manstein, der um Becks kritische Haltung weiß, hatte ihn ja gerade vor wenigen Tagen in einem Brief gebeten, im Amt zu bleiben, weil niemand ihn nach Können und Charakterstärke ersetzen könnte.[221] Ludwig Beck ist von den Kritikern für den Posten des neuen Staatsoberhaupts in Deutschland vorgesehen – Hochverrat, wenn das so vor Gericht kommt. P.S.: Haben Sie eine Vorstellung davon, wie viele Menschen hinter solch einer Nominierung stehen müssen, damit sie sich nicht selbst lächerlich macht, und wie die Stimmung insgesamt beschaffen sein muss?

Anfang Juni findet auf dem Truppenübungsplatz Jüterbog eine Besprechung der kommandierenden Generäle statt. Hitler will die seit langem versprochene Rehabilitierung des am 4. Februar vor dem gleichen Kreis durch ihn angegriffenen Generalobersten von Fritsch vollziehen. Hitler sagt jedoch nur ein paar belanglose Worte zu Werner von Fritsch, dann konfrontiert er diesen größeren Kreis mit dem Plan, dass er die ČSR erobern will. Unmittelbar nach der Rede schickt Beck seinen Adjutanten zu von Brauchitsch und lässt ihn um eine dringende Unterredung bitten. Noch an Ort und Stelle will er eine Klärung herbeiführen, wie sich von Brauchitsch zu einer solchen beunruhigenden Ankündigung stellt. Doch der General entzieht sich einer Aussprache. Er lässt Beck ausrichten, er gehe auf einen kurzen Urlaub, erst danach stehe er zur Verfügung und besteigt seinen Wagen.[222] Auch das gehört zu den Wahrheiten in einem totalitären Staat: Es ist völlig belanglos, wie viele Menschen jetzt richtig draufhauen würden. Entscheidend ist, wie sich die Verantwortlichen mit all ihren Unzulänglichkeiten in den wichtigen Situationen positionieren und Walther von Brauchitsch sucht bei Ankündigung eines Krieges nicht die Unterhaltung mit einem kritischen Kollegen, sondern macht Urlaub. Kritik, wem Kritik gebührt. Allerdings nutzt von Brauchitsch diese Zeit, um sich selbst erst einmal klar zu werden, wie vorzugehen ist.

Die Kirchenfürsten wollen ihre Schafe *clean* halten

Wenn auch die Fronleichnamsprozession am 16. Juni wieder sehr stark besucht wurde, vermerkt der Sicherheitsdienst voller Genugtuung, dass die Teilnahme an Wallfahrten insgesamt abnimmt. Es klingt wiederum nicht nach Genugtuung, wenn in der Behörde festgestellt werden muss, dass zahlreiche uniformierte Parteigenossen und viele Jugendliche aus der Hitlerjugend (HJ) und aus dem Bund deutscher Mädel (BDM) daran teilgenommen haben. Weiter notiert diese Behörde, dass unsere Kirchen bemüht sind, Einfluss auf die Wehrmacht auszuüben. Die Werbung für alle denkbaren Formen des Gesprächs erfolgt „durch die Kirchenpresse, durch persönliche Fühlungnahme mit den Dienstpflichtigen, durch die Aktivierung der Mütter und Bräute und durch die in die Lager und Garnisonen vorgetriebene Propaganda der in den Diözesen neu errichteten »Arbeitsdienstapostolate« und des »Meldedienstes« der wandernden Kirche.“ Daran nehmen viel mehr Gläubige teil, als erwartet wurde, so dass „teilweise die Räume der Exerzitienheime für die unerwartet zahlreichen Teilnehmer nicht ausreichten und Parallel- und Extrakurse eingelegt werden mussten“. An Boden gewinnt die katholische Kirche, seit die Städtchen Fallersleben und Salzgitter als Industriestandorte ausgebaut werden. Eine große Rolle spielt auch die Einwanderung von Gastarbeitern aus Polen und Italien, die katholisch geprägt sind.[223]

Verzweifeltes Ringen um die Erhaltung des Friedens

Nach seinem Kurzurlaub beruft von Brauchitsch für den 4. Juli eilig eine Generalskonferenz ein, auf der er die neueste Denkschrift Ludwig Becks verlesen lässt und den General Adam über den absolut unzureichenden Verteidigungswert des Westwalls referieren lässt. Die hier anwesenden Militärs schließen sich fast einstimmig den vorgetragenen Auffassungen an. Einwendungen gegen die kritischen Worte erheben Busch und auch Reichenau. Es sind doch immer wieder dieselben Kandidaten. Kann das Heer eine Wendung in der Politik des Kanzlers erzwingen? Es sieht ganz danach aus. Beck legte dem Oberbefehlshaber nahe, Hitler die einmütig ablehnende Stellungnahme, so etwas wie ein Veto der verantwortlichen Generäle, zu unterbreiten. Doch vor dieser Konsequenz scheut Generaloberst von Brauchitsch im entscheidenden Moment zurück.[224]

In dieser zugespitzten Situation ist guter Rat teuer. Was sollte man tun? Die Kuriere werden zwischen der Militärführung und dem Auswärtigen Amt hin- und hergeschickt, um auf irgendeinem Weg Verwicklungen zu verhindern, die man später nicht mehr entwirren kann. Wobei man im Heer noch offener reden kann als bei der Luftwaffe, der Marine oder im AA. Auch unter den Diplomaten gibt es solche und solche, Karrieretypen und Mitläufer, Parteigenossen und Kritiker. Sicher ist mancher in diese Partei gegangen, um sich weiterhin kritisch äußern zu können, doch auf der anderen Seite ist nicht jeder Kritiker ein Held.[225] Seit im Februar der Generaloberst Werner von Fritsch von der Gestapo verhört worden war, kann sich schon gar kein Zivilist mehr sicher sein, nicht auch selbst von den rauhen Männern mitgenommen zu werden.

Was ein Botschafter tun kann, tut zum Beispiel Herbert von Dirksen im fernen London. Anfang Juli schreibt er eine lange Zusammenfassung zu den Entwicklungen zwischen dem Empire und dem Reich für das AA in Berlin. Er beginnt mit den, wie er sie bezeichnet, Ausgleichsversuchen, die in den Gesprächen seit Herbst 1937 gemacht wurden, die aber durch Chamberlains Erklärung vom 23. März nach dem Anschluss Österreichs unterbrochen worden seien. Er erinnert daran, dass der Wirtschaftsvertrag zwischen beiden Ländern, der „auch in kritischen Zeiten bisher das schwankende Gebäude der außenpolitischen Beziehungen“[226] getragen habe, durch den Unwillen des Reiches zur Übernahme von Österreichs Schulden erschüttert worden war. Das Flottenbegrenzungs-Abkommen habe auch weiter eine positive Wirkung, die aber Änderungen durch die Entwicklung der See-Rüstungs-Politik der Großmächte unterläge. Was den politischen Wert angehe, werde das Flottenabkommen „unterhöhlt durch die in England während der letzten Jahre und insbesondere während der letzten Monate um sich greifende Erkenntnis, dass an die Stelle der Flotte eines möglichen Gegners jetzt die Luftflotte als bedrohlichster Faktor für Englands Sicherheit getreten ist.“ Günstig wirke die am 1. Juli beschlossene Lösung für Österreichs Schulden.[227] Sonst waren Schulden andererseits für England nie ein Thema. Drängeln jetzt die Banken?

Die dadurch wieder entspannte Atmosphäre sei auch durch den Besuch des Adjutanten des Führers Hauptmann Wiedemann gefördert worden. Er sei schon wiederholt im Laufe des Sommers da gewesen, ohne jedoch mit offiziellen Persönlichkeiten gesprochen zu haben. Nun tat er das mit Wissen des Führers, um im Auftrag von Generalfeldmarschall Göring zu sondieren, ob Görings Besuch in London willkommen sein würde. Herr Wiedemann hatte eine lange Unterhaltung mit Halifax, der Cadogan zugezogen hatte. Die Regierung begrüßt den Gedanken eines Besuches des Feldmarschalls lebhaft. Halifax ging so weit zu sagen, es wäre für ihn die schönste Stunde seines Lebens, wenn der Führer an der Seite des Königs bei einer offiziellen Visite in London die Mall entlangfahren würde. Der politische und der stimmungsmäßige Wert dieser Vorbesprechungen sei stark verringert worden, weil sie durch eine der üblichen Indiskretionen in die englische Presse kam und zu den sensationellsten Kombinationen missbraucht worden sei. Das Vorhaben sei dann von Berlin nicht weiter verfolgt worden. Allerdings habe die Prinzessin Hohenlohe in den zwei Monaten danach Gespräche mit Persönlichkeiten in England geführt.[228]

Die in England nach dem Anschluss Österreichs und durch den Prozess gegen Pfarrer Martin Niemöller erneut aufgekommene Kritik zur Juden- und Kirchenfrage bezeichnet er in seinem Schreiben als halb versunkene Agitationskomplexe, die sich auf die Wahrnehmung des Reiches drüben in Großbritannien negativ ausgewirkt hätten.[229] Die Passage erweckt gar nicht den Eindruck, als ob er selbst in diesen beiden Punkten wirklichen Handlungsbedarf erkennt. Ist er zu weit weg von der Realität im Reich?

Von Dirksen verweist darauf, dass Premierminister Chamberlain als das Hauptziel seiner Politik einen Ausgleich mit den autoritären Staaten betrachtet und dass er den ehemaligen Außenminister Eden gerade wegen der Ablehnung eines derartigen Ausgleichs „ausgebootet"[230] hatte. Einen Anthony Eden hätte man wohl kaum jemals sagen hören, ein Besuch des Führers in London könnte vielleicht die schönste Stunde im Leben sein, oder doch? Damit ist natürlich die Reaktion aus Berlin ausschlaggebend, denn bleibt der von Chamberlain versprochene Ausgleich aus, ist seine wichtigste These *ad absurdum* geführt und er ist zu einer Kursänderung gezwungen.[231] Im Interesse Berlins kann es nur liegen, die Chance nicht verstreichen zu lassen. Der Botschafter erinnert daran, dass das gerade regierende Londoner Kabinett das erste Nachkriegskabinett sei, das den Ausgleich mit dem Reich zu einem der wesentlichsten Programmpunkte gemacht habe und das Deutschland das Höchstmaß an Verständnis entgegen bringe, das unter den für die Kabinettsbildung überhaupt in Frage kommenden Kombinationen englischer Politiker aufzubringen ist.[232]

Es besitze die innenpolitische Stärke für die Durchführung der Aufgabe und habe sich in wesentlichen Punkten den von Berlin vertretenen Leitsätzen angenähert. Dabei erwähnt er besonders eine Ausschaltung der Sowjetunion und die Zweckmäßigkeit von zweiseitigen Verhandlungen und Verträgen. Man bringe den Forderungen in der sudetendeutschen Frage wachsendes Verständnis entgegen und würde große Opfer zur Befriedigung anderer berechtigter deutscher Forderungen bringen – unter der *einen* Voraussetzung, dass diese Ziele mit friedlichen Mitteln angestrebt werden. Würde das Deutsche Reich aber zur Erreichung der Ziele militärische Mittel einsetzen, so würde England ohne jegliche Zweifel an der Seite Frankreichs zum Kriege schreiten. Die militärischen wie auch die kriegswirtschaftlichen Vorbereitungen wären dann schon weit genug fortgeschritten. Die politische Probe-Mobilmachung während der Tage der Tschechen-Krise habe gezeigt, dass Deutschland im Kriegsfalle mit Gewissheit einer Staatenkoalition wie 1914 gegenüberstehen müsste.[233]

Berlin müsse auch deshalb den Ausgleich zum jetzigen Zeitpunkt unbedingt anstreben, weil der Wunsch danach in der breiten Masse des englischen Volkes noch immer vorhanden sei. Doch in der Presse mehrten sich die Stimmen, die vor einer von Deutschland ausgehenden Kriegsgefahr warnten; eigentlich sei die geistige Vorbereitung des Volkes für eine kriegerische Auseinandersetzung inzwischen sehr weit gediehen. Wasser auf die Mühlen von Chamberlains Feinden seien auch die umgehenden Gerüchte vom deutschen Vorhaben eines Überfalles auf die Tschechei.[234] Wirkung auf die Atmosphäre verfehle auch die Aufrüstungspropaganda der englischen Regierung nicht, insbesondere auf dem Gebiete der Luftaufrüstung, sowie die eingeleitete Organisation des Luftschutzes.[235] Die beiden Minister Lord Winterton und Swinton mussten weichen, weil sie sich gerade dem Luftschutz nicht hinreichend gewidmet hätten. England wird sich langsam bewusst, dass es aufgehört hat, eine Insel zu sein. Die Dienstmädchen weigerten sich jetzt schon, Stellungen in Häusern an der Südküste anzunehmen, weil sie sich vor deutschen Bomben fürchteten. Dem Botschaftsrat, der ein Haus zu mieten suchte, wurden drei zur Unterschrift fertige Mietskontrakte vom Vermieter zurückgezogen. Die Begründung hieß: Wegen eines bevorstehenden Krieges mit dem Reich sei ein Kontrakt mit einem Mitglied der deutschen Botschaft zwecklos. Allgemein würde darüber geklagt, dass Häuser in London kaum noch verkäuflich seien – aus Furcht vor deutschen Bomben.[236] Unser Botschafter schlussfolgert: „Es bedarf keiner langen Ausführungen, um einzusehen, dass eine allgemeine Bereinigung der deutsch-englischen Beziehungen anzustreben sein wird, wenn eine gefährliche und erhebliche Kriegsgefahren in sich bergende Entwicklung vermieden werden soll.“[237]

Warum soll ein Empire mit anderen teilen?

Nach einem Treffen Churchills am 14. Juli mit dem Führer der Danziger Faschisten Albert Forster schreibt der Brite, er habe bei dem Deutschen die englische Sorge vor einem Krieg angesprochen. Auf Forsters Hinweis auf sowjetische Flugplätze in der Tschechoslowakei, von denen aus man Berlin in einer halben Stunde angreifen könne, sagt Winston Churchill, er halte es für möglich, als Teil eines allgemeinen europäischen Übereinkommens England und Frankreich zu verpflichten, Deutschland mit all ihrer Macht zu Hilfe zu kommen, falls es Opfer eines nicht-provozierten Angriffes vonseiten Russlands oder zum Beispiel der Tschechoslowakei sein würde. Churchill versichert Forster, dass er kein Gegner der Größe Deutschlands sei und dass die meisten Leute in England wünschten, es möge seinen Platz als eine der zwei oder drei führenden Mächte in der Welt einnehmen. England nehme ein friedliches, allmähliches Anwachsen des deutschen Handelseinflusses im Donaubecken nicht übel, doch jegliches gewalttätige Vorgehen führe beinahe unausweichlich zu einem Weltkrieg. Die Situation werde immer schlechter. Man verschwende die Mittel für Rüstungen; England habe sogar Fabriken in Kanada errichtet, sodass es im dritten oder vierten Kriegsjahr einen unbegrenzten Vorrat an Flugzeugen verwenden könnte. Hitler solle den Schatten heben und London würde ihm dabei helfen. Forster meint noch, er sehe gar keinen wirklichen Grund für einen Streit zwischen England und Deutschland; wenn England und Deutschland miteinander übereinstimmen würden, könnten sie untereinander die Welt teilen, doch der Dolmetscher hält es für klüger, den letzten Beitrag besser nicht mehr zu übersetzen.[238]

Nichts spricht dagegen, dass Sie über diese Blitzentscheidung ein wenig nachdenken. Da hat ein kleines Licht im Staate eine Chance genutzt, die er spontan ergriffen hat. Davon abgesehen bekommt gar nicht jeder eine solche gute Gelegenheit. Das war ein sehr mutiger persönlicher Versuch, einen erneuten Krieg in Europa zu verhindern. Wenn andere immer das ausführen, was angeordnet wird, ist es umso höher zu würdigen, dass in solchen Zeiten wieder einmal jemand das tut, was er für richtig hält.

Die hohen Generäle kämpfen gegen einen Krieg

Nicht nur in England ist die Angst vor einem neuen Krieg groß und auch in Deutschland wünschen sich die Leute einen andauernden Frieden. Je akuter sich in diesen Wochen in der Reichshauptstadt eine Kriegsgefahr abzeichnet, desto zahlreicher und offener geben sich nun Hitlers Gegner zu erkennen. Hans Bernd Gisevius findet jetzt endlich Mitstreiter. Peter Graf Yorck von Wartenburg, Helmuth Groscurth oder zum Beispiel der Berliner SA-Chef Wolf-Heinrich Graf von Helldorff kommen dazu. Hans Oster frischt den alten Kontakt mit Erwin von Witzleben auf.[239] General und Minister, Diplomat und Offizier, plötzlich wird Berlin munter. Jeder von ihnen hat Freunde, die er einweiht, Vorgesetzte oder Untergebene, die er ins Vertrauen zieht. Allerdings darf man natürlich nicht einfach so jeden ansprechen, denn jeder kann letzten Endes einer zu viel sein und die große Aktion verraten. Bei einem der Gespräche sagt von Witzleben zu Oster: „Ich verstehe nichts von Politik, aber das brauche ich ja nicht, um zu wissen, was da zu machen ist."[240] Von Witzleben findet letztlich in General Graf Brockdorff einen Kollegen, mit dem er es wagen kann. Die Potsdamer Division gilt als Musterdivision. Kenner der Szene sagen, sie eigne sich für einen Staatsstreich besser als andere. So rüstet sich Witzleben sowohl für einen Staatsstreich *von oben* als auch für eine Meuterei *von unten*.[241] Einer, der die Chance bekommt, den Führer selbst auf die verrückte Idee eines Krieges gegen ein Nachbarland anzusprechen, und sie auch nutzt, ist General von Wietersheim*. Der Chef des Stabes in der Heeresgruppe West unter General Wilhelm Adam ringt sich dazu durch, Hitler das Kernproblem zu benennen, das der Führer in einer Rede vor vorwiegend jüngeren Offizieren ausgespart hatte: Wenn fast alles Militär gegen die Tschechoslowakei eingesetzt wird, ist Deutschland im Westen schutzlos und wird von Frankreich überrannt werden. Der Westwall sei nur drei Wochen lang zu halten. Als Erwiderung darauf erlebt General von Wietersheim ein Naturschauspiel, wie es schon einige vor ihm miterleben mussten. Der Führer rastet absolut aus und schreit den General aus Schlesien an: „Ich sage Ihnen, Herr General, die Stellung wird nicht drei Wochen, sondern drei Jahre gehalten."[242] Allerdings kann der Mann nicht sagen, mit welchen Truppen und welchem Kriegsgerät. Man muss vielleicht Menschen selbst kennen, die derartige hysterische Orgien aus dem Bauch heraus liefern, um einzusehen, dass dem nur wenige andere standzuhalten vermögen. Auch Gustav Anton von Wietersheim lässt sich *abkanzlern* wie ein kleines Kind. Aus der Entfernung wird das natürlich immer unverständlich bleiben, denn bei allem Respekt ist so ein Kanzler doch nicht der eigene Vater.

Der Männerversteher Oberst Jodl entdeckt die tieferen Ursachen für die „kleinmütige Auffassung" von Wietersheims und anderer, „die leider im Generalstab des Heeres sehr weit verbreitet ist".[243] Im Tagebuch ist Jodl untröstlich. Der Generalstab folgt dem Chef nicht, „weil er letzten Endes an das Genie des Führers nicht glaubt. Man vergleicht ihn wohl mit Karl XII. [von Schweden, der sein Reich durch den Großen Nordischen Krieg *führte*, an dessen Ende Schweden in Europa traurigerweise keine Großmacht mehr darstellte]. Und da die Wasser von oben nach unten fließen, erwächst aus dieser Miesmacherei nicht nur unter Umständen ein ungeheuerlicher politischer Schaden, – denn den Gegensatz zwischen der Auffassung der Generäle u. der des Führers pfeifen die Spatzen von den Dächern –, sondern auch eine Gefahr für die Stimmung der Truppe."[244]

Aber es gibt nun einmal zwei Geschichten, mit denen man Deutsche auf dem falschen Fuße erwischt: Mit Inflation und Krieg. In diesem Fall hat sich Freund Hitler übermütig an den Krieg herangewagt. Es suchen und finden sich bei den bekannteren Leuten auch Ernst Niekisch, Ewald von Kleist-Schmenzin und Gewerkschaftsführer aus der Weimarer Zeit wie Julius Leber, Jakob Kaiser und Wilhelm Leuschner, der Finanzminister von Preußen Johannes Popitz und der Ex-Botschafter in Rom Ulrich von Hassell, Fabian von Schlabrendorff und Gisevius' früherer Vorgesetzter Arthur Nebe, Karl Ludwig Freiherr von Guttenberg, Graf Helmuth von Moltke, Pastor Dietrich Bonhoeffer, Albrecht Graf von Bernstorff sowie unbekanntere Personen in der zweiten und dritten Reihe.[245]

Generalstabschef Beck, der schon am 5. Mai und am 3. Juni eine Denkschrift zur Verhinderung eines kriegerischen Konflikts verfasst hat, tritt am 16. Juli erneut mit einem solchen Papier auf den Plan. Generalstabsoffizier Hans Speidel meint, er habe darin „in klarer, generalstabsmäßig fundierter, dramatisch sich steigernder Form gegen die Kriegspolitik“ in Berlin Stellung genommen.[246] Übrigens zeigt allein sein fortwährendes Schreiben friedlicher Denkschriften, dass Beck das herrschende Regime nicht verstanden hat und dass er meint, so Einfluss nehmen zu können wie früher. Hans Bernd Gisevius findet besonders bemerkenswert, dass Beck darauf hinweist, dass er einen Krieg, ob Blitzkrieg oder anders, für eine deutsche und europäische Katastrophe hält. Nach jenem peinlichen Versagen der Wehrmachtführung in der Fritsch-Krise vom Februar will er endlich nicht mehr vor den braunen Zumutungen zurückweichen und Gleichgesinnte mitreißen. Brauchitsch muss Becks Schreiben an Hitler weiterleiten, ob er will oder nicht, und er will es nicht, denn hier spricht ein Fachmann aus dem Militär gegen Pläne der politischen Führung des Reiches; er spricht vom Krieg, obwohl Hitler doch in der Öffentlichkeit immer vom Frieden spricht. Wenn der Führer in Jüterbog intern etwas anderes gesagt hat, dann haben die Generäle sich bitte dezent zurückzuhalten, befindet der goldbetresste Spezialist.[247]

Doch Beck will sich nicht zurückhalten; er will Hitler zurückhalten, weil der nicht hinten einreißen soll, was er vorn aufgebaut hat. Nach all den Erfolgen vom Saarland über die Wehrhoheit auch westlich des Rheines bis hin zur Wiedervereinigung mit Österreich muss jetzt nicht alles den Bach hinunter gehen, bloß weil dem Führer seine Erfolge wohl zu Kopfe gestiegen sind. Er schreibt, hier stünden letzte Entscheidungen für den Bestand der Nation auf dem Spiele; die Geschichte werde die führenden Köpfe der Wehrmacht mit einer Blutschuld belasten, wenn sie jetzt nicht handeln. Er meint: „Ihr soldatischer Gehorsam hat dort eine Grenze, wo Ihr Wissen, Ihr Gewissen und Ihre Verantwortung die Ausführung eines Befehls verbietet. Finden Ihre Ratschläge und Warnungen in solch einer Lage kein Gehör, dann haben sie das Recht und die Pflicht vor dem Volk und vor der Geschichte, von ihren Ämtern abzutreten. Wenn sie alle in einem geschlossenen Willen so handeln, so ist die Durchführung einer kriegerischen Handlung unmöglich. Sie haben damit ihr Vaterland vor dem Schlimmsten, vor dem Untergang bewahrt.“[248] Mit diesem Text soll auch Walther von Brauchitsch zur Tat gedrängt werden, denn er hat die Befehlsgewalt des Freiherrn von Fritsch übernommen.

Beck schreibt, das Volk und ein Teil des Heeres wollten keinen Krieg gegen die ČSR, die Frage nach Krieg oder Frieden sei „zu einer Vertrauensfrage des Volkes und des Heeres an die oberste Stelle des Heeres“[249] geworden. Beck kommt zum Fazit, der Oberbefehlshaber des Heeres solle bei Adolf Hitler vorstellig werden und ihn veranlassen, die Kriegsvorbereitungen einzustellen.[250] Am 19. Juli kommt Beck auf einen älteren Plan zurück, den Canaris und Hoßbach entwickelt hatten, und schneidet ihn auf die Sudetenkrise zurecht: Der Kollektivschritt der militärischen Führung müsse ebenso zu einer „klärenden Auseinandersetzung mit der SS“ führen. Der Generalstabschef wiederholt, es ginge darum, das deutsche Volk und den Führer selbst zu befreien von dem Alpdruck einer Tscheka und von den Erscheinungen eines Bonzentums, die den Bestand und das Wohl des Reiches durch die Stimmung im Volk zerstören und den Kommunismus wieder aufleben lassen. Zur Erinnerung: Tscheka nennt man die Geheimpolizei in Stalins Reich. Beck wirbt um Zustimmung mit dem Aufruf: „Für den Führer! Gegen den Krieg!“[251] Im Gespräch mit General von Brauchitsch erklärt Beck an diesem 19. Juli, unsere Generäle sollten nicht nur streiken, sondern auch mithelfen, das deutsche Volk vom SS-Terror und den Bonzen der NSDAP zu befreien. Die Verfolgung unserer Kirchen müsse aufhören, freie Meinungsäußerung garantiert und Recht und Gesetz im Deutschen Reich müssten wiederhergestellt werden.[252] Er ist ja immer noch in der Position, in der er dies überhaupt fordern kann.

Ludwig Beck versucht zu erreichen, dass der Generalstab sowie auch die bürgerlichen Minister zurücktreten, damit ein Zeichen gesetzt wird – für die Bevölkerung genau wie für das vertrauensselige Ausland. Hans Oster und Hans Bernd Gisevius vermitteln Ludwig Beck mehrere Treffen mit Hjalmar Schacht. Doch sie können sich nicht einigen, welches Vorgehen richtig ist. Oster sagt, Schacht müsse auf seinem Ministerposten bleiben und Beck solle gehen; Gisevius plädiert nun dafür, dass Schacht aus dem Amt geht, aber General Beck bleibt, wo er ist, um auf jeden Fall Krieg zu verhüten. Schacht selbst will nicht gehen, sondern bleiben, weil er Hitler durch die Finanzpolitik „an der Gurgel“[253] habe. Es ist wieder die schon seit Jahren immer wieder neu entfachte Diskussion ums „Drinbleiben“ im Staatsapparat, mit denen sich Hitlers Kritiker herumschlagen. Setzt man ein Zeichen, wenn man geht, oder macht man nur den Stuhl frei für einen Nazi? Hat man irgendwo einen vertrauenswürdigen, harten Mann entdeckt und behutsam die Verbindungen zu ihm ausgebaut, dann ist es entmutigend, ihn zurücktreten zu sehen, sei es aus einer noch so prachtvollen Einstellung heraus. Jede freiwerdende Schlüsselstellung wird von einem Anhänger des Regimes besetzt. Wie aber sollen wir auf einen Umschwung hoffen, wenn alle wichtigen Posten den Nazis freiwillig ausgeliefert werden? Als Beck gehen will, scheint der Streit überflüssig. Beck versichert ihnen, sein Nachfolger würde in mancher Hinsicht eine Verbesserung darstellen. Was dessen kämpferische Einstellung gegen dieses Regime angeht, wäre dieser mindestens so scharf wie er selber, dagegen belastete ihn nicht die Hypothek der ärgerlichen Auseinandersetzungen aus der Fritsch-Krise. Noch unverdächtig, könne er umso ungefährdeter den Gegenschlag vorbereiten. So äußert sich der potenzielle Nachfolger Franz Halder auch dem wichtigsten Mann des zivilen Widerstands Carl Friedrich Goerdeler gegenüber.[254]

Vor dem Urlaub des deutschen Botschafters in London suchen ihn führende Briten noch einmal auf. Horace Wilson fragt ihn, ob er Premier Chamberlain sehen wolle und führt ihn wenig später in dessen Arbeitszimmer. In einer Unterhaltung von 20 Minuten zeigt sich Chamberlain besorgt über den Konflikt zwischen Deutschen und Tschechen und bittet darum, es möge deutscherseits nichts überstürzt werden, da jegliche Anwendung von Gewalt weittragende Folgen haben könne. Man möge der britischen Regierung Zeit lassen; sie werde ihr Möglichstes tun, um eine friedliche Lösung herbeizuführen. Von dem Beschluss, Lord Runciman als Vermittler nach Prag zu senden, was die Presse kurz danach publik machen wird, erfährt von Dirksen noch nichts.[255] Der deutsche Diplomat Erich Kordt erinnert daran, dass gleichgerichtete schlichtende Eingriffe von britischer und französischer Seite zuvor durch die Presseangriffe auf Deutschland nach der sogenannten Wochenendkrise am 20./21. Mai zunichte gemacht worden seien. Kordt meint, objektive Beobachter kämen zu dem Ergebnis, dass die Prager Regierung Hitler in die Hände spielt, da sie einfach nicht bereit ist, den Teil der Forderungen des Karlsbader Programms anzunehmen, dessen sofortige Annahme möglich ist.[256]

Der Staatsstreich wird ins Visier genommen

Der Juli ist in jeder Hinsicht ein heißer Monat. Kurz bevor er vorbei ist, hält Generalstabschef Beck einen Vortrag vor führenden Militärs und er sagt, das Heer müsse sich nicht nur auf einen möglichen Krieg, sondern auch auf eine innere Auseinandersetzung, die sich ja auch bloß in Berlin abzuspielen brauche, vorbereiten.[257] Es seien entsprechende Aufträge zu erteilen. Dabei geht er beim Kommandierenden General von Berlin von Witzleben und dem SA-Chef Graf Helldorff davon aus, dass man sich bei einem Staatsstreich auf sie verlassen kann. Ludwig Beck erreicht jedoch nur, dass Walther von Brauchitsch die wichtigsten Militärs für eine neue Lagebesprechung am 4. August zusammenruft. Die Generäle stimmen Becks Einschätzung des Kräfteverhältnisses zu. Aber letztlich bringt der feige Brauchitsch wieder nicht zur Sprache, dass Beck fordert, dass alle zusammen zurücktreten, wenn Hitler von seinen Plänen nicht abrückt. Nichtsdestotrotz ist Ludwig Becks Auftritt an diesem 29. Juli schon der Keim zum Staatsstreich.[258] Das Jahr 1938 hat jede Aussicht auf würdige Erwähnung in späteren deutschen Geschichtsbüchern.

Dauerbrenner Tschechoslowakei

Anfang August bekommt Botschafter von Dirksen, der sich zu einer Kur in Bad Reichenhall aufhält, einen Privatbrief von Chamberlain, der ihm Mitteilung macht von der erfolgten Entsendung Lord Runcimans in die tschechische Hauptstadt und von der Bedeutung der Mission; sie diene dem Frieden und dem Ausfindigmachen einer für beide Teile annehmbaren Lösung. Chamberlain bittet ihn, bei dem nächsten Vortrag beim Führer diesem hiervon Kenntnis zu geben. Doch es gelingt von Dirksen nicht, einen Termin bei Hitler zu erhalten.[259] Der polnische Botschafter in Berlin Jósef Lipski erfährt übrigens, dass London Runcimans Auftrag in der ČSR durchaus große Bedeutung beimisst. Er hat zu sondieren, wie eine Lösung für die Sudetendeutschen aussehen kann, und wenn er trotz der Bemühungen kein Einvernehmen zwischen den Deutschen und den Tschechen zustande bringen könnte, so würde „klar werden, dass, falls die Schuld für diesen Misserfolg auf die Tschechen fiele, die Deutschen recht haben, wenn sie behaupten, dass wegen der Unnachgiebigkeit der Tschechen nur das Mittel der Gewalt wirksam sein kann."[260] Im Klartext heißt das, dass die Briten sogar bereit sind, von der bisherigen Linie abzugehen, dass sich das Reich ausschließlich mit friedlichen Mitteln nach dem Osten ausbreiten dürfe. Der englische Botschafter hatte jenem aus Warschau mitgeteilt, dass die englische Regierung in diesem Falle jede weitere Verantwortung ablehnen würde. Außerdem habe er, wie er sagt, aus Eigeninitiative Druck auf die diplomatischen Vertreter Rumäniens und Jugoslawiens ausgeübt, damit ihre Regierungen ebenfalls Druck auf Prag ausüben, um es zur Nachgiebigkeit zu veranlassen.[261] Der US-Botschafter in Deutschland Hugh Wilson macht sich ebenfalls auf den Weg nach Prag, um den Tschechen beizubringen, sie könnten bloß dann auf eine Normalisierung der Beziehungen zu Deutschland hoffen, wenn sie den Beistandsvertrag mit der Sowjetunion aufkündigten.[262] Das stammt aus dem Handbuch *Verzichte auf jede Hilfe und lass dich schlagen*. Der Botschafter muss um die Hinterzimmergespräche zu Hause wissen, weil er das sonst nicht als einen ernsthaften Rat weiterreichen würde. Nein – die Industriekapazitäten der ČSR *sollen* dem Führer übergeben werden. Über die Ergebnisse seines Prag-Besuchs redet Botschafter Wilson auch mit seinem Berliner Kollegen Lipski, der sein Außenministerium in der polnischen Hauptstadt mit den Worten ins Bild setzt, dass Beneš heute, anders als früher, als er sehr selbstbewusst aufgetreten war, jemandem gleiche, der unter starkem Druck stehe und nach einem Ausweg aus der Lage sucht. Benesch habe die Behauptung zurückgewiesen, dass nun der schärfste Widerstand gegen die Befriedigung der Forderungen in Bezug auf die Sudeten von ihm ausgehe. Er habe friedliche Absichten.[263]

Das ist natürlich ohne jede Frage erfreulich. Für die Sudeten möchte er eine örtliche Selbstverwaltung im Rahmen von nationalen Kurien in die Tat umsetzen, verwies jedoch darauf, dass er der Forderung nach einer territorialen Selbstverwaltung des Sudetengebiets nicht stattgeben kann. Auf keinen Fall wolle Benesch die Sudetendeutschen als Staatsvolk anerkennen. Bemerkenswert habe Amerikas Botschafter gefunden, dass in der Breite der Bevölkerung die kriegerische Gefahr unterschätzt werde, die ihrem Land drohe, während sich die maßgebenden Persönlichkeiten in Prag durchaus über den Ernst der Lage Rechenschaft ablegten.[264]

Bei uns denkt die Masse der Leute ja auch, der Führer wolle den Frieden und er drohe nur. Niemals würde es dieser in allen politischen Schlichen so erfinderische Ränkeschmied zu einem großen Kriege kommen lassen. Darin sieht der Kritiker der ersten Stunde Hans Bernd die Chance: Das Wort „Krieg" überhaupt in den Mund zu nehmen, bedeutet schon Hochverrat, weil selbst die begeistertsten Parteigenossen offen aussprechen, dass ihr tausendjähriges Reich eine Kriegserklärung nicht einmal zwölf mickrige Monate überstehen würde. So tief steckt noch in allen Gliedern der Schreck des großen Krieges.[265] Und die Anzahl der vorrätigen Flugzeuge etc. spricht ja auch für sich. Das Volk will einfach nur seine Ruhe und vertraut in der Breite auf seinen Eindruck von Hitler. Dem trägt der Führer und Reichskanzler Rechnung, indem er mehrfach betont, dass er wegen der Sudeten keinen Krieg vom Zaune brechen würde, wie Polens Botschafter Lipski Warschau informiert: „Eine solche Haltung des Kanzlers entspricht übrigens, vom fanatischen Teil der Partei und der Jugend abgesehen, der Meinung der breiten deutschen Öffentlichkeit, die mit Beunruhigung auf mögliche internationale militärische Komplikationen blickt. Solche Informationen erhalte ich aus dem ganzen Lande. Bei der älteren Generation spielt zweifellos die Erinnerung an den großen Krieg von 1914 eine Rolle, der ungeachtet der vorzüglichen Vorbereitung verloren wurde."[266]

Doch die Meinung der breiten deutschen Öffentlichkeit ist nicht relevant unter den Umständen, wie sie in Deutschland inzwischen vorherrschen. Deshalb lohnt es sich bloß zu beobachten, was Funktionsträger in ihren Stellungen unternehmen, um das Schlimmste zu verhüten. Franz Halder und Hans Oster sind die zwei großen Exponenten der Antikriegsfraktion in den Spitzen von Wehrmacht und Geheimdienst. Zu welchem Resultat führen ihre Grübeleien in diesen kritischen Tagen? Ein Emissär soll sich vergewissern, ob London und Paris dem Reich dieses Mal den Krieg erklären beim Angriff der Wehrmacht auf die Tschechoslowakei. Was soll werden, wenn diese Nummer auch *wieder* als Wochenendüberraschung über die Bühne geht und ohne Krieg? April, April! Um abzusichern, dass sie ganz bestimmt die richtige Antwort bekommen, entsenden sie Ewald von Kleist-Schmenzin* in die britische Hauptstadt. Jener soll in London bekanntmachen, dass Hitler den Kriegsplan längst gefasst hat und dass er bereits nach dem 27. September ausgeführt werden soll. Verantwortliche in Berlin gehen davon aus, dass damit vitale Interessen von Paris und London berührt würden und dass man Hitler dieses zweifellos nicht auch wieder zugestehen wird. Kleist soll ausrichten, der Generalstab sei bereit, einen derartigen Angriff zu verhindern, wenn London felsenfest bleibe. Die Generäle im Reich bräuchten ein Signal von außen, eben eine Bestätigung des nur ihnen bekannten Umstandes, dass es einen solchen Plan tatsächlich gebe und dass England zu Zugeständnissen in der Frage der deutschen Außengrenzen nicht bereit wäre. Wenn London den Krieg aber nicht verhindern *will*, kann er lange reden. Londons Botschafter in Berlin, Henderson, darauf bedacht, Hitler alles zu geben, was der Führer in der Tschechoslowakei gern hätte, rät dem Foreign Office dazu, Herrn Kleist nicht an amtlicher Stelle zu empfangen. Als Kleist am 18. August in London eintrifft, wird er trotzdem nach seiner Ankunft von Sir Robert Vansittart empfangen, der sich als ein Gegner der *Appeasement*-Politik profiliert, am nächsten Tag ebenfalls vom Oppositionspolitiker Winston Churchill. Das Gespräch mit Vansittart beginnt er gleich mit der Ansage, er komme „mit dem Strick um den Hals".[267] Weit hergeholt ist das unter den gegebenen Umständen im Reich ganz bestimmt nicht. Dies erwartet ihn, wenn seine Aktivitäten gegen die Intentionen Hitlers auffliegen.

General Beck hatte vor der Abreise zu Kleist-Schmenzin gesagt, er wolle von ihm den sicheren Beweis, dass England kämpfen will, wenn wir die Tschechoslowakei angreifen. Wenn er diese Botschaft mitbringe, will er dem Regime ein Ende bereiten. Alles andere wäre ja auch seiner Ansicht nach Einmischung in die Innenpolitik. Als Ewald von Kleist-Schmenzin sieht, dass in England kaum ein Politiker anspringt, übertreibt er völlig und äußert, Hitler wolle die Weltherrschaft an sich reißen.[268] Läge solch ein Unterfangen jedoch im Rahmen des Möglichen für das Reich, hätten die Generäle nicht schon Bammel allein vor einem Krieg mit Frankreich und England.

Ewald von Kleist-Schmenzin

Zu den Gesprächspartnern zählt somit auch Robert Vansittart, der, nach verschiedenen seiner Äußerungen zu urteilen, zum engsten Kreise derer gehört, die wirklich bestimmt nicht verhindern wollen, dass ihre Kreatur Hitler Krieg führt. Er dürfte genau diesen obszönen Eindruck vermeiden wollen, wenn er vom *Talk* einen Bericht anfertigt und ihn Chamberlain und Lord Halifax vorlegt. Der Premierminister schreibt Halifax zwar, er neige dazu, eine Menge von dem, was Kleist sagt, abzustreichen, fügt der Einschränkung aber hinzu: „Ich weiß nicht, ob wir nicht doch etwas unternehmen sollten."[269] Und tatsächlich ruft er mit publizistischem Lärm Botschafter Nevile Henderson für den 28. August zu Besprechungen in die Heimat.[270] Was denken sich die führenden Clubs in London in dieser Lage aus? In Berlin jedenfalls herrscht Aufbruchsstimmung. Hitler kann rasch Geschichte sein. Die Verschwörer verleihen ihrem Anliegen mehr Gewicht, indem Hans Oster vom Geheimdienst seinen Vertrauensmann zum britischen Militärattaché schickt mit der Information, Hitler beabsichtige, Ende September die Tschechoslowakei anzugreifen. Auch hier lautet die Botschaft, dass es Hitler als Kanzler politisch nicht überstehen werde, wenn er durch die Westmächte gezwungen würde, die Angriffsabsichten aufzugeben. Wenn es zum Krieg komme, bringe ein sofortiges Eingreifen des Westens das Regime im Reich zum Sturz. Diese Situation könnte grotesker kaum sein, aber woher sollte er denn wissen, dass man den ehemaligen Volksredner und seine Bewegung einst *supported* hatte, bis das jetzige braune Regime fest in seinem Sattel saß? Der Botschafter Henderson gibt die neue Warnung pflichtgemäß nach London weiter; er nennt sie aber „offenbar befangen und zum großen Teil Propaganda".[271]

In beiden Unterredungen in London äußert Kleist, was ihm aufgetragen worden war. Im Gespräch mit Churchill regt Kleist an, London solle eine feste Erklärung an Hitler richten und einen Appell an Regimegegner in Deutschland. Wird der Krieg vermieden, sei dies das Vorspiel zum Ende des Regimes. Wenn die Generäle auf Frieden bestehen können, seien die Voraussetzungen geschaffen, um binnen 48 Stunden in Berlin eine neue Regierung zu bilden. Churchill kommt dem Emissär scheinbar entgegen und schreibt in einer Botschaft an die Deutschen, ein unbeschreibliches Blutbad wäre die Folge, wenn es mit modernen Waffen erneut zu einem

Krieg käme, schreibt in dem Papier gar davon, dass ein neuer Weltkrieg drohen würde. Ausschlaggebend ist aber, wie sich der Premierminister positioniert. Der erkennt durchaus an, dass Kleist-Schmenzin gegen den Führer ist, hält aber gerade deshalb ziemlich wenig davon, ihn zu unterstützen. Hitler soll die Deutschen bitte weiterhin führen.[272] Keine Angst, um Argumente ist er auch diesmal wieder nicht verlegen.

Premier Neville Chamberlain greift zu einem historischen Vergleich und verweist auf die sogenannten Jakobiten. Das waren Anhänger eines vor Jahrhunderten gestürzten Königs Jakob II., die eine überholte Ordnung in Großbritannien wiederherzustellen gedachten. Aber wie war es denn vor Adolf Hitler? Schon die Kaiser waren stets nach Russland orientiert und nach dem Weltkrieg unterstützten sich die gleichermaßen isolierten Deutschen und Sowjets gegenseitig. In *Rapallo*, einem norditalienischen Seebad, schlossen Moskau und Berlin nach dem Krieg einen Vertrag, der zur Grundlage für die militärische und wirtschaftliche Zusammenarbeit wurde, wie es sie vor dem Weltkrieg zwischen den beiden Kaiserreichen bereits gab, nur dass es in Russland inzwischen eine Revolution gegeben hatte, die in der ganzen Welt und in verschiedensten sozialen Schichten Anhänger und eben auch erbitterte Gegner hatte. Hitler ist für die Briten der Garant dafür, dass sich der Alptraum eines Rapallo nicht wiederholt. Schon zwei Jahre zuvor fragte der Londoner Premier Stanley Baldwin in diesem Zusammenhang: „Wer aber garantiert uns dafür, dass Deutschland nachher nicht bolschewistisch wird?“ Der aktuelle Premier schätzt im April des Jahres 1938 im gleichen Sinne ein, es wäre seiner Meinung nach „ein Unglück, wenn die Tschechoslowakei dank sowjetischer Hilfe gerettet würde.“[273] Sehen Sie, wie geschickt an das angeknüpft wird, was die Deutschen über den Gang der Geschichte wissen, und wie clever die eigene Strategie beibehalten wird? Mackinders „Herzland“ im Osten des Kontinents muss gegen Westeuropa aufgestellt werden und der Westen gegen das rote Reich. Da haben sie Stalins Volkswirtschaft auf die Beine geholfen und im Westen unterstützen sie antikommunistische Regime. Den *Duce* Mussolini in die Schranken zu weisen, hieße für die Londoner, die Linke in Italien zu unterstützen; die Republik in Spanien wird nicht unterstützt, weil sie auf der iberischen Halbinsel eine marxistische Verschwörung wittern. Frankreich ist den Londonern auch weiter zu links und was die Hitler-Kritiker in Deutschland angeht, gilt die Devise: Sollte der General Beck Hitler stürzen, werde man alle politischen Gefangenen freilassen, von denen immerhin etwa drei Viertel Kommunisten sind.[274]

Doch ein Viertel sind keine Kommunisten, und selbst, wenn es sich hier um Kommunisten handelt, kann man nicht mit solchen unmenschlichen Methoden gegen Gefangene vorgehen. Die Unterhändler sind von dieser Gleichgültigkeit gegenüber dem Schicksal ihrer Landsleute erschüttert, sind doch genauso Bürger sowie Adelige in Deutschland die Opfer. Wohl reagieren Kirchenkreise auf die Repressalien gegen Gläubige, insgesamt jedoch herrscht weithin Teilnahmslosigkeit. In den Vereinigten Staaten gewinnt Carl Goerdeler den Eindruck, dass Washington bloß wegen der Menschenrechtsfrage keinen ernsthaften Streit mit Hitlers Reich will.[275]

Noch nicht einmal der Umgang mit den Juden konnte die „Weltgemeinschaft" im Allgemeinen oder die Angelsachsen im Besonderen anheben. Am 16. Juli 38 wurde den Mitarbeitern der deutschen Sicherheitsorgane verboten, in jüdischen Hotels und Pensionen zu übernachten, und unter dem Datum des 23. Juli wurden alle Juden verpflichtet, ihren Personalausweis stets und ständig bei sich zu tragen; am 27. Juli '38 fiel der Beschluss, alle Straßennamen umzubenennen, die einen jüdischen Namen tragen; am 7. August wurde angeordnet, dass es allen Juden ab 1. Januar 1939 verboten ist, Kindern „typische deutsche Vornamen" zu geben, und dass allen jüdischen Jungs der zusätzliche Name „Israel" und jüdischen Mädels der zusätzliche Name „Sara" zu geben ist; per 31 August werden für die Juden Post-Beschränkungen eingeführt – auf der Rückseite aller Briefumschläge für Deutsche wird der Hinweis „Nicht für Juden!" aufgedruckt. Diese Schikanen haben keinen Aufschrei der Empörung hervorgerufen, doch im Ausland *könnte* man das frei kritisieren.[276]

Es ist im Vergleich interessant, dass sich die USA ganz anders als Großbritannien dieses Jahr sowohl in Brasilien als auch in Chile an der Zerschlagung faschistischer Putsche beteiligen. Mit der Zeit werden sogar prophylaktische Maßnahmen eingeleitet, damit sich keine faschistischen

Regime in Chile, Argentinien, Bolivien, in Ecuador oder in Kolumbien, Costa Rica, Nicaragua, Guatemala oder in Mexiko etablieren können.[277] Bleibt nur zu hoffen, dass Washington dieser Linie stets treu bleibt.

Deutschland wird Polen nicht im Stich lassen

Botschafter Lipski nutzt einen Empfang seines italienischen Kollegen in Berlin für einen Meinungsaustausch mit Generalfeldmarschall Göring. Göring sagt, er wolle in nächster Zeit ausführlicher mit Lipski sprechen und dabei, selbstverständlich wie gewöhnlich vertraulich und inoffiziell, die Möglichkeit einer weiteren deutsch-polnischen Annäherung in einigen Fragen erörtern.[278] Göring sieht durchaus die Möglichkeit einer Einstellung der Spionagetätigkeit zwischen Deutschland und Polen und die Möglichkeit eines Informationsaustausches bezüglich des russischen wie des tschechischen Problems. Was die russische Frage angeht, erklärt er, dieses Problem werde nach der Lösung der tschechischen Frage aktuell werden. Er kommt darauf zurück, dass das Deutsche Reich im Fall eines sowjetisch-polnischen Konflikts nicht neutral bleiben könne; man werde Polen nicht im Stich lassen. Die Gerüchte, dass die Wehrmacht vielleicht selbst in Richtung Ukraine marschieren wolle, weist er zurück und sagt zu Lipski, das Interesse des Reiches konzentriere sich vor allem darauf, den bolschewistischen Aktionen ein Ende zu setzen. Dagegen kann aber Polen, „unmittelbar in Russland, zum Beispiel in der Ukraine bestimmte Interessen verfolgen."[279] Im weiteren Verlaufe der Unterredung möchte Lipski berichten, dass Rumänien sich unter allen Umständen gegen den Durchmarsch sowjetischer Streitkräfte über sein Gebiet wendet, was der Generalfeldmarschall mit Genugtuung hört. Weil Lipski wissen will, wie es in der Sudetenfrage aussehe, erklärt Göring: „Die Sache geht jetzt zu Ende."[280] Den Satz notiert Lipski gleich auf Deutsch. Göring vertritt die Ansicht, dass der tschechische Staat zu existieren aufhöre. Der Augenblick komme näher, da in dieser Sache nun ein Beschluss gefasst und ein Übereinkommen herbeigeführt werden müsse. Nach seiner Auffassung beginnen die Westmächte sich über die entstandene unerträgliche Lage Rechenschaft abzulegen. England spiele, wie er meint, seine Vermittlerrolle eher pro forma. Die Tschechen setzten ihre Hoffnungen hauptsächlich auf die Beziehungen Prags zu Moskau. Hermann Göring ist absolut überzeugt davon, dass es die Italiener auf keinen Fall zulassen werden, dass das Deutsche Reich im Falle eines Konflikts mit der Tschechoslowakei wegen der Sudetenfrage unter Umständen von Frankreich angegriffen wird.[281]

Lipski erinnert Göring daran, dass die Führung in Prag schon während der Pariser Konferenz darauf aus war, „eine gemeinsame Grenze mit den Sowjets zu bekommen, indem sie ihr Territorium an unserer Südgrenze unmäßig ausstreckten."[282] Polen ginge so der unmittelbaren Grenze mit Ungarn verlustig, was den auf jahrhundertealte Traditionen gestützten polnisch-ungarischen Interessen zuwider laufe. Die Ausdehnungswut ist also in Prag durchaus ebenso latent vorhanden. Göring erwidert, dass er die Notwendigkeit der gemeinsamen polnisch-ungarischen Grenze einsieht. Im weiteren Gespräch bringt Lipski noch die Frage der polnischen Saisonarbeiter im Reich zur Sprache, deren Arbeitsleistung der Generalfeldmarschall sehr hoch einschätzt und deren Zahl er im nächsten Jahr erhöht sehen möchte. Angesprochen werden „ferner die glücklich abgeschlossenen polnisch-deutschen Wirtschaftsverhandlungen und das Abkommen über die Sozialversicherung".[283]

Diplomatie vor und hinter den Kulissen

In derselben Stadt Berlin versuchen zeitgleich, wenn auch nicht in dem gleichen Zimmer, deutsche Generäle, Hitler sein Projekt auszureden. Als sie erkennen, dass sie keinerlei Einfluss auf ihn besitzen, überreden sie verschiedene wichtige Personen, die ihn besuchen, ihn auf dieses Thema anzusprechen. Für die Zeit vom 21. bis zum 26. August 1938 wird hier in Berlin ein Staatsbesuch des Thronverwesers von Ungarn Admiral Miklos Horthy vorbereitet. Der Chef unseres deutschen Auslandsgeheimdiensts Canaris und sein Mitarbeiter Groscurth brechen nach Budapest auf, um die Ungarn zu warnen. Als Ergebnis bringen sie die Nachricht: „Ungarn erklären, dass sie nicht in den Krieg eingreifen können. Das bedeute für sie das Ende. . . . Der Reichsverweser ist fest entschlossen, beim Führer gegen den Krieg Einspruch zu erheben."[284] Wenige Stunden später sind

Wilhelm Canaris

die zwei Geheimdienstmänner wieder in Berlin. Was diese neuzeitliche Technik doch alles kann! Als Miklos Horthy im Lande ist, bringt er das Anliegen wirklich zur Sprache. Unser Führer unterbricht ihn barsch und herrscht den Thronverweser an: „Unfug! Hören Sie auf!“[285] Ende August bittet Admiral Wilhelm Canaris auch den Führer der Sudetendeutschen Konrad Henlein, er möge beim Führer verhindern, dass er wegen seiner Leute einfach so einen Weltkrieg riskiert. Als Hitler die persönliche Botschaft Henleins ausgerichtet wird, ist er hinreichend überrascht, wer der Bote ist: Lord Runciman, der Chefvermittler der Briten in der Sudetenkrise.[286] Schon vorher war der sonst ziemlich radikale Hans Frank beim Führer und hat ihm mit Hilfe von Karten gezeigt, dass die Zuerkennung des Selbstbestimmungsrechts für die Deutschen in der Tschechei alleine schon eine Lähmung der ČSR herbeiführen würde und Prag aus diesem Grund darüber überhaupt nicht verhandeln lassen kann.[287] Der Geheimdienstchef Canaris ist kaum aus Budapest zurück, da bricht er erneut in einem Propellerflugzeug nach Rom auf, um in der italienischen Hauptstadt den dortigen Generalstabschef Pariani zu bitten, Bedenken gegen den Kriegsplan zu äußern. Er bringt danach die Botschaft mit: „Italiener raten dringend vom Kriege ab und werden sich nicht beteiligen.“[288] Der Staatssekretär von Weizsäcker ersucht die deutschen Botschafter in den entscheidenden Hauptstädten um die Bestätigung ihrerseits, dass sie an eine neutrale Haltung der westlichen Demokratien im Fall des deutsch-tschechischen Konflikts nicht glaubten. Weizsäcker gibt die Information dann in dieser Form an Außenminister von Ribbentrop weiter.[289]

Der Chefdolmetscher des Auswärtigen Amtes Dr. Paul Schmidt befindet, dass der Staatssekretär Freiherr von Weizsäcker zu einer Klammer wird, die im Laufe der Zeit das Auswärtige Amt zusammenhält. Nach all dem, was sie in den letzten Jahren erlebt haben, und was jetzt zu ernsthaftem Ärger führen kann, sind sie darauf angewiesen, dass an ihrer Spitze ein Mann steht, der mit viel Geschick den Ausgleich schafft zwischen ihnen und der proletarischen Staatsführung unter ungelerntem aber forschem Personal an der Spitze. Von Weizsäcker genießt bei den Beamten des AA und bei den ausländischen Diplomaten Ansehen, weil den „Staats“ seine moralische Ehrenhaftigkeit auszeichnet wie eine äußerste diplomatische

Geschicklichkeit. Durch ein Wort, eine Geste oder ein Schweigen, das im entscheidenden Moment sehr wichtig sein kann, versteht er es, den Mitarbeitern seinen Willen in einer Form kundzutun, die Ribbentrops und Hitlers Kontrollorganen keine Handhabe bietet, da ihnen die moralische Wellenlänge eines Weizsäcker einfach auf ihren primitiven Empfangsgeräten fehlt, wie sich Dr. Schmidt ausdrückt. Er ist die ausschlaggebende moralische Autorität, die den Mitarbeitern den nötigen inneren Halt in solchen Zeiten gibt und sie auf seine stille, aber sehr eindringliche Weise in ihrer umgebungsbedingten Neigung zu westeuropäischen Gedankengängen und Moralbegriffen im guten alten Sinn bestärkt.

Zäh und elastisch widersetzt sich das Auswärtige Amt mit seinem Rückhalt den Anschlägen Hitlers und Ribbentrops, um bei der mit Sicherheit vorausgesehenen Katastrophe als sachkundige Bergungsmannschaft zur Verfügung stehen zu können. Wie ein jedes Außenministerium, war das AA traditionell der Innenpolitik abgewandt. Politische Parteien im Reich mochten sich, solange es sie noch gab, bekriegen, für die Beamten stand das Landesinteresse im Vordergrund. Regierungen kamen und gingen, Außenminister wechselten, für die Diplomaten änderte sich bei all dem Wandel nichts. So haben sie diese nationalsozialistische Regierung auch als eine vorübergehende Erscheinung betrachtet wie ihre Vorgänger und wollten dem Wohl des Landes dienen wie bisher. Dass die Hitler-Leute sich länger halten könnten, haben sie lange für ausgeschlossen gehalten. Wie in einem von der Straße abgekommenen Wagen, der einen Abhang hinunter fährt, versuchen sie nunmehr ziemlich verzweifelt zu bremsen. Es entstand ein beißender Konflikt, als ihnen bewusst wurde, dass auch auf außenpolitischem Terrain größerer Schaden angerichtet wird durch die Führungsmannschaft unter Hitler. Als dieser fatale Strudel anfängt, ihre außenpolitische Arbeit in den Abgrund zu ziehen, ist es wohl schon zu spät. Nach Tradition und Erziehung gerät der Auswärtige Dienst so in schärferen Gegensatz zu der neuen Außenpolitik, je waghalsiger und unheilvoller jene Außenpolitik wird. Die Fehler und der Dilettantismus des Hitlerregimes in der Außenpolitik, meint Dr. Paul Schmidt, sind für die deutschen Diplomaten trotz allem immer noch früher als für andere erkennbar geworden, und aus diesem Grunde macht sich gerade in diesen

Kreisen, je nach dem Temperament des einzelnen, Widerstand geltend, der von passiver Resistenz bis zur aktivsten Gegenwirkung reicht.[290]

Countdown für den Umsturz in Deutschland

Da die deutschen Generäle sehen, dass alles nichts hilft, bleibt nur noch der Staatsstreich. Dafür sind die Umstände diesmal ja auch günstiger als im Februar dieses Jahres. Ludwig Beck bildet den Kopf und hinter ihm stehen alle bedeutenden Generäle. Über die Details besprechen sich nur diejenigen, die man unmittelbar benötigt; es genügt absolut, wenn diese Aktion auf Berlin beschränkt bleibt. In erster Linie muss Hitler aus dem Amt genommen werden, um den Eid auf seine Person auszuschalten. In Berlin sind der Gouverneur der Stadt General Erwin von Witzleben und der Chef des Nachschubs General Georg Thomas im engsten Kreise. In Potsdam südwestlich der Reichshauptstadt steht die 23. Division unter ihrem Kommandeur Walter Graf Brockdorff-Ahlefeldt bereit und somit die stärkste militärische Macht im Großraum der Stadt; in Landsberg an der Warthe östlich der Reichshauptstadt wartet Oberst Paul von Hase, der Kommandeur des Infanterieregiments 50, auf das Signal zu seinem Einsatz. Um die Leibstandarte-SS *Adolf Hitler* in Bayern am Eingreifen zu hindern, hält Erich Hoepner auf Franz Halders Veranlassung seine 1. leichte Division in Gefechtsbereitschaft, wo Thüringen und Sachsen aneinander grenzen, damit die regimetreue SS in Grafenwöhr und Pegnitz nicht durch Thüringen nach Berlin gelangt. Erich Hoepner muss keiner überreden. Für ihn sollte Ludwig Beck schon im Jahr 1935 den Kontakt mit Leuten aus dem Widerstand organisieren.[291] In Berlin sollen Arthur Nebe und Wolf-Heinrich Graf von Helldorff dafür sorgen, dass sich die Polizei nützlich macht.[292] Weitere Verbindungen kommen dazu. General Halder organisiert sich den Kontakt zum Geheimdienstchef Canaris und er trifft sich im August mit dem Oberbefehlshaber der Armeegruppe 2 in Frankfurt/M. General Wilhelm Adam. Beide sind sich einig, dass Hitlers Politik zum Krieg führt, und als Halder ihm unvermittelt sagt, dass beim *Losschlagen* von Witzlebens die Oberbefehlshaber mitmachen müssten, erwidert ihm General Adam: „Nur los, ich bin bereit."[293]

Deutschland ist reif für den Umsturz

Doch auch Franz Halder ist ein Mensch aus Fleisch und Blut. Goerdeler, der seit Jahren kein öffentliches Amt mehr begleitet, traut er sich nicht zu treffen; das riecht ihm zu sehr nach Hochverrat. Bei Schacht lehnt er nicht ab, doch so eine Zusammenkunft sollen ihm mutigere Männer vorbereiten, damit das Thema vorher schon klar ist und man dann nicht so lange wie die Katze um den heißen Brei herumschleichen muss. Halder empfindet den Zwang zum Widerstand als eine bedrückende Erfahrung, denn das Auflehnen gegen die staatliche Obrigkeit ist, nicht nur für ihn, ein fürchterliches und qualvolles Erleben.[294] Das hat es im Reich ja auch noch nie gegeben. Neben von Weizsäcker sind eine Reihe weiterer Zivilpersonen an der Verschwörung beteiligt, darunter auch Reichsgerichtsrat Dr. Hans von Dohnanyi*, der Direktor der psychiatrischen Abteilung der Berliner Charité Prof. Karl Bonhoeffer, neben dem Grafen Helldorff auch sein Vizepräsident Graf Fritz-Dietlof von der Schulenburg, führende Sozialisten wie Wilhelm Leuschner oder Julius Leber*, weiter Hans-Bernd Gisevius, sowie immer noch oder auch schon wieder Fabian von Schlabrendorff*, der den Nazis bereits im Jahr 1933 als Autor kritischer Texte negativ aufgefallen war.[295]

Schlabrendorff war jetzt eine Zeit lang als Rechtsanwalt irgendwo in der Provinz gewesen – in Pommern und in Rhein-Hessen. Dort war er mit dem Aufbau anti-nationalsozialistischer Zellen beschäftigt. Nun wieder in Berlin findet er ein neues Bild vor. War die Opposition vor Jahren ein loses Mosaikbild der vor '33 führenden Kräfte,[296] gibt es inzwischen ein Zusammenspiel verschiedener Kreise. Sie werden sich ja noch erinnern, dass Hitler 1933 zum Chef wurde, weil die unterschiedlichen Interessengruppen vor Jahren durchaus keinen gemeinsamen Nenner fanden. Auf einmal ist es uninteressant, welche politischen Zielvorstellungen sie alle haben, sogar, welchem sozialen Stand jemand angehört, wenn sie oder er bloß die öde und brutale Gewaltherrschaft ablehnt. Es gibt nunmehr eine Vielzahl von Kreisen, die sich teilweise gegenseitig überschneiden. Zum verwandelten Bild gehört die Entstehung der *Deutschen Freiheitspartei*. Ihr erstes Flugblatt hatte bereits die Absicherung der Würde der menschlichen Persönlichkeit[297] als Minimalziel dieser Kritiker benannt. Wer wird sich heute noch daran erinnern, dass viele mitdenkende Leute vor ein paar Jahren noch keine Demokraten waren?[298] Da war mancher von ihnen lieber für die Monarchie als für Demokratie. Für einen Kaiser sein ist nun aber Lichtjahre davon entfernt, was wir jetzt in Deutschland haben. Allgemein fällt auf, dass Amerika – und ausgerechnet England in anderen Ländern immer *die Demokratie* einführen wollen. Für England scheint eine Monarchie gar kein Problem darzustellen. In dem Flugblatt wurde auch betont, dass das politische Ziel keine einfache Rückkehr zu Weimar sein dürfe.[299] Und darauf können sich die Deutschen jetzt schon einstellen: Es wird auch keine einfache Rückkehr zur Demokratie geben. Wenn dieses Regime erst Geschichte ist, wird hier auch so eine hübsche *Shakespeare*-Bühne in Szene gesetzt werden. Sie haben sich doch sicher ohnedies bereits die ganze Zeit gefragt, warum auf die kritischen Köpfe, die bei uns geblieben sind, immer mit so einem mysteriösen Sternchen* aufmerksam gemacht wurde. Sie werden nach dem Umsturz Regierung *und* Opposition spielen und wir werden nie wieder Jungs wie diesen Adi vorgesetzt bekommen. Stimmung wird aber erst in den Laden kommen, wenn einst neunmalkluge Kinder hören, dass diese Leute auch schon in böser Zeit *oben* waren. Wichtige Posten werden von Männern gehalten, die eindeutig gegen die Diktatur stehen. Erich Kordt zum Beispiel ist der Bürochef des Außenministers Joachim von Ribbentrop; Freiherr Ernst von Weizsäcker war erst auf Drängen oppositioneller Kräfte zum Staatssekretär im Auswärtigen Amt geworden[300] und denkt bereits wieder an den Rücktritt. Ausgerechnet Ludwig Beck, der sich seit Monaten schon mit solcherlei Gedanken herumschlägt, möchte genau das verhindern.[301] General Halder organisiert einen Kontakt zu Weizsäcker, obwohl eigentlich jegliche Kommunikation zwischen Generalstab und AA verboten ist. Streng genommen müsste schon diese Anweisung an sich jeden Denker zum Grübeln bringen: Warum ist das nun auch noch verboten?

Allerdings sind die zivilen und militärischen Verschwörer darin uneinig, was jetzt genau geschehen soll; darüber wird leidenschaftlich diskutiert. Volle Einigkeit besteht unter den Kritikern des wilden Kollisionskurses lediglich in einer Hinsicht: Unter den gegenwärtigen Bedingungen kann dieser Diktatur nur noch in einer außenpolitischen Krise und bloß vom Militär ein Ende bereitet werden. In der Wehrmacht muss das Zeichen gegeben werden und dann werden die Befehle nach unten durchgereicht bis zum letzten Soldaten. Das ist der Grad an Organisation, der bei dem Terror sonst nicht möglich ist. Nötig ist eine Situation, die den Soldaten klarmacht, dass es Hitler auf einen Krieg anlegt. Dann müssen führende Männer unter unseren Militärs die Befehle zum Losschlagen auslösen.[302]

Der Unmut des größeren Teils der Leute muss natürlich ergänzt werden durch einen – und sei es nur zeitweiligen – Unmut der gutgläubigen und treuen Anhänger des Regimes. Der Unmut der Regimeträger muss wohl durch ein Schockerlebnis ausgelöst werden, damit diese Stimmungslage bei möglichst vielen Leuten gleichzeitig bewirkt wird; dabei kann es sich zum Beispiel auch einfach nur um die Aufdeckung einer Wahlfälschung handeln; es muss also nicht immer gleich die höchste Alarmstufe wie ein drohender Krieg sein. Kommt letztlich äußerer Druck dazu, löst sich in Wohlgefallen auf, was über lange Zeiten unveränderlich schien, gerade so, als wäre es immer absolut einfach gewesen, diesen Spuk zu beenden.

So ist das in einer Diktatur. Im Alltag spielt jeder seine Rolle tagein und tagaus. Doch wenn die Leute merken, dass sich in der Breite etwas regt, ist es mit dem Rollenspiel aus. Ja, man kann sein Pulver zuvor auch umsonst in den Wind schießen, doch das ist so heroisch wie sinnlos. Es ist in solch einer Gesellschaft entscheidend, dass man den Zeitpunkt fühlt, wann es sich lohnt, alles auf eine Karte zu setzen. Gelingt der Umsturz, so ist kein Chaos in Deutschland zu befürchten. Hans Bernd Gisevius ist der Überzeugung, dass man in den Ministerien lediglich einige Spitzen auszuwechseln braucht, und der Apparat läuft entsprechend der inneren Schwerkraft aller Bürokratien reibungslos weiter. Das war ja gerade der Grund dafür, warum sich die Welt auch 1933 einfach weiter drehte und nicht unterging. Darin erkennt er zugleich auch den großen *Nachteil* des Führerprinzips: Zerschneidet man den Nervenstrang oben, dann ist bei den übrigen Beamten, die gewohnt sind, auf Kommandos zu reagieren, ein eventueller Gegenwille kaum zu befürchten, und wenn jemandem in dem Moment trotz allem nach dem Erhalt seiner lieben Diktatur zumute ist, verhindert die Schrecksekunde seines Abwartens jede Gegenwehr.[303]

Kritische Köpfe in den Kirchen wittern wieder Morgenluft. Im SD meint man, nach der Eingliederung Österreichs und bis zum Sommer wäre die Befindlichkeit in den Kirchen durch Unsicherheit, Kampfmüdigkeit und Mutlosigkeit geprägt gewesen. Mit einem Schlage ändert sich jedoch die Situation Ende August, als sich die außenpolitische Lage zuzuspitzen beginnt. Die kirchlichen Kräfte sehen durch die außenpolitische Krise die Möglichkeit eines Zusammenbruchs der nationalsozialistischen Macht, wie es ein Beamter im SD formuliert.[304] Die Fuldaer Bischofskonferenz kündigt am 19. August in *Kernsätzen zur kirchenpolitischen Lage* einen Kampf gegen das Regime auf der ganzen Linie an und droht damit, das Volk zu wirksamem Widerstand gegen diesen Staat aufzurufen. Der SD führt den Misserfolg der Hirtenbriefaktion, die nach der Kampfansage durchgeführt wurde, auf die Tatsache zurück, dass die Ereignisse dieses Frühjahres die katholischen Gläubigen trotz allem ungleich tiefer erfasst haben als die Aufwiegelungsversuche der Kirchenfürsten.[305]

Was der Sicherheitsdienst hier konstatiert, ist eine Aussage über breite Schichten der Bevölkerung, aber es ist auch eine Aussage über die Köpfe in den Kirchen, wenn auch vielleicht nicht über jeden einzelnen Bischof. Versetzen Sie sich gerne wieder in jemanden, der wie Kassandra damals zur Vernunft mahnt und wie Kassandra darüber verzweifelt. Können Sie sich vorstellen, wie der mit seinen Schäfchen sprechen wird, wenn hier irgendwann dieser Spuk zu Ende geht? Die Nazis jedenfalls lassen nichts anbrennen. Bischof Joannes Baptista Sproll, gegen den ein Ermittlungsverfahren eingeleitet wurde, nachdem er nicht zur Volksabstimmung im April gegangen war, wird Ende August endgültig aus seiner Diözese verwiesen, und findet dann Aufnahme in Schwaben im Bistum Augsburg.[306]

Der Sicherheitsdienst muss feststellen, dass „der deutsche Episkopat mit einer unumwundenen Solidaritätserklärung für den volksverräterischen Oberhirten“[307] auf die Ausweisung antwortet. In der Wochenzeitung Der Deutsche Weg wird allen, die es nicht schon erfahren haben, seine Linie nachgezeichnet: Bischof Sproll geht nicht zur Wahl, er stellt sich gegen den Staat. Die Solidaritätserklärung des Episkopats beweise Verständnis für seine Haltung. Der Artikel weist darauf hin, dass Bischof Sproll neue

Wege geht: „Er hat *nein* gesagt zum nationalsozialistischen Staat. Sein Beispiel ist ein Fanal. Das »Nein« dieses Bischofs, es ist das »Nein« des Statthalters Christi.“[308] Wie liebenswürdig, dass der SD-Kollege erklärt, warum Sprolls Verweigerung jetzt besonders weh tut: „Die Solidaritätserklärung des Episkopates zu dem *Nein* des Bischofs und des »Statthalters Christi« wiegt umso schwerer, als sie in einem Augenblicke gegeben wurde, in dem es mehr als je zuvor auf die Geschlossenheit der Nation und die unverbrüchliche Treue des Volkes zur Führung ankam.“[309] Es ist so seltsam vertraut: mehr als je zuvor, mehr denn je, immer mehr, noch stärker also bisher, etc. pp. Von jeher ideologisches Standardrepertoire.

Ja, wenn diese Nazis hier mit einem Bischof umgehen könnten, wie mit Klaus von der Straße! Aber an diese Charge trauen sie sich kaum heran, schon gar nicht jetzt, wo es im Reich wieder unruhig wird. So bleibt nur das Jammern. Natürlich haben die Bischöfe „anarchistischen Versuchen Vorschub geleistet“, als sie „von den deutschen Katholiken den offenen Widerstand forderten“.[310] Gewiss verlangen sie wie auch die katholische Emigrantenpresse und westliche Demokraten unter Hinweis auf Grundsätze der christlichen Religion und Moral die Anwendung eines letzten, aber unter allen Umständen wirksamen Mittels: Sie verlangen die Verweigerung christlicher Kräfte, sich für Zwecke des Nationalsozialismus heranziehen zu lassen. Einen vollkommen richtigen Schluss zieht daraus der Manchester Guardian. Die Zeitung vertritt die Auffassung, dass es „den Nazis unmöglich sein werde, die gesamte römisch-katholische Bevölkerung Großdeutschlands ins Konzentrationslager zu bringen.“ Ganz genau. Wenn die einzelnen Leute, die die Zustände übel finden, doch ein wenig mehr Selbstsicherheit hätten und ihrem Gefühl vertrauten, dass vermutlich viel mehr Leute ähnlich denken wie sie selbst. Sie können ja gar nicht alle abholen. Wer will andererseits gleich einmal mitkommen zum Verhör? Die Zeitung in Manchester hofft, dass Katholiken im Reich jetzt Hitler und seinen Anhängern so entgegentreten, wie sie römischen Kaisern und deren Forderungen widerstanden haben.[311] Schade, dass es den Manchester Guardian im Reich kaum zu kaufen gibt. Die Nationalzeitung in Basel bespricht diesen Hirtenbrief am 29. August so: „Die katholische Kirche in Deutschland nimmt den Kampf mit dem Nationalsozialismus auf. Der Hirtenbrief, der gestern in den katholischen Kirchen Deutschlands verlesen wurde, stellt wohl die schärfste und eindeutigste Verurteilung der nationalsozialistischen Ideologie dar, die je in den Jahren seit der Machtergreifung von kirchlicher Seite formuliert wurde."[312]

Auch in Bayern starten die dortigen Bischöfe eine Hirtenbriefaktion, um sich zum wiederholten Male gegen den Abbau der Lehrkräfte und Schulinstitute an ihren Klöstern zu wehren. Beim SD wird beklagt, dass so die Spannung weiter verschärft würde. Auch der österreichische Episkopat habe, nachdem die österreichischen Kirchenführer mehrfach nach Rom zitiert worden waren, im Sommer seine anfänglich loyale Haltung zu der neuen Obrigkeit aufgegeben und er habe jetzt auf der Linie der Fuldaer Bischofskonferenz mit einem scharfen Hirtenbrief zur neuen Gesetzgebung Stellung gegen den Staat bezogen.[313] Die Herren vom Sicherheitsdienst bemängeln, dass die Kirche unter Einsatz aller „innerdeutschen und internationalen Möglichkeiten versucht, die geschlossene Front im Inneren zu zermürben und eine Einheitsfront aller demokratisch-volksfrontlichen Mächte herbeizuführen, um so die endgültige Niederlage des nationalsozialistischen Regimes zu besiegeln".[314]

Man merkt die Anspannung im Lande auch an den Witzen, die bissiger werden. Lehmann, der eine Drogerie führt, trifft seinen Freund Krause und erzählt ihm recht niedergeschlagen, dass ihm gerade sein Geschäft geschlossen wurde. „Aber warum denn?" fragt Krause. „Aus politischen Gründen", antwortet Lehmann leise. „Aus politischen Gründen?" Krause kann das gar nicht fassen: „Was denn, du und Politik? Das musst du mir erklären!" Und Lehmann erklärt: „Nun, ich habe Reklame gemacht und habe an das Fenster geschrieben 'Heilerde zum Essen' und 'Heil-Quellen zum Trinken'. Jetzt malt mir doch eines Tages einer drunter: 'Heil Hitler zum Kotzen!' – Na, siehste, und da war es aus!" Goebbels hatte ja immer verbreitet, „das schlichte Edelweiß" sei *die Lieblingsblume des Führers*. Der Volksmund erweiterte kreativ den Kreis solcher Attribute. Goebbels bezeichnen sie als *Löwenmaul*, Göring als *Fette Henne*, und in der angespannten Atmosphäre im Herbst dieses Jahres kommt *Zittergras* dazu als ein anderes Wort für die Deutschen.[315]

Ein Wort noch zu Österreich. Vor dem Anschluss hatten die Leute in der Bergrepublik so viel Ahnung vom Dritten Reich wie man in Deutschland über Frankreich wusste. Aus der Zeitung erfuhr man, dass es bei uns mit dem Lebensstandard seit Jahren bergauf ging – und die politische Lage im Inland war alles andere als in Ordnung. Inzwischen hatte man jedoch genug Gelegenheit, um die Pracht nationalsozialistischer Politik aus der Nähe zu genießen, und ist bedient. Das erinnert an einen der Witze aus dem Jahr '33: Der Lehrer lässt die Abc-Schützen Gedichtchen aufsagen, die sie bereits kennen. Besonders lobt er Fritzchen, der folgenden Vers vorträgt: „Unsere Katz' hat Junge, sieben an der Zahl. Eins von ihnen ist Sozi, sechs sind national!" Als wenig später der Schulrat kommt, ruft er Fritzchen auf, das Gedicht zu wiederholen. Fritz rezitiert: „Unsere Katz' hat Junge, sieben an der Zahl. Sechs davon sind Sozis, eins ist national!" Verlegen und ärgerlich sagt der Lehrer: „Aber Fritz, das letzte Mal waren doch sechs national und eines nur Sozi!" Darauf meint Fritzchen: „Na ja, Herr Lehrer, damals waren sie auch noch blind. Inzwischen sind ihnen die Augen aufgegangen."[316]

Heimlich, still und leise tritt Ludwig Beck von seinem Posten zurück. Er verabschiedet sich im engsten Kreis und nimmt es schweigend hin, dass Hitler unter dem Vorwand, die außenpolitische Lage wäre zu gespannt, die Bekanntmachung seines Rücktritts untersagt. Aus dem Grunde hört das deutsche Volk nichts von dem alarmierenden Schritt seines Generalstabschefs. Andererseits verhindert Beck damit, dass er für die geplante Aktion eventuell überhaupt nicht zur Verfügung steht. Er hält es ja auch gar nicht für nötig, selbst so großartig auf seinen Schritt aufmerksam zu machen, da er auf ausländische Geheimdienste vertraut und glaubt, sein Rücktritt würde ohnedies sofort bekannt werden. Überraschenderweise geschieht dieses aber nicht. Warum weist niemand im Ausland die Leute bei uns auf den Alarm hin? Besonders problematisch ist dies im Bereich der Rüstung, weil die Deutschen so auch nicht hören, was draußen über den wirklichen Stand der Aufrüstung bekannt ist.[317] Hitler selbst möchte die Bekanntmachung der Demission Becks hinausschieben, bis er später im Windschatten eines weiteren Erfolges einfach einen neuen Chef vorstellen kann. Nur nicht vor der Zeit die Pferde scheu machen.

Londons Botschafter erscheint am 28. August weisungsgemäß bei Herrn Premierminister Chamberlain. Er wird beauftragt, nunmehr endlich den persönlichen Kontakt zwischen Premier und Kanzler herstellen. Zu der Zeit laufen übrigens schon Vorbereitungen für einen deutschsprachigen Dienst der britischen Rundfunkgesellschaft BBC, der bald aus der Taufe gehoben werden soll. Max Leube in Reichmannsdorf quält sich deshalb weiter mit den Nachrichten herum, die bisher immer noch nur auf Englisch ausgestrahlt werden. Deshalb hat er sich doch *The English Duden* gekauft und lernt jetzt wie ein Verrückter die Sprache der Freunde. Viele Leute hören einfach ausländische Sender, um sich ein umfassendes Bild von der Lage in der Welt zu machen.[318]

Der Termin für Hitlers *Coup* in Richtung Südosten ist jetzt nur noch vier Wochen entfernt und am 31. August 1938 heißt Hitler ein Memorandum Oberst Jodls vom 24. August gut, das sich mit der zeitlichen Anordnung für den Einfall in die ČSR und der Frage der nötigen Verteidigungsmaßnahmen befasst. Schon zwei Sätze daraus verdeutlichen, dass es absolut nach Hitlers Plan laufen soll: „Die Aktion »Grün« wird ausgelöst durch einen Zwischenfall in der Tschechei, der Deutschland den Anlass zum militärischen Eingreifen gibt. Die Bestimmung des Zeitpunktes dieses Zwischenfalls nach Tag und Stunde ist von größter Bedeutung."[319] Bleibt natürlich die Frage, wie mit einem wirklichen Eingreifen von Frankreich und England umzugehen wäre. Da reift die Planung, die Wehrmacht soll durch Belgien und die Niederlande marschieren, obwohl beide Staaten neutral sind. Hitler schwebt die Nutzung von Luftstützpunkten der zwei Länder für Kriege gegen Frankreich und England vor.[320] Man beachte in dem Zusammenhang speziell die Friedfertigkeit der zukunftsweisenden Planungen hinter verschlossenen Türen. Man rufe sich auch den August 1914 in Erinnerung: Der Marsch durch ein neutrales Land wird diesmal keinen Überraschungseffekt mehr zeitigen. Es ist eine verbrannte Idee.

General von Brauchitsch hatte gestern noch in einem privaten Gespräch mit einem Mitarbeiter des Auswärtigen Amtes erklärt, dass er sich nicht vorzustellen wage, dass es Deutschland mit den Westmächten ernstlich aufnehmen könne. „Worauf stützen denn Hitler und der Außenminister ihre Erwartungen?“ fragte er. Zur Antwort hatte er bekommen, es sei bei Hitler und Ribbentrop inzwischen üblich geworden, von der *Bluffpolitik* Großbritanniens zu sprechen, seitdem Italien trotz damals angedrohter Sanktionen Abessinien habe erobern können. Infolgedessen glaube der Kanzler, dass bei einem militärischen Vorgehen gegen die ČSR die Westmächte doch schließlich nachgeben würden. Wie scharfsinnig die Jungs in Berlin doch eine *Bluffpolitik* diagnostizieren! Was gibt ihnen aber die Gewissheit, dass sie einer Position der Schwäche entstammt? Nichts hat „Brickendrop“ verstanden, als ihm ’35 der japanische Militärattaché an der Themse flüsterte: „Vergessen Sie nie, dass die Briten die schlausten Menschen auf Erden sind, die es in der Verhandlungskunst ebenso wie bei der Manipulation der Presse und der öffentlichen Meinung zur absoluten Meisterschaft gebracht haben.“[321] Als Erwiderung auf die Zweifel schickt Außenminister Ribbentrop einen Runderlass an seine deutschen Missionen, in dem er ihnen mitteilt, dass das Reich gegebenenfalls auch gegen die Westmächte die Auseinandersetzung wegen der Tschechoslowakei siegreich beenden werde. 75 Millionen „fanatisierter Deutscher“[322] würden sich alsdann auf ihre Gegner stürzen. Die Führung jedoch werde ihren Weg „eiskalt, blitzschnell und gradlinig“ bis zum Ende gehen. Dies wäre die Garantie für den Sieg. Im Übrigen aber würde das Ausland eine Einmischung gar nicht wagen, wie der Diplomat Erich Kordt erfährt. Als der Oberbefehlshaber des Heeres von diesem „Runderlass“ Kenntnis erhält, zuckt er mit den Achseln und sagt, dass sich die politische Führung solchen Illusionen hoffentlich nicht ernstlich hingebe.[323]

Septemberrevolution in Deutschland

Am 1. September wird Franz Halder klammheimlich Becks Nachfolger. Jetzt muss die Vorbereitung für den Staatsstreich in trockene Tücher. Er konspiriert unter der Hand mit Oberstleutnant Hans Oster; er überlässt ihm gar, wie er sich die Nachrichten beschafft. Dabei ist es im Normalfall sehr schwer, den Generälen mit Politik zu kommen, und ihnen selbst fällt es nicht leicht, mit Ranghöheren oder Rangniederen überhaupt ins Gespräch zu kommen. Doch eine so zugespitzte Lage ist kein Normalfall. Halder geht noch einen Schritt weiter. In einer der Besprechungen fragt er Oster direkt, welche technischen und politischen Vorbereitungen für einen Staatsstreich getroffen seien. Hierüber ist noch nicht viel zu sagen. So weit waren in der Februar-Krise die Absprachen noch nicht gediehen, als die Männer schleunigst zurück in die Provinz befohlen worden sind. Oster verweist ganz allgemein auf diejenigen prominenten Politiker, die bislang in seinem Gesichtskreis als die schärfsten Oppositionellen aufgetaucht sind. Bei den Zivilisten fallen ihm vor allem Goerdeler ein sowie Schacht. Unser Staatssekretär im AA Freiherr Ernst von Weizsäcker* ist dabei, einen Kreis oppositioneller Beamter zu fördern. Andere Politiker ducken sich weg und hoffen, dass sie nur unbehelligt bleiben. Popitz, der preußische Finanzminister, fängt erst so allmählich an, seine Fühler zur *Opposition* auszustrecken. Gisevius ist der Meinung, manch bedeutende Persönlichkeit glaubt, es sich leisten zu können, in dieser unklaren Lage in Deckung zu gehen und abzuwarten, wie schnell sich bei dem erhofften Staatsstreich die erste Nachfolge-Garnitur verschleißt.[324] Das heißt aber auch, dass viele Leute den Umsturzversuch wahrnehmen und staatliche Stellen nicht über die Gefahr für das Regime in Kenntnis setzen.

Der Hohe Kommissar des Völkerbundes Carl J. Burckhardt, der aus der Schweiz stammt, redet am 1. September mit Ernst von Weizsäcker. Der Kollege im AA hat eine klare Vorstellung davon, wie London in der Lage, wie sie jetzt ist, vorgehen soll, und Burckhardt soll sie der Regierung in London nahe bringen. Eine öffentliche Einschüchterung Hitlers hält er ob dessen Unberechenbarkeit für zu riskant, darum sollen die Briten jemanden schicken, der eine Warnung aus London schriftlich überbringt und sie mündlich erläutert, um Hitler die Chance zu geben, ohne einen

Gesichtsverlust sein Vorhaben wieder zu vergessen.[325] Weizsäcker redet mit der Offenheit eines Verzweifelten, der alles auf die letzte Karte setzt, und bittet Carl Jacob Burckhardt, seine Beziehungen zu nutzen und die Engländer zu einer unmissverständlichen Geste zu bringen. Es wäre am besten, man würde „einen General mit dem Reitstock" schicken, dessen Sprache verstehe Hitler noch am besten.[326] Trotz aller Zweifel setzt sich am Ende des Tages doch noch die Einsicht durch, dass die Öffentlichkeit durchaus von diesen Auseinandersetzungen erfahren muss. Deshalb will von Weizsäcker auch über die deutsche Botschaft in London gehen. Die Anregung für diesen Plan kam von Hans Oster, der sich mit der Idee an Erich Kordt gewandt hat. In einer heimlichen Depesche soll die britische Regierung um eine „energische Erklärung" gegen den Kriegskurs Hitlers gebeten werden, die „auch dem einfachen Mann einleuchtet", und wenn das im Reiche gemeldet wird, werde es hier keinen Hitler mehr geben.[327] Weil die offiziellen Nachrichten von regimekonformen Beamten gesehen werden könnten, wandelt er auf geheimen Pfaden. Nach Absprachen mit Ludwig Beck soll eine Cousine von Erich Kordt eine *Message* auswendig lernen, um sie Erichs Bruder, Deutschlands Geschäftsträger in London, mündlich auszurichten.[328] Nichts Schriftliches darf man finden können. In der Absicht der Vermeidung eines Krieges weiß sich von Weizsäcker weiterhin einig mit dem italienischen Botschafter Attolico.[329]

Ganz anders ist die Interessenlage in London. Horace Wilson erklärt am 1. September in London dem deutschen Geschäftsträger Theo Kordt, es sei eigentlich nur bedeutsam, dass Großbritannien und Deutschland zu einer Verständigung gelangen. Sei das gewährleistet, so sei die Meinung Frankreichs und der ČSR bezüglich der künftigen Grenzen der ČSR irrelevant. Wilson verspricht Herrn Kordt, die Regelung der tschechischen Krise werde Deutschland den Raum für seine wirtschaftliche Expansion nach Südosteuropa öffnen."[330] Fällt Theo Kordt auf, dass es in Versailles umgekehrt darum ging, Deutschland und Österreich der ökonomischen Kontakte mit dieser Region zu berauben? Wie erklärt *er* sich diesen vermeintlichen Sinneswandel an der Themse? In Berlin ist jedoch in manch einem wichtigen Zimmer seit Tagen bekannt, dass es da gar nicht mehr bloß um die ČSR geht. Da sind Worte gefallen wie Belgien, Niederlande,

Frankreich oder eben auch England. In London hat man jedoch andere Igel zu bürsten. Es gilt zu verhindern, dass sich Hitler die ohnehin halbherzig formulierten Drohungen aus London sehr zu Herzen nimmt. Den Führer in Berlin erreichen „geheime Boten, um Hitler wissen zu lassen, er solle scharfe offizielle Stellungnahmen, die in den nächsten Tagen in England und Frankreich hinsichtlich der Tschechoslowakei abgegeben würden, ignorieren.“[331] So gibt London den Emissären das Gefühl, man täte etwas, und dem Führer in der Reichshauptstadt die Sicherheit, dass er im Röckchen auf dem Tisch tanzen kann, wenn er das gerne will.

General Halder hat zunehmend das Gefühl, dass Kleist in London keine Resonanz gefunden habe, und schickt jetzt seinerseits am 2. September einen eigenen Vertrauensmann, den pensionierten Oberstleutnant Hans Böhm-Tettelbach, los, um mit dem Londoner Kriegsministerium sowie mit dem Geheimdienst Kontakt aufzunehmen. Auch wenn der nach dem konspirativen Ausflug auf die Insel berichtet, er habe dort mit wichtigen Persönlichkeiten gesprochen, meint Halder, sein Vertrauensmann habe ebenfalls keinen großen Eindruck auf die Briten gemacht.[332] Kann Theo Kordt an der deutschen Botschaft in London vielleicht mehr ausrichten? Es kann doch nicht sein, dass kein Mensch in London versteht, dass hier der Frieden in Europa auf dem Spiel steht.

Bei ihren Überlegungen zuvor im stillen Kämmerlein im Land waren die Kritiker des Kriegskurses ausschließlich auf Spekulationen angewiesen, die sie nicht einfach im Gespräch auf der Straße ausräumen konnten. So herrscht die Meinung vor, sie müssten der deutschen Bevölkerung etwas bieten, damit sie selbst nach dem Umsturz nicht schlechter dastehen als Hitler. Es ist sonst zu gut möglich, dass das zu einem Bürgerkrieg führen könnte. Also tragen sie draußen Gebietsforderungen vor, um sich Rückhalt in der Bevölkerung für den geplanten Staatsstreich zu sichern. Man möchte zumindest die tatsächlich deutschen Gebiete behalten dürfen.[333]

Die Kritiker sind sich überdies sicher, mit derartigen Wünschen im Ausland glaubwürdiger zu sein, und verzichten vielfach darauf, ihre moralischen Antriebe zu benennen.[334] Seit Jahren ist es bereits mehr als offensichtlich, dass die Moral keinen Londoner anhebt. Vansittart ist um eine Erwiderung nicht verlegen: „There is really very little difference between them. The same sort of ambitions are sponsored by a different body of men, and that is about all.“[335] Da gäbe es doch bloß kleine Unterschiede zwischen den einzelnen Gesandten. Es sei jedes Mal der gleiche Ehrgeiz, vorgetragen immer mal von einem anderen, und das sei so in etwa alles. Es war eben dieser Vansittart, der 1936 wusste: „Der nächste Krieg wird sich nicht an die nationalen Grenzen halten. Die Fronten werden mitten durch die einzelnen Völker hindurchlaufen, denn es wird kein Krieg der Nationen, sondern ein Krieg der Weltanschauungen sein!“[336] Wie käme denn ein Stratege dieser Couleur dazu, jetzt auf einmal Kriegsgegner im Deutschen Reich zu unterstützen? Andererseits müssen sie in London ja auch immer der Tatsache gewahr sein, dass die Zeit vergeht und dass sie später Textbelege bei der Hand haben müssen, die erklären können, wie und weshalb sie jeweils gerade so und nicht anders entschieden haben. Ist ja blöd, wenn der erstbeste Historiker zu der Ableitung gelangt, dass England oder besser gesagt die Londoner Außenpolitik einfädelt, wie es mit der Geschichte in anderen Ländern in Zukunft weitergehen wird. In Russland und Frankreich mögen sie der Illusion frönen, die Führer ihrer Länder hätten die Zügel für die Entwicklung der Geschicke in der Hand. Der Brite lächelt und schweigt.

Was geschieht indessen im Reich? In Deutschland organisiert Goerdeler Kontakte zu oppositionellen Gruppen, sucht die Verbindung zu Militärs und Geschäftsleuten, mit Beamten, Professoren und Geistlichen, spricht mit Politikern und Gewerkschaftsführern aus den Jahren der Weimarer Republik. Naheliegend ist, dass er seinen Bruder Fritz einbezieht; der ist noch immer Stadtkämmerer in Königsberg im seenreichen Ostpreußen. Bei Minister Schacht fällt General Halder nach der inzwischen erfolgten Vermittlung eines Gespräches tatsächlich ganz unvermittelt mit der Tür ins Haus und fragt, ob er zur Übernahme der Regierungsgeschäfte bereit wäre, falls Hitler es bis zum Kriege triebe und ein gewaltsamer Umsturz unumgänglich würde.[337] Seit dem Jahr 1934 nennt Halder Hitler bereits den Blutsäufer und einen Verbrecher, der die Sittlichkeit, ja die Existenz Deutschlands bedroht.[338] Unser Generalstabschef kennt den technischen

Stand der Militärtechnik, die in der Wehrmacht im Moment vorhanden ist. Die Panzerwagen beispielsweise nennt er fahrende Särge.[339] Alles in allem muss man einräumen: Die deutschen Militärs binden sich zu stark an die Reaktionen verantwortlicher Männer anderer Länder und damit an Umstände, auf die sie keinerlei Einfluss haben und deren ureigenste Interessenlage sie höchstens erahnen können. Ebenso könnte es General Halder zum Verhängnis werden, dass er mangels Befehlsgewalt einfach keinen unmittelbaren Zugriff auf die Truppe hat. Marschbefehle müssen von den eingeweihten Kollegen – letztlich jedoch vom Oberbefehlshaber des Heeres ausgegeben werden. Doch den vorsichtigen von Brauchitsch will er erst in der letzten Minute vor vollendete Tatsachen stellen und in die laufende Aktion einweihen.[340] Sicher ist der General von Brauchitsch kein Nazi; doch sich hinstellen und ganz offen Farbe zu bekennen, hat er einfach nicht gelernt. Aber wer kann schon von sich sagen, er kann es?

Hjalmar Schacht erklärt sich an diesem 4. September bereit, nach einem Staatsstreich die Regierungsgeschäfte vorerst zu übernehmen. General Halder verhandelt mit Oster, Oster mit Gisevius, Gisevius mit Schulenburg und jeder mit jedem, um Einsatzpläne zu entwerfen, Abläufe sowie Koordinierungsfragen zu erörtern. Als Witzleben Minister Schacht auf seinem Landsitz bei Berlin besucht, verabschiedet sich der General mit den Worten, diesmal sollte es aufs Ganze gehen.[341] Unterdessen geht die Debatte über die richtige Vorgehensweise weiter. Die Verschwörer sind verschiedener Auffassung darüber, ob sich Hitler erst außenpolitisch vor dem deutschen Volk restlos blamiert haben muss, was Halder vorzieht, oder ob man einfach zupacken und dem wilden Treiben ohne Rückfrage ein Ende machen sollte. Diesen Weg zieht Hans Bernd Gisevius vor; er will das Regime von seiner kriminellen Seite her packen. Ein Zugriff auf Dienststellen von Gestapo, SD und SS werde dann schon hinreichendes Belastungsmaterial zutage fördern, um einen Putsch vor *den* Teilen der Öffentlichkeit zu rechtfertigen, die bei uns alles super finden.[342]

Wenige Tage nach dem Gespräch mit Schacht bittet Franz Halder Hans Bernd Gisevius zu sich, um sich nähere Informationen über die Einsatzmöglichkeiten der Polizei im Fall eines Staatsstreichs geben zu lassen.[343]

Diesmal ist der Ort der Zusammenkunft also Halders Etagenwohnung in Berlin-Zehlendorf. Von Halders Erscheinung ist Hans Bernd geplättet – und gleich doppelt. Von mehreren Seiten war ihm Halder als der große Hoffnungsträger geschildert worden, der tatendurstige General. Als der erwartungsvolle Hans Bernd den leibhaftigen Halder erblickt, glaubt er, seinen Augen nicht trauen zu dürfen. Er sieht einen sehr unscheinbaren Mann, Typ Oberlehrer, mit einem Zwicker, also einer Brille ohne Bügel, die auf die Nase geklemmt wird, die Haare korrekt nach oben gebürstet, mit relativ verbissenen Zügen in einem wenig ausdrucksvollen Gesicht, und hätte er nicht solch eine ehrfurchtgebietende Uniform an, wäre ihm der gespreizte Spießbürger tatsächlich an seiner Nasenspitze abzulesen. Doch schnell wird er stutzig und zweifelt an seinem ersten Eindruck.

Mit einem Male wird der eher verhalten wirkende Mann lebendig, nicht so sehr mit Gesten wie mit seinen bissigen Worten. Plötzlich ist er Gift und Galle. Manche bösen Worte hat Hans Bernd in diesen vergangenen Jahren über den Führer gesagt und auch von anderen vernommen. Man nennt ihn vorzugsweise Emil, Baedeker oder Aron Hirsch – doch an so viel aufgespeicherten Hass und so viel hierauf verwandte Dialektik, wie er sie diese paar Stunden zu hören bekommt, kann er sich bei aller Liebe bei keinem Menschen vorher erinnern. Einige Stunden reden sie derart unverhofft offen, dass ihn unwillkürlich der Gedanke durchzuckt, ob der Gesprächspartner nicht wirklich *der General* ist, auf den alle hoffen, die den Umsturz wünschen.[344] Schließlich sagt Halder zu dem Mittdreißiger, er würde durchaus so lange abwarten, bis in den Nachrichten berichtet würde, dass der Krieg erklärt wäre, damit selbst der Dümmste noch versteht, dass eine Katastrophe unvermeidlich ist – und schon von sich aus betet, dass irgendwer dem Spuk ein Ende setzt. Gisevius kontert, dass es dann schon viel zu viele Unwägbarkeiten gäbe, so dass es ja kompliziert werden kann, aus einem angefangenen Krieg noch herauszukommen.[345]

Halder, ganz der Militär, setzt mit seiner Planung freilich gerade auf den tatsächlichen Ausbruch des Krieges, um den Tod des Tyrannen als einen Unfall im Rahmen der Kampfhandlungen ausgeben zu können, denn er fürchtet den Hitlermythos. Es reicht, wenn ein kleiner Teil der Leute am

Rad dreht. Das haben die Jahre bis 1933 gezeigt und daran kann er sich noch sehr lebhaft erinnern. Er schreckt davor zurück, als Einzelner oder als ein Repräsentant seines Berufsstandes beim Sturz dieses Goldjungen mitgewirkt zu haben. Dies wäre, so begründet er es, für die Wehrmacht untragbar. Es müsste aussehen, als sei der Diktator tödlich verunglückt. Am besten sprengte man einige Tage nach erfolgter Kriegserklärung den Führerzug in die Luft und verbreitet dann die Meldung, Hitler sei einem feindlichen Bombenangriff zum Opfer gefallen. Für denkbar hält Halder auch einen Unfall oder ein Attentat von dritter Seite, bei dem die Wehrmacht bloß nicht in ein kriminelles Schummerlicht getaucht wird.[346]

Im Kern bewegt Halder die Sorge, dass Hitler „im Volke" viel zu fest verwurzelt sei. Aber woher weiß er das, wenn keiner frei reden kann? Doch wie kann mir jemand das Gegenteil beweisen, wird er sich fragen. Seine Berater, speziell im Geheimdienst, sind der Meinung, das deutsche Volk müsse über die immer deutlicher werdende Gefahr eines Krieges aufgeklärt werden, dann würde auch der Zauber weichen, den die ganze Serie der außenpolitischen Erfolge Hitlers auf viele ausgeübt hat. Sie sehen in der Bedrohung des Friedens eine einmalig günstige Gelegenheit für eine breite Front der Unterstützung für einen Staatsstreich.[347] Es gibt ja auch gute Anzeichen. Manch einer in der Bevölkerung hört das Gras wachsen, weil jetzt so viel die Rede ist vom nötigen Luftschutz. So entsteht dieser Ausspruch: Eine alte Frau geht zur Polizei und bittet darum, ihr schriftlich zu bestätigen, dass der Führer gesagt habe, er rechne mit einem langen Frieden. „Aber wozu brauchen Sie denn das?" wird sie gefragt. „Ach, ich will das dem dummen Luftschutzwart zeigen, damit er sieht, dass er mich unnötig quält, meinen Keller auszubauen!"[348] Verlogenheit vermutet auch jener, der dies in Umlauf gebracht hat: Göring zeigt dem Führer einige neue Typen von Bombenflugzeugen. Hitler ist begeistert und sagt: „Davon müsste man 10.000 haben!" – „Aber mein Führer", entfährt es Hermann, „Sie denken doch nicht an Abrüstung?"[349] Scherz beiseite, es wird ernst. Zu jenen, die vor Jahren in unsere Armee eingetreten waren, um sich der Diktatur zu entziehen, gehören auch Eberhard Wildermuth* und Gottfried Benn. Ernüchtert erleben sie den Abbau der Integrität des Zufluchtsortes. Die Wehrmacht ist längst nicht mehr die Reichswehr, ja sie ist noch nicht einmal mehr die Wehrmacht von vor ein paar Jahren. Nicht jeder lässt sich gerne auf den Arm nehmen: „Die Reichsregierung hat die Wüste Sahara gekauft.“ – „Warum?“ – „Um dem deutschen Volk mehr Sand in die Augen streuen zu können.“[350] Ließe man die Kritik der Deutschen an den Vorgängen im Reich einfach weg, dann würde das ein Krimi, in dem lediglich die Täter auftreten, Geschichte im Taschenbuch.

Das ist überhaupt die Crux an der ganzen Geschichte. Wenn sich jemand anschickt, Geschichte im Großen oder im Kleinen nachzuzeichnen, muss sie oder er neben den vorhandenen oder übriggebliebenen Quellen auch neue Erkenntnisse aus der Psychologie oder zum Beispiel der Soziologie anwenden, um eine vergangene Zeit in Farbe aufleben zu lassen. Keine Gesellschaft in der Welt besteht mehrheitlich aus Verbrechern. Bei uns in Deutschland gibt es seit einigen Jahren eine Diktatur und das werden unsere Enkel hoffentlich zu begreifen versuchen, wenn sie ihre eigenen Bücher über unsere Zeit schreiben wollen. Solange die Nazis hier an der Macht sind, braucht man nicht mit dem Mikrophon die Straßen lang zu laufen, um ein reales Bild von der öffentlichen Meinung zu bekommen.

Schnappt der Blockwart oder ein anderer Spitzel kritische Worte auf, ist man schnell in einem der geheimnisvollen Konzentrationslager, die es in unserem Land schon seit einigen Jahren gibt. Entsprechend still verhält man sich, wenn man diese Orte nicht kennen lernen will. Außerdem gibt es ja viele Leute in der eigenen Nachbarschaft, denen die Ruhe und die Ordnung so imponieren wie der wirtschaftliche Aufschwung; sie wissen noch, wie es Anfang des Jahrzehnts um das Land bestellt war. Auf einen oberflächlichen Blick kann man denken, nur einfache Leute litten unter dem Terror des Regimes, doch Hans Bernd Gisevius erklärt kategorisch, es wäre abwegig, bestimmte Bevölkerungsschichten gegeneinander auszuspielen und zu behaupten, einzelne Berufsgruppen, etwa die Arbeiterschaft, wären dem Terror ganz speziell ausgesetzt oder zeigten sich dem Terror am wenigsten gefügig.[351] Die ersten Kandidaten, die sich scheckig lachen würden, wenn sich die Deutschen in dieser Debatte zerfleischten, wären jene Briten und Amerikaner, die dem deutschen Volk die Diktatur erst übergeholfen hatten. Gisevius fordert jedoch mehr Zivilcourage im täglichen Leben, wenn der konkrete Einzelne nach Bildung und Besitz alle Möglichkeiten zu einem vernünftigen Urteil besitzt. Auf keinen Fall lässt er gelten, dass vielleicht die breiten Massen weniger anfällig seien oder gar immun gegenüber dem Nazibazillus.[352] Es ist freilich wahr, dass sich kaum ein Politiker im Westen laut und deutlich für den einsetzt, der „Heil Moskau!“ an eine Wand geschrieben hat. Weitsichtige werden jetzt sagen, der hat es auch gar nicht verdient, lehnt er die Diktatur doch nur deshalb ab, weil er nicht mit an der Macht ist. Von den Schauprozessen im Sowjetreich weiß man ja aus der Zeitung. Besser schaut es für Adlige aus, die in Haft sind und die Verwandte überall in Europa haben. Hitler kann es nicht völlig kalt lassen, wenn offizielle ausländische Vertreter in Gesprächen mit seiner Staatsführung unangenehme Fragen stellen nach dem Verbleib der Häftlinge.[353]

Kommen wir zurück auf dieses Gespräch in Zehlendorf. Sicherlich sind Halders Bedenken nicht nur aus der Luft gegriffen. Viele Durchschnittsbürger sind von den getuschelten Gerüchten nicht davon zu überzeugen, dass es außerhalb ihres Gesichtskreises im Reich auch heute noch Mord und Totschlag gibt. Darüber möchte Hans Bernd schier verzweifeln. Er trifft auch nach fünf Jahren unter Hitler noch Leute, die es einfach nicht wahrhaben möchten, was im Land geschieht. Millionen von Mitbürgern spielen mit sich selber Versteck. Sie tun so als ob und es ist ihnen auch nur äußerst schwer beizukommen, weil ihr Nichtwissen tatsächlich echt ist. Sie nehmen es eben nur nicht auf sich, nähere Erkundigungen über den Wahrheitsgehalt der Gerüchte einzuziehen. Als korrekte Bürger begnügen sie sich mit dem, was „amtlich“ zur Kenntnis gebracht wird. Den Gutgläubigen, den Opportunisten und den Feigen kann man ausschließlich mit Tatsachen zu Leibe rücken. Aber das kennen Sie natürlich selbst auch! Man hört doch dies und das und jenes – und? Vertiefen Sie sich in die Materie und urteilen selbst? Sicherlich, einen Halder braucht keiner zu überzeugen. Trotzdem will auch er seine „Beweise“ haben, damit man hinterher belegen kann, warum es nötig war, dass sich das Militär in die Innenpolitik einmischt. Doch diese Beweise sind nur zu erlangen, sobald man ungestört Durchsuchungen vornehmen kann.[354]

Gisevius ist der Auffassung, man sollte ein paar Dutzend unanfechtbare Haftbefehle auf den Straßen von Berlin plakatieren und sich bloß nicht auf irgendwelche politischen Proklamationen kaprizieren, da er ja weiß, dass die Generäle nichts in der Welt mehr fürchten als den Horror von späteren Auseinandersetzungen über eine Rechtmäßigkeit ihres gewaltsamen Eingriffs. Wie könnten die zum Einsatz befohlenen Offiziere und Soldaten widersprechen, wenn Freiheitsberaubung, Erpressung, Mord oder auch Korruption gesühnt und die kriminellen Übeltäter Gerichten übergeben werden sollen? Wie andererseits will Hitler den Terror fortsetzen, wenn seine verlässlichste Clique hinter Schloss und Riegel sitzt? Dreimal vierundzwanzig Stunden Redefreiheit, somit Bewegungsfreiheit für Richter und Staatsanwälte, und dieser Spuk ist Vergangenheit.[355] Die meisten verantwortlichen Akteure an den Gerichten wurden schließlich noch zu Weimarer Zeiten eingestellt.

In diesen Wochen wird denen, die nahe genug an der Gerüchteküche in Berlin dran sind, eindringlich vor Augen geführt, dass es Hitler nicht um Deutschland geht. Ihm geht es um den Film in seinem eigenen Kopf. Er verlässt sich völlig auf sein Spielerglück, das ihn bisher immer über alle großen und kleinen Krisen hinweggetragen hat. Er braucht den Nervenkitzel. Wie anders könnte man werten, dass er nicht anbiss, als sie ihm die alten Kolonien anboten, den Südosten Europas als Interessensphäre überließen und nicht einschritten, als er sich Österreich unter den Nagel gerissen hat? Warum sucht dieser Mann um jeden Preis die militärische Konfrontation, wenn er immer wieder auf das damit verbundene Risiko hingewiesen wird? Völlig verzweifelt ist die alte deutsche Elite hin- und hergerissen zwischen der Hoffnung auf eine deutsche Vormachtstellung in Europa und Ideen, die sich am Abgrunde des Landesverrats bewegen. Generalstabschef Halder beauftragt Gisevius mit der Koordination von Aktivitäten in Wehrmacht und Polizei und lässt sich vom Geheimdienstchef Canaris auf dem Laufenden halten, was der AA-Staatssekretär von Weizsäcker über die Gespräche mit dem Ausland weiß.[356]

Für die Geschichtsschreibung sind jedoch nur staatsoffizielle Ereignisse interessant. Das wunderschöne mittelalterliche Nürnberg ist aufgeputzt, denn vom 5. bis zum 12. September findet wie in jedem Jahr der Reichsparteitag statt. Ausländische Gäste sind noch stärker vertreten als letztes Jahr: Lord Stamp, Lord Clive, Lord Holenden, Lord McGowan, nicht zu vergessen Lord Brocket und der Abgeordnete des Unterhauses Norman Hulbert. Natürlich ist zu diesem Großereignis das diplomatische Korps eingeladen. Der englische Botschafter in Berlin bleibt 1938 vom Anfang bis zum Ende des Parteitags. Neu ist, dass der Dolmetscher diesmal die ganze Zeit Worte über Krieg und Kriegsgefahr zu übersetzen hat. Hier wird auch eine endgültige Festlegung des deutschen Kanzlers über Krieg und Frieden erwartet.[357] Besorgt zeigt sich Spaniens Vizeaußenminister General Espinosa de los Monteros, gerade weil er ein faschistisches Regime zu vertreten hat. In einem Gespräch meint er, dass bei einem internationalen Konflikt die spanische Linke mit Frankreichs Unterstützung Franco besiegen würde. Deshalb wolle Spanien keinen Krieg.[358]

In der Daily Mail steht in diesen Tagen ein Artikel von Lord Rothermere unter dem Titel: „Die Tschechen gehen uns nichts an“. So ist das. Am 7. September erscheint die Londoner Times mit einem Leitartikel, in dem die Abtretung des Sudetenlandes an das Reich vorgeschlagen wird. Wer glaubt, dass in dem Artikel mit einem Wort erwähnt wird, dass die ČSR durch die Abtretung des Sudetenlandes an Deutschland nicht nur ihren natürlichen Schutzwall durch den Böhmerwald, sondern auch die eigene „Maginotlinie“ verliert und damit Deutschland schutzlos ausgeliefert ist, täuscht sich. Das verschweigt der Autor.[359] Neville Chamberlain bereitet inzwischen die Bevölkerung auf der Insel auf das weitere Vorgehen vor, indem er öffentlich von einem *fernen Land* spricht, „wo Menschen sich streiten, von denen wir nichts wissen.“[360] Es beeindruckt ihn überhaupt nicht, dass er erst vor wenigen Tagen von seinem Militärattaché in Prag informiert wurde, dass die Tschechen gute militärische Chancen gegenüber den Deutschen haben.[361] Was ging ihm da durch den klugen Kopf? Sie sollen aber gar keine Chance haben? Weil wir Hitler das ferne Land gern auf dem Tablett servieren würden? Das Reich muss mit Rohstoffen und Militärpotential ausstaffiert werden, damit es in einem Konflikt mit der Sowjetunion nicht in drei Wochen geschlagen wird.[362] Die führenden Köpfe Englands wollen den *Deal* jetzt perfekt machen und Chamberlain persönlich zu dem Volkskanzler nach Berlin schicken.

Am 7. September ist die Botin aus dem Reich, die Cousine der Gebrüder Kordt, in London eingetroffen und hat Theo die auswendig gelernte Botschaft zur Niederschrift übermittelt. Auftragsgemäß begibt sich Theo zu Chamberlains Vertrauensmann Horace Wilson. Dieser führt den Vertreter aus Berlin durch eine Seitentür in die Amtsräume des Foreign Office. Theo Kordt überreicht Außenminister Lord Halifax diese vom Freiherrn Ernst von Weizsäcker formulierte Erklärung, die im Namen politischer und militärischer Kreise in Berlin, die mit allen Mitteln einen Krieg verhindern wollten, abgegeben worden sei. Kordt sagt zu Vansittart, außergewöhnliche Zeiten machten auch außergewöhnliche Mittel nötig. Heute käme er nicht zu ihm in der Eigenschaft als Deutscher Geschäftsträger, sondern, wie es eben in der überbrachten Erklärung stehe, als Sprecher politischer und militärischer Kreise in Berlin, die mit allen Mitteln einen Krieg verhindern wollen. Die Absender bitten noch offizieller als Ewald von Kleist-Schmenzin um eine klare Stellungnahme der Regierung des Britischen Empire. In diesem Dokument heißt es unter anderem: „Wenn die erbetene Erklärung gegeben wird, sind die Führer der Armee bereit, gegen Hitlers Politik mit Waffengewalt aufzutreten."[363] Die Dichter und Denker haben in ihren Text eine Formulierung aus Shakespeares Stück *Hamlet* eingewoben. Dramatisch heißt es, sie wollten „take arms against a sea of troubles and by opposing end them".[364] Das kennen Engländer – das steht drei Zeilen nach „To be or not to be: that is the question."

Theodor Kordt betont, die Botschaft, die er ihm hiermit überbringt, sei sehr sorgfältig durchdacht worden, und er meine, dass sie die Aufmerksamkeit der britischen Regierung verdiene. Er sagt, man habe in Berlin genaue Kenntnis davon, dass Hitler einen Angriff auf die Tschechoslowakei plane und annehme, dass der daraus entstehende Krieg lokalisiert werden könne, das heißt, dass Frankreich seine Verpflichtung der ČSR gegenüber gemäß dem Bündnisvertrag vom 25. Januar 1924 und den im Zusammenhang damit stehenden späteren Abmachungen nicht erfüllen werde. Die politischen und militärischen Kreise, für die Kordt spreche, widersetzten sich aufs Äußerste dieser Politik. Sie glauben, dass der Weg zurück zu Begriffen von Anstand und Ehre unter europäischen Nationen endgültig versperrt würde, wenn man der Gewaltpolitik von Adolf Hitler in dem Augenblick freie Bahn ließe.[365] Kordt erinnert an die gleiche Konstellation 1914, als London nicht bereit war klarzustellen, dass England bei einem Krieg zwischen Deutschland und Frankreich nicht tatenlos zusehen würde. Wörtlich sagt Theo Kordt: „Es ist mir nicht leicht gefallen, in dieser Form mit dem britischen Außenminister zu sprechen. Aber die deutschen Patrioten sehen keinen anderen Ausweg aus dem Dilemma, um das größte Verbrechen eines Krieges zu verhüten."[366] Schade, dass er nicht weiß, warum sich London vor dem Krieg *genau so* verhalten hatte. Es fällt jedoch auch die Parallele zum offiziellen Paris auf. Auch dort ist man sich seltsam sicher, dass man sich nicht die Knochen bricht, wenn man sich beim Kampf um den Frieden zu schräg an London anlehnt.

Für den Abend des 9. September zitiert der Reichskanzler zu 22.00 Uhr die Generäle Keitel, Halder und Brauchitsch zu sich nach Nürnberg, wo sie natürlich die Begeisterung der zusammengekommenen Gefolgsleute Hitlers überall in der Stadt erleben. Für Halder ist die Situation ziemlich prekär; er ist eine Schlüsselfigur der Verschwörung und nun soll er hier den Plan des Generalstabs für den Feldzug gegen die ČSR erläutern. Die Stimmung wird noch nervöser, als Hitler den Plan des Generalstabs zerfetzt und nicht nur Halder sondern auch Brauchitsch wegen Zimperlichkeit und militärischer Unfähigkeit aufs Schärfste kritisiert. Bei Keitel ist es von außen schwer abzuschätzen, ob er keine Bedenken hat oder ob er dem Führer tatsächlich fanatisch vertraut. Irgendwann beginnt die Lage im Raum unübersichtlich zu werden und die Stimmung wird stürmisch. Weil der Führer sieht, dass sich immer wieder einer und der andere mit kritischen Bedenken zu Wort meldet, lässt er die Männer einfach nicht ins Bett. Hitler braucht ja keinen Schlaf; er hat Leibarzt Morell, der ihm immer die richtige Medizin zukommen lässt. Doch die anderen Männer sind zwischen 54 und 56 und somit nicht mehr die Jüngsten. Für sie ist es eine Herausforderung, dass Hitler, dem bekannt ist, „dass der Oberbefehlshaber des Heeres seine kommandierenden Generäle gebeten hat, ihn zu unterstützen, um dem Führer die Augen zu öffnen über das Abenteuer, in das zu stürzen er sich entschlossen hat", sie nicht vor 4 Uhr in der Frühe gehen lässt.[367] In Prag werden übrigens in diesen Tagen Gasmasken an die Bevölkerung ausgeteilt.[368] Zumindest in der Regierung ist man inzwischen auf alle Möglichkeiten gefasst. Rascher als die anderen Teile der Bevölkerung verstehen die Juden, dass sich an der tschechisch-deutschen Grenze ein Gewitter zusammenballt, und sie warten nicht, bis der Blitz zu sehen ist. Der Wilson-Bahnhof und der Flughafen der Stadt sind voller Juden, die sich ganz verzweifelt bemühen, wegzukommen.[369] Im Westen des Reichs wollen die Deutschen weg aus den Grenzgebieten zu Frankreich und in Paris wollen die Leute auch das Weite suchen.[370]

Am Tage vor Hitlers großer Rede in Nürnberg fahren am 11. September Oster und Gisevius langsam mit dem Auto durch Berlin. Gründlich wird das Regierungsviertel in Augenschein genommen, Gebäude, die für Anschläge in Frage kommen, werden ebenso erkundet wie Fluchtwege, und ihre Beobachtungen halten sie in detaillierten Notizen fest. Unterdessen werden die notwendigen Vorkehrungen präzisiert. Unser General Erwin von Witzleben hatte Friedrich Wilhelm Heinz beauftragt, einen ganzen Stoßtrupp Freiwilliger zu rekrutieren, der unter Witzlebens Führung am Stichtag die Reichskanzlei überfallartig besetzen soll, um Adolf Hitler zu verhaften. Die Männer um Friedrich W. Heinz sammeln sich schließlich in den Geheimquartieren und warten. Die einzusetzenden militärischen Einheiten haben sich untereinander verständigt und wissen, was sie im entscheidenden Augenblick zu tun haben. Binnen 48 Stunden nach dem Befehl zur Mobilmachung, der für den 15. September erwartet wird, soll der Zugriff auf Hitler erfolgen.[371]

Unter dem Eindruck der Nachrichten aus den Sudeten hat Halifax schon am 9. September doch noch eine Botschaft an Hitler geschickt, die in abgeschwächter Form den Forderungen der deutschen Emissäre entgegen kam. Damit haben die Angsthasen aus der Reichshauptstadt, was sie gewünscht hatten, und Hitler war ja informiert worden, dass sowas kommt und dass er es nicht ernst nehmen solle. Um jedes Missverständnis auszuschließen, weigert sich Londons Botschafter in Berlin Henderson, das

Papier weiterzureichen, weil es eindeutig seinen vorherigen Weisungen widerspricht. So war es ja vor einigen Monaten bereits einem Papier von Vansittart ergangen, der sich von den Emissären von den unzureichenden wirtschaftlichen, rüstungstechnischen und psychologischen Voraussetzungen Deutschlands für einen Krieg *hatte überzeugen lassen*. Doch der Kurier gibt sich mit dieser Absage nicht einfach zufrieden und dieses Papier erreicht Nürnberg nun doch. So kommt es, dass der Dolmetscher Schmidt das Papier am 11. September in die Hand bekommt, verbunden mit der Bitte, es Hitler vorzutragen. Darin heißt es, wenn auch ein wenig unbestimmt, dass sich England unter Umständen doch zur militärischen Unterstützung der Tschechoslowakei bereit findet.[372] Und selbst wenn es bestimmt formuliert wäre, hätte es die Wirkung wie ein Schlag mit einer Hand ins Wasser, waren doch längst Boten vor Ort in Berlin, um Hitler zu signalisieren, dass er scharfe offizielle Stellungnahmen bezüglich der Tschechoslowakei getrost zu den Akten legen kann.[373]

Zeitgleich feiern die Nazis in Nürnberg noch immer ihren Reichsparteitag und in der Tschechoslowakei wird um eine Lösung für die Sudetendeutschen gerungen. Obwohl, oder auch weil Prag am 6. September die Karlsbader Forderungen akzeptierte, werden Straßenkrawalle durch die Anführer der Sudetendeutschen inszeniert und letztendlich werden die Verhandlungen mit Prag abgebrochen. Der künstlich geschürte Aufruhr im Sudetenland kommt gerade rechtzeitig zum Parteitag und wird erst am Tag danach niedergeschlagen,[374] sodass Hitler die Unruhen in seiner lauten Rede am 12. September noch benutzen kann. Botschafter Dirksen hat vor seiner Rückreise nach London mehrfach versucht, einen Termin zur Vorsprache bei Hitler zu erhalten. Er will Hitler über Chamberlains Brief und die Ernsthaftigkeit der britischen Vermittlung in der Sudetenkrise informieren. Nach langem Warten bekommt er dazu Gelegenheit während des Parteitages „5-7 Minuten“ kurz vor Beginn eines Tees, den Hitler für die ausländischen Ehrengäste gibt. Er kann gerade noch den Inhalt von Chamberlains Brief melden. Unser Kanzler merkt an, General Hamilton meine, Runciman wäre ein eingefleischter Liberaler und hätte wenig Ahnung von den Problemen, mit denen er sich zu befassen habe. Dirksens Einwurf, der Vermittler aus London werde es hoffentlich noch lernen, wird vom Führer mit der Retoure quittiert, viel Zeit habe er aber nicht mehr dazu.[375] Um diese pampige Antwort entgegengeschleudert zu bekommen, hat jener Diplomat viele Tage gewartet und steht dann nach höchstens sieben Minuten wieder vor der Tür.

Doch wie diese Lords wissen, warum sie auf dem Parteitag zu Nürnberg sein möchten, so weiß Chamberlain, wie er weiter zu verfahren gedenkt. In einem Brief an König George VI. erläutert er am 13. September unter anderem, er habe vor, Großbritannien und Deutschland zu zwei Pfeilern des Friedens in Europa und zu Bollwerken gegen den Kommunismus[376] zu machen. Man sollte ja nicht nachtragend sein, aber hat London diese Nummer mit der dauernden Überbetonung seiner Sehnsucht nach dem Frieden nicht schon einmal vor dem Beginn des Krieges von 1914 aufgeführt?[377] Das Wort vom Bollwerk gegen sonstirgendwas ist bei der Hilfe, die den Bolschewiki von Anfang an geleistet wurde, auch nur verlogen.

In der Hauptstadt hat unter den Verschwörern die Spannung an diesem Tag ein unerträgliches Maß erreicht. Wovon manche Leute im Reich im Stillen träumen, angefangen bei den Insassen von Konzentrationslagern, ist in Berlin in greifbare Nähe gerückt: Alles ist für eine große Aktion zur Entmachtung Hitlers und seiner Führungsclique bereit. Die betroffenen militärischen Einheiten haben sich schon untereinander verständigt und wissen, was sie im entscheidenden Augenblick zu tun haben. Innerhalb von 48 Stunden nach dem Führerbefehl zur Mobilmachung, die für den 15. September erwartet wird, soll der Zugriff erfolgen.[378]

Jenseits von Europa winkt die Freiheit

Aus einem unerfindlichen Grunde sind intelligente Deutsche immer ein weltoffenes Volk gewesen. Das mag vielleicht an der im Jahre '38 eigentlich nicht mehr vorstellbaren Kleinstaaterei vor 1871 liegen, als niemand mit ein bisschen Grips im Schädel damit zufrieden sein konnte, dass die eigene Welt in jede Richtung nach wenigen Meilen zu Ende war. Zu der Zeit ist beispielsweise jemand wie Johann Wolfgang von Goethe aufgewachsen, was aus ihm keinen Kleingeist machte, sondern einen Mann, der für die Übersetzung von Werken quer durch Europa sorgte. Es wird kein Zufall sein, dass die Deutschen ihn zu einem ihrer Nationaldichter erkoren haben. Was glauben Sie denn, warum die Fremdsprachenkenntnisse bei einem jungen Mann wie Franz Josef Strauß in Deutschland der Maßstab sind und weshalb die entsprechenden Fähigkeiten bei Richard Burden Haldane in England die Ausnahme sind? Engländer lassen eher andere lernen. Was dachten Sie denn, warum Rassismus ein Import aus England war? Richtig ist sicher auch, dass Deutschland in der Mittellage auf unserem Kontinent immer eine gute Wirkungsstätte oder auch bloß Zufluchtsort für Menschen aus Ost und West, aus dem Süden und dem Norden Europas war. Das, kombiniert mit der fleißigen Arbeit der Leute hierzulande, wurde im Laufe der Jahrhunderte zum Quell seines Wohlstandes, und der ist inzwischen manchem ein Dorn im Auge.

Schöne und Reiche im Westen wollen seit dem Ende des Weltkrieges die Sowjetunion und Deutschland wirtschaftlich und militärisch aufbauen, sodass es möglichst bald zwischen beiden einen Vernichtungskrieg gibt. Ihre Aufrüstung wird unterstützt und nötige Rohstoffe werden geliefert. Da wir nun einmal ein rohstoffarmes Land sind und auch bleiben, ist es gut, dass „wir“ alles von unseren Freunden aus dem Westen bekommen, was „uns“ zum Führen eines Krieges fehlt. Magnesium kauft „unsere“ IG Farben auch weiterhin in großen Mengen von der Dow Chemical. Ohne Magnesium könnten wir ja gar keine Brandbomben bauen. Der Firmenriese lagert Sprengstoffe, Stabilisatoren, Phospor sowie Zyanide aus der Welt draußen. Mehr als die Hälfte der von den dazugehörenden Unternehmen hergestellten Produkte ist von „primärer Bedeutung“ für Hitlers vergrößerte Wehrmacht.[379]

Durch jahrzehntelange Arbeit an Motorenbrennstoffen haben die Amerikaner den Deutschen Wissen voraus, was die Qualitätsanforderungen angeht, die unterschiedliche Verwendungen von Motorenbrennstoffen stellen. So haben sie die gute Qualität des Antiklopfmittels bei Isooktan erkannt. Insbesondere bei Isooktan zeigt sich, dass Deutschland seinen *Freunden in America* viel zu verdanken hat, da wir bei unserer eigenen Arbeit auf amerikanische Informationen zum Verhalten der Brennstoffe in Motoren zurückgreifen können. Ob es jetzt um die Brauchbarkeit von Flugzeugbenzin oder von Kraftstoff für Fahrzeuge am Boden geht, ohne Treibstoff gibt es keinen Krieg, jedenfalls keinen modernen.[380]

Die Möglichkeiten der Wehrmacht hängen ebenso von der Herstellung von synthetischem Gummi ab, da es im Reich keinen Naturgummi gibt. Sonst fahren die Militärlastkraftwagen und die Geländewagen nämlich auf ihren nackten Felgen quer durch die unüberschaubaren Weiten der russischen Landschaft und das wird auf die Dauer richtig anstrengend. Die entsprechende Technologie erhält das Reich von der Standard Oil. Dann ist da noch die Herstellung von Toluol und Paranton (Oppanol), das zur Stabilisierung der Dickflüssigkeit des Öls gebraucht wird. Dabei handelt es sich um einen grundlegenden Stoff für Panzeroperationen im harten Winter, wie er zum Beispiel in Russland auftritt, und in Wüsten, wie man sie in Afrika vorfindet. Wie fürsorglich Amerikaner doch sind. Während man solche Überlegungen zu Sibirien und Sahara anstellt, beruhigt der Führer noch die Deutschen, dass er wegen der Sudetenfrage keinen Konflikt riskieren werde. In diesen Zusammenhang gehört auch das *Know-how* zur Umwandlung von Kohle in Öl, das Deutschland vor Jahren schon aus *America* erhalten hatte. Die Entwicklungsarbeit hatte die Standard Oil of New Jersey in den Anlagen der Standard Oil und mit einer Mehrheitsfinanzierung und -kontrolle seitens der Firma Standard Oil unternommen. Die Ergebnisse der Forschung wurden der IG Farben zugänglich gemacht und somit Grundlage von Hitlers Planung.[381]

Mit diesem *Support* kommt Hitlers Reich bei seiner Versorgung mit den kriegswichtigen Stoffen langsam einmal auf den Punkt. Adolf Hitler hat vor Jahren schon die IG Farben beauftragt, das Reich autark zu machen bei der Herstellung von Stoffen wie Brennstoffen, Schmierölen, Fasern, Sprengstoffen, Magnesium, Gerbmitteln und Fetten, so dass es in dieser Hinsicht nicht mehr von Importen aus dem Auslande abhängig ist, weil all die Stoffe schon eingeführt waren oder *wir* die Patente erhielten. Der Führer greift somit zielstrebig nach dem ihm vorgelegten giftigen Köder. Nicht, dass er ihn bräuchte; gierig nach Kampf und Sieg ist er ohnedies. Doch es ist zumindest bemerkenswert, dass ihm die nicht vorhandenen Grundlagen für seine wilden kriegerischen Phantasien nun ausgerechnet von bestimmten Briten und Amerikanern in die Hände gespielt werden. Was er vorhat, wissen die Interessierten ja hinlänglich aus *Mein Kampf*. Seit 1927 hat sich die IG Farben in ihrer Größe verdoppelt. Das bedeutet eine gewaltige Expansion, die zum großen Teil von der technischen Hilfe Amerikas und durch amerikanische Ausgabe von Anleihen möglich wird wie beispielsweise der von der National City Bank aufgelegten Anleihe in Höhe von 30 Millionen Dollar.[382] Das allein ist verdammt viel Geld; eine Million Dollar sind im Jahr 1938 noch etwas wert.

1938 klagt übrigens das Kriegsministerium in London darüber, dass der Auslandsgeheimdienst SIS keine Informationen über die Kapazität und Ausrüstung, Vorbereitung und Bewegungen der deutschen Streitkräfte zu liefern imstande sei. Auch das Luftfahrtministerium *ist betroffen*. Es erklärt, dass die vorgetragenen Erkenntnisse dieses Geheimdienstes „gewöhnlich in 80 Prozent der Fälle" ungenau oder sogar falsch sind. Das *Foreign Office* leistet als *traditioneller Verbündeter* des SIS sein Bestes, um die Kritik zu entschärfen: Ein Agent solle nicht nur Fakten, sondern ebenso Gerüchte melden; es liege dann an London, diese Informationen zu bewerten und Schlüsse daraus zu ziehen. In der Stellungnahme heißt es: „Wenn wir das nicht können, ist es unsere Schuld, aber ich denke, es ist nicht fair, den SIS verantwortlich zu machen."[383] Wissen Sie, um eine Antwort darf solch ein Amt in keiner Situation verlegen sein.

Wie darf man sich diese Unfähigkeit praktisch vorstellen? In einer alten Fahrradfabrik in Ostpreußen werden 1938 leichte automatische Waffen hergestellt. Ein Agent meldet das gleich dem Ansprechpartner vom SIS Nicholson im lettischen Riga und der findet die Meldung wichtig, da sie zeige, wie Hitler seine Aufrüstung vorantreibt. Der leitet sie folgerichtig nach London weiter und weist auf ihre Quelle und ihre Bedeutung hin. London lässt zwei Monate nichts von sich hören, bleibt aber wohl nicht untätig. Der SIS schickt einen Mann zur Prüfung der Information nach Ostpreußen. Der berichtet dann wunschgemäß, es gebe keine Fabrik des Namens, den der Agent genannt hat, wobei hier unterstellt wird, dass da echt jemand losgeschickt worden ist. Nicholson befragt daraufhin erneut den Agenten, und dieser bringt ihm ein Telefonbuch der Stadt. Da steht, rot unterstrichen: „Waffenfabrik Wolf u. Ebermann GmbH". Nicholson schickt die Seite nach London und erklärt in einem Begleitschreiben, der SIS-Beamte sei vielleicht zur falschen Stadt gefahren. Zurück bekommt er einen Brief mit dem Inhalt, der Agent sei offiziell von der Mitarbeiterliste gestrichen, man könne an dieser Stelle nichts mehr tun und der Fall sei abgeschlossen.[384] Die offiziellen Stellen wissen selbst, dass das Reich aufgerüstet wird. Dafür müssen sie wirklich bei allem Verständnis nicht auch noch übereifrige Agenten von den Steuergeldern bezahlen.

Dass es sich hier auch nicht um einen Einzelfall handelt, zeigt folgendes Beispiel: Malcolm Christie, der Geschwaderkapitän a. D., der bis 1930 britischer Luftfahrtattaché in Berlin war und jetzt als erfolgreicher Geschäftsmann in Berlin arbeitet, hat Sir Robert Vansittart Tabellen zugeleitet, aus denen unter anderem die Flugzeugproduktion des Deutschen Reiches und die projektierte Größe der Luftwaffe hervorgehen. Daraufhin reicht Vansittart diese Tabellen an das Luftfahrtministerium weiter, wo sie „nicht gewürdigt" in einem Tresor verschwinden.[385] Hans Bernd Gisevius mit dem rosaroten Blick auf den Westen nimmt jedoch immer noch an, London wäre bloß zurückhaltend mit den Infos, als sie nur zum Beispiel den Rücktritt Becks nicht bekannt machten, weil man sich nicht in die inneren Angelegenheiten des Reiches einmischen wolle.

Den deutschen Spionen im westlichen Ausland ist es darüber hinaus gelungen, eine bemerkenswerte Vielfalt von Material zu beschaffen. Dazu zählen zum Beispiel Konstruktionsunterlagen oder Muster von Militärgütern wie Flugzeugfahrwerken, neuen Bombenzielgeräten und neuen Treibstoffen, von leistungsfähigen Instrumenten, von neuesten Schiffen und Flugzeugprototypen, Einzelheiten über Produktionskapazität und Expansionsprogramme, Terminpläne für die Umstellung der Friedensproduktion auf Kriegsproduktion. Dabei müssen sich die *Spiogenten* jedoch nicht übermäßig abmühen. Amerikanische Vertreter drängen den Deutschen sogar vieles von dem Material auf, das sie über Spionage beschaffen wollten. Hilfreich ist freilich auch, dass US-Firmen eine Anzahl militärischer Geheimnisse einfach aus freien Stücken und ohne jede Not an die Deutschen weiterreichen.[386] Und wenn einer nicht Bescheid weiß? Richtig dumm läuft es für einen jener Kuriere, der Spionagematerial aus den USA hinausschleppen will. Ein aufmerksamer Zollbeamter erwischt ihn bei einer Routinekontrolle. Pflichtschuldigst benachrichtigt der Beamte telefonisch einen Sicherheitsoffizier. Was dann geschieht, ist dem Zollbeamten ein Rätsel: Der Sicherheitsoffizier befiehlt, den Mann unter der Bedingung laufen zu lassen, dass der am nächsten Morgen zu einer Befragung zurückkommt. Aber soll dieser denn mit dem Klammerbeutel gepudert sein, das im Ernst zu machen? Der sieht dann zu, dass er sich, so schnell es irgendwie möglich ist, aus dem Staub macht.[387]

Der Industrielle, der Hitlers Trupp anfangs finanziert hat, hier eine der größten Panzerschmieden des Dritten Reichs errichten ließ und parallel für die Sowjetunion die High-Tech-Fließbänder in Gorki bauen ließ, auf denen man auch Panzer für einen ordentlichen Krieg bauen kann, dieser Henry Ford befindet 1938 in einem Interview mit der Zeitung New York Times: „Man könnte auch sehr gut sagen, dass, wenn man das Augenmerk auf die fünfundzwanzig Personen richten würde, die die Finanzen der Nation kontrollieren, würden die wirklichen Kriegstreiber der Welt sichtbar." Und weiter: „Wenn diese Financiers ihren Willen durchsetzen könnten, befänden wir uns heute im Krieg. Sie wollen den Krieg, weil sie durch derartige Konflikte Geld machen, auch dem menschlichen Elend, das mit den Kriegen einhergeht."[388] Will er so von *seinen* ökonomischen Aktivitäten in Deutschland und in der Sowjetunion ablenken? Will er die Aufmerksamkeit von den Rüstungsbetrieben auf die sie finanzierenden Banken lenken und so seine Lebenslüge neu auftischen, die er schon in seinem Buch *Der Internationale Jude* verbreitet hatte? Wenn er zu den 25 Bankern noch die Ganoven dazu zählt, die die Rüstungsindustrie mit dem Geld der Banken in Amerika und in Großbritannien aufbauen, und die Millionäre, die gleich persönlich in die Rollen von Ministern und von Präsidenten schlüpfen, damit sie unbehelligt vom Volk lukrative Politik machen können, hat man das Bild einigermaßen vollständig. In diesem Feld haben sie in *America* eifrig von *good old England* abgekupfert.

Noch zwei Tage bis zum Umsturz in Berlin

Das Undenkbare passiert am Morgen des 14. September. Die Nachricht ist in einem Text von sieben Zeilen enthalten, den der Chefdolmetscher des AA für Hitler zu übersetzen hat. Darin schlägt der britische Premier telegrafisch vor, Hitler im Hinblick auf die zunehmend kritischere Lage sofort aufzusuchen, um den Versuch zu machen, eine friedliche Lösung zu finden. Er könne sich auf dem Luftweg zu ihm begeben und sei schon morgen abreisebereit. Hitler möge bitte den frühesten Zeitpunkt wissen lassen, zu dem er ihn empfangen könne, und möge ihm bitte den Ort der Zusammenkunft angeben. Für eine baldige Antwort wäre er dankbar. In London sind sich die entscheidenden Personen in dem Moment bereits einig, dass das Sudetengebiet dem Reich zugebilligt werden soll, wie aus einer telegrafischen Mitteilung der deutschen Botschaft hervorgeht.[389]

Das war das kleine Geheimnis, das Lord Halifax dem Diplomaten Kordt nicht anvertraut hat. Da war längst klar, wie London weiter vorzugehen gedachte. Für einen Moment dringt wie ein dünner Lichtstrahl ein Indiz über die außenpolitische Strategie aus jener *Blackbox London*. Was geht im Kopf des Diplomaten Theo Kordt vor, wenn er einen Monat nach der Überbringung dieser Botschaft von Staatssekretär Weizsäcker, die seine Cousine brav auswendig gelernt hatte, wiederum auf Lord Halifax trifft, den er inständig gebeten hatte, ein klares Signal zu setzen, sodass Hitler weiß, dass ihm jeder weitere Schritt Kopf und Kragen kostet? So ehrlich, wie die Politiker des *British Empire* nun einmal sind, wird Lord Halifax viel zu spät zu Theodor Kordt sagen: „Wir sind nicht imstande gewesen, so freimütig zu Ihnen zu sein, wie Sie zu uns waren. Zu der Zeit, als Sie uns Ihre Botschaft übermittelten, erwogen wir bereits die Entsendung Chamberlains nach Deutschland.“[390] Mit dieser unglaublichen Äußerung wird Lord Halifax der zweite durchaus prominente Kronzeuge des Jahrhundertskandals nach Henry Ford. Hätte die englische Regierung nach mehreren Signalen offizieller Stellen in Berlin nicht neu planen müssen und die Warnung vor einem Krieg aussprechen, wie es die Verschwörer in Berlin erbeten haben? Aber sie bleibt bei ihrer Gesprächsbereitschaft. Hauptsache, sie stellen sich später nicht hin und spucken plötzlich große Töne darüber, dass die Diktatur in Deutschland ganz schlimm war. Das wissen schon viel zu viele Deutsche aus erster Hand selbst.

Dolmetscher Schmidt reist am Abend des 14. September in einem völlig unfeierlichen Sonderzug ohne alle Uniformen nach München ab, aber er hat diesmal nicht das Gefühl, als Statist in einer internationalen Schaudarbietung zu fungieren, sondern eine vielleicht bescheidene, aber nicht unwichtige Rolle in einem wirklichen Drama der Geschichte spielen zu müssen. „Halten Sie Ihre Gedanken nur recht gut beisammen," sagt ihm Staatssekretär Ernst von Weizsäcker im Zuge, „es geht morgen in Berchtesgaden um Krieg oder Frieden."[391] In Berlin werden in der Zwischenzeit die Aufträge präzisiert und die Einsätze zur schlagartigen Besetzung der Polizeidienststellen, Rundfunksender, Fernsprech- und Verstärkeranlagen sowie der Reichskanzlei und der wichtigsten Ministerien festgelegt. Als der Generalmajor Brockdorff-Ahlefeldt alle Schlüsselstellungen bis hin zu den Sendeanlagen in Königs-Wusterhausen südlich von Berlin persönlich erkundet hat, erklärt der General Witzleben die militärische Vorbereitung des Staatsstreiches für abgeschlossen.[392]

Am Vormittag des 15. versammeln sich in Berlin einige der Verschwörer in Hjalmar Schachts Arbeitszimmer: Arthur Nebe, Hans Bernd Gisevius und Hans Oster. Zunächst sind sie sprachlos, dass Chamberlain wirklich auf dem Weg zu Hitler ist. Schacht läuft erregt hin und her, schlägt sich mit der Hand vor den Kopf und wiederholt immer noch einmal: „Stellen Sie sich vor, der Ministerpräsident des englischen Weltreichs kommt zu diesem Gangster!" Hans Oster spielt den Gelassenen, Arthur Nebe überschüttet Gisevius mit Vorwürfen, er hätte bei ihm wieder einmal falsche Hoffnungen geweckt. Ganz bedenklich ist, dass General von Witzleben unsicher wird. An Gisevius gerichtet sagt er: „Doktor, Doktor, wenn Sie sich nur nicht geirrt haben; Brockdorff hat mich eben nervös angerufen, weil er sich Sorgen wegen der Truppe macht."[393] Was passiert, wenn der Premierminister den Blitzableiter spielt und Hitler *nicht* blamiert wird?

Im Laufe dieser Stunden kommt auch Ulrich von Hassell vorbei. In sein Tagebuch schreibt der Diplomat anschließend, Schacht habe äußersten wirtschaftlichen und finanziellen Pessimismus geäußert. Wirtschaftlich pumpten wir uns mehr und mehr aus; die heimlichen Devisen, wie zum Beispiel aus Österreich, seien schon im Minus. Und was die Finanzen im Reich angehe, so sei der Zustand inzwischen so, dass fällige Ansprüche zum wiederholten Mal nicht beglichen werden konnten. Als von Hassell sein Gegenüber darauf hinweist, dass er aber doch Minister sei, erwidert dieser, *Minister* sei heute keine Realität mehr, man würde ja nicht einmal informiert, und er wisse nicht, wie man anders als mit Geldscheinedrucken aus der Lage herauskommen wolle. Doch wenn man auch dies noch von ihm verlange, würde er eben endgültig gehen. Draußen macht hier und da unterdessen der böse Spruch die Runde: „Welches Land hat die größten Erfinder?" – „Das nationalsozialistische Deutschland. Hitler hat den »freiwilligen Zwang« erfunden, Göring den »schlichten Prunk«, Goebbels die *wahre Lüge* und Funk die *stabilisierte Inflation.*"[394] Funk war im Rahmen des großen *Revirements* im Februar der Nachfolger von Schacht im Amt des Finanzministers geworden. Seitdem ist der Letztere ja auch nur noch ein Minister ohne Geschäftsbereich. Von Hassell stellt fest, Schacht lehne das herrschende Regime völlig ab. Ein Staat, der auf so unmoralischen Grundlagen arbeitet, könne nicht lange bestehen. Als von Hassell anmerkt, dass schon viele unmoralische Regime sehr lange bestanden hätten, hält er ihm entgegen, dass Korruption usw. in diesen Systemen zwar geübt, grundsätzlich aber doch verurteilt worden sei, so dass also der Staat an sich ja doch die sittlichen Normen anerkenne. Bei uns liege aber jetzt ein Regime vor, das zum Beispiel in der Justiz völlig offiziell unsittliche Grundsätze aufstelle. Er notiert sich auch, dass Hitler ein Schwindler sei, mit dem England umsonst versuchen wird, bindende Abmachungen zu treffen. Überhaupt sei Chamberlains Entscheidung, zu diesem Gespräch zu kommen, ein Fehler, denn er werde den Krieg doch nicht vermeiden.[395] Dabei setzt er voraus, das dieser das überhaupt will.

Joseph Goebbels

Am 15. September sind die Verschwörer in Hochspannung. Heute wird der Führerbefehl zur Mobilmachung erwartet; danach kann es losgehen. Helmuth Groscurth, einer der Kollegen aus dem Geheimdienst von Admiral Canaris, trifft seinen Bruder sowie dessen Frau und fragt: „Könnt Ihr schweigen?" Die beiden nicken und aus dem Major platzt es heraus: „In dieser Nacht wird Hitler verhaftet!"[396] Endlich hat Er die Maske weggenommen. Keiner spricht mehr von einem „Bluff" oder von „geheimen Abreden" mit den Westmächten; die Befehlsmaschinerie wird in Betrieb gesetzt; immer mehr Menschen im Reich werden in das kriegerische Geheimnis eingeweiht und die Vernebelungstaktik, mit der der Usurpator monatelang die Generäle und Diplomaten getäuscht hat, erweist sich als Täuschung. Damit entschwindet für diejenigen, die davon erfahren, der Nimbus des Friedenskanzlers. Hans Bernd Gisevius wertet dieses als ein psychologisches Ereignis allerersten Ranges. Staunend steht er vor den Folgen: Die Leichtgläubigen verlieren jede Haltung, die panische Furcht packt die Opportunisten, selbst die Nazis sind zu Tode erschrocken. Die Kriegsfurcht bremst die braune Gefolgschaftstreue eindeutig aus.[397] Die Logik ist klar: Hilfe, das gibt Krieg. Dieser Mann ist völlig verrückt. Mit einem Mal können sich die Warnenden nicht mehr vor Freunden retten, die händeringend umher laufen und nach „dem" General fragen. Leute, die seit Jahren nichts hatten von sich hören lassen, sind auf einmal zur Stelle. Manche kommen so ehrlich besorgt, dass die Verschwörer ihnen gegenüber nur ungern die Ahnungslosen vorgaukeln.[398] Erich Kordt sagt gleichlautend, dass Adolf Hitler dabei ist, das Vertrauen selbst vieler der bisher getreuesten Nationalsozialisten zu verlieren.[399]

Um die Mittagszeit holen von Ribbentrop und der Dolmetscher den Gast aus London in München vom Flugzeug ab. Die zweimotorige Lockheed-Maschine hat ihn schneller als erwartet ans Ziel gebracht. Dieser Flug in das Deutsche Reich ist die Krönung eines langen Politikerlebens. Wenn das der alte Joseph Chamberlain wüsste! In der Begleitung von Premier Chamberlain befinden sich Sir Horace Wilson als Berater und der Leiter der mitteleuropäischen Abteilung des Foreign Office William Strang. Er hätte natürlich von Hitler auch an einen Ort nahe der Grenze zu Holland eingeladen werden können, aber Hitler lässt ihn mit Hut und Stock bis in den äußersten Süden Bayerns kommen. In einem offenen Wagen sind die Staatsgäste dann auf dem Weg zum Bahnhof und besteigen dort den Sonderzug nach Berchtesgaden. Auch sie sehen nun während dieser fast dreistündigen Fahrt Züge mit Truppen und Geschützen auf den Gleisen nebenan vorüberrollen. Niemand darf glauben, dass sich unser Kanzler wenigstens bis zum Bahnhof in Berchtesgaden bemühen würde. Seinen Gesprächspartner erwartet er eintausend Meter hoch zwischen Himmel und Erde an der Freitreppe des Berghofs.[400]

Der große und der kleine Klaus

Das überraschend zustande gekommene Gespräch zwischen dem Oberdeutschen und dem Chefbriten wird letzten Endes in demselben Raume mit Ausblick auf den Untersberg geführt, in dem sich Hitler in den vergangenen Jahren auch mit Lloyd George und dem Herzog von Windsor unterhalten hatte. Außenminister von Ribbentrop bleibt allerdings ausgeschlossen, da Hitler und Göring ihn nicht für so sehr hilfreich halten, wohl nachdem Botschafter Henderson ihnen dieses nahe gelegt hat. Die entscheidende Wendung bringt die Formulierung Hitlers, er werde das Problem rund um die Sudetendeutschen in kürzester Frist „so oder so – aus eigener Initiative regeln". Damit der Brite wirklich versteht, wie das gemeint ist, überträgt das der Dolmetscher so ins Englische: „one way or another".[401] Chamberlain ringt um seine Fassung; er versteht zu gut, was Hitler nicht in den Kopf geht: Löst er jetzt einen Krieg mit der Tschechoslowakei aus, in den Frankreich eingreift, kommt es nicht mehr zu dem parallelen Ende Deutschlands *Und* Russlands. Nach ein paar Sekunden fragt er den Kanzler: „Wenn das Ihre Absicht ist, warum haben Sie mich denn überhaupt erst nach Berchtesgaden kommen lassen? Unter diesen Umständen ist es das Beste, wenn ich gleich wieder abreise. Es hat ja anscheinend doch alles keinen Zweck mehr." Hitler zögert und Schmidt ist in Hochspannung: Will Hitler es tatsächlich zum Krieg kommen lassen, dann ist der Augenblick jetzt da, und er sieht ihn erwartungsvoll an. Wie wird dieser Spieler reagieren? In Berlin warten sie auf die Nachrichten, damit man die Befehle in der Wehrmacht erteilen kann; aber der Führer schreckt am Ende doch vor der letzten Konsequenz zurück. Chamberlain bittet darum, erst einmal nach London zurückkehren zu dürfen, um mit englischen und französischen Politikern zu sprechen.[402] Diese Bitte wird ihm vom gütigen Führer gewährt und Chamberlain entschwindet.

Botschafter Dirksen, den Ribbentrop noch immer nicht zurückgelassen hatte nach London und der zu jenem dreistündigen Gespräch auch nicht hinzugezogen wurde, fährt mit Sir Horace Wilson zurück nach München und gewinnt den Eindruck, dieser sei mit dem Ergebnis ganz zufrieden. Wilson betont aber die Schwierigkeiten, die Chamberlain zu überwinden haben werde, um das Parlament und die Franzosen für die Forderungen Hitlers zu gewinnen.[403] Als klar wird, dass der Premier nicht gekommen ist, um in aller Deutlichkeit die letzte Warnung auszusprechen, sondern um auf Hitlers Forderung einzugehen, wissen die Verschwörer bei allem Respekt nicht, ob sie lachen oder weinen sollen. Ein weiteres Mal stehen sie als die Dummen da; einmal mehr müssen sie die hämischen Glossen aller erleichtert Aufatmenden, der Opportunisten, Lauen und Skeptiker einstecken, weil sie sich kläglich mit ihren Prognosen geirrt hatten. Das Spiel der Wochenendüberraschungen wiederholt sich. Jedes Mal hatten die „Westler" gewarnt und immer wieder waren die Generäle durch die Engländer und Franzosen Lügen gestraft worden; abermals siegt Hitlers Intuition über jeglichen politischen Verstand.[404] Dass hingegen auch der nächste *Erfolg Adolf Hitlers in Serie* nix mit seiner Intuition zu tun hat, sondern mit der Londoner Strategie, kann Hans Bernd nicht wissen. Sie fragen sich besorgt, warum hier nicht auf Paris herumgehackt wird? Das hat einen einfachen Grund. Frankreich hat im Großen Krieg richtig übel einen vor den Latz gekriegt und will keinen neuen großen Krieg – das ist der Unterschied. London hingegen dirigiert Hitler zum besten Zeitpunkt für den Krieg, und als der offenkundig nichtsahnende britische Militärattaché Noel Mason-MacFarlane den Gedanken vorträgt, sein Appartement in Berlin sei ideal gelegen für einen Heckenschützen und von dort aus könne man den kriegslüsternen Diktator Hitler erschießen, verwirft das offizielle London seinen Vorschlag mit der Begründung, das sei doch unsportlich.[405] London hat Hitler nicht seit 1933 systematisch aufgebaut, damit die Deutschen ihn wegputschen oder ein Heckenschütze von der Insel im Atlantik ihn einfach mal von der Bildfläche wegschießt.

Krisendiplomatie unter Druck

Der Prager Außenminister Krofta schickt ein Telegramm an Osuský, den Gesandten in Paris, in dem er ihn ersucht, der Regierung sowie Generalstabschef Gamelin zu melden, dass Prag befürchtet, dass ein Einmarsch der Wehrmacht unmittelbar bevorstehe und nach dem 20. September zu erwarten ist. Die ČSR sehe sich in ernster Gefahr, denn ein überraschender Überfall könnte ihre Mobilmachung unmöglich machen. Man hätte diese verschoben, da man einsehe, dass die zwischen Paris und London schwebenden Verhandlungen nicht gestört werden dürften, und man in Prag nichts tun wolle, was als Behinderung der Bemühungen um die Erhaltung des Friedens ausgelegt werden könnte. Prag bäte aber die französische Regierung wie auch den französischen Generalstab nachdrücklich, die äußerst gefährliche Lage der ČSR zu beachten und sich dessen bewusst zu werden, welche Verantwortung sie für Prags wie auch für ihr eigenes Schicksal auf sich nähmen. Sie sollen Prag so rasch wie möglich ihren Standpunkt zu der entstandenen Lage mitteilen und der ČSR als Verbündete und Freunde zu Hilfe kommen.[406] Hitler in Berlin lässt auf der anderen Seite die Mobilisierungsmaßnahmen weiterlaufen wie auch die Hetze in der Presse. Konrad Henlein gründet in der ČSR illegal sein sudetendeutsches Freikorps,[407] und wie sieht es in Großbritannien aus?

Der englische Vermittler in Prag Lord Runciman empfiehlt seiner Regierung am 16. September eine Mischung aus Teilung, Volksabstimmung in der Tschechoslowakei, Neutralisierung und Garantie für den Verlauf der neuen Grenze, die das britische Außenministerium seit Wochen bereits im Sinn hatte.[408] Zugleich wird Propagandawirbel veranstaltet, als ob die Deutschen jeden Moment England überfallen könnten und als ob selbst eine Zusammenarbeit der europäischen Staaten das Deutsche Reich am Führen eines Krieges nicht hindern könnte. Londons Einwohner werden vom König sowie vom Premierminister aufgerufen, sich mit Gasmasken auszustatten und Gräben in den Parks und Gärten der Hauptstadt auszuheben, um psychologisch den Boden zu bereiten für eine Unterschrift Chamberlains unter das Ende der ČSR.[409] Walter Runciman of Doxford sieht übrigens die Verantwortung für das endgültige Scheitern der Verhandlungen der Regierung mit der Volksgruppe bei den Herren Henlein und Frank und jenen „ihrer Parteigänger im In- und Ausland, die sie zu extremen und verfassungswidrigen Handlungen antrieben".[410] Bezüglich der Sudetendeutschen äußert er völlig unabhängig davon Mitgefühl und beklagt aufseiten der Regierung in Prag „einen solchen Mangel an Takt und Verständnis und so viel kleinliche Intoleranz und Diskriminierung, dass sich die Unzufriedenheit der deutschen Bevölkerung unvermeidlich zu einer Empörung entwickeln musste".[411]

Lord Runciman notiert, es sei im Interesse aller Tschechen wie auch der Deutschen, wenn eine Wiederherstellung friedlicher Beziehungen beider Volksgruppen gefördert wird. Er gewinnt den Eindruck, dass sowohl die Durchschnittstschechen wie auch Durchschnittsdeutsche das tatsächlich wünschen. Er artikuliert die Auffassung : „Sie sind gleich ehrlich, friedliebend, arbeitsam und genügsam, und wenn die politischen Reibungen auf beiden Seiten beseitigt sein werden, so glaube ich, dass sie ruhig zusammenleben können." Er empfiehlt gesetzliche Maßnahmen, die all die tschechische Agitation gegen die Nachbarn des Landes unterbinden soll, Garantien an das Ausland, dass dieses Land niemanden angreifen wird, umgekehrt Garantien der Großmächte für das Land, falls es Opfer einer unprovozierten Aggression wird und einen Handelsvertrag mit Deutschland auf der Basis der Meistbegünstigung.[412] Auch dieser Beitrag läuft im Kern darauf hinaus, dass das Deutsche Reich bald über Rohstoffe sowie die industriellen Kapazitäten der Sudeten verfügen kann, ohne sich hier schon eine blutige Nase einzufangen. Es geht ihm mit seinem Vorschlag doch um eine Garantie für den Verlauf der *neuen* Grenze.

Gasmasken hin und Schutzgräben her – wie ist die militärische Lage tatsächlich einzuschätzen? Der britische Attaché in Moskau berichtet nach London, dass die Sowjetunion zum Mindesten 97 Divisionen besitzt und über 5000 Flugzeuge, wenn er auch von beiden Größen keine besonders hohe Meinung hat. Ein Attaché meldet aus Berlin, dass die Wehrmacht bloß mit 22 Divisionen angreifen werde; die Tschechen haben ihrerseits eine Million Soldaten in 34 Divisionen, die Deutschen erhöhen jetzt erst auf 31 und dann auf 36. Damit sind sie den Tschechen noch immer nicht gewachsen, weil alles auf Zweidrittelstärke ausgelegt ist und der Rest als

Kern der Reservedivision dient. Aber gerade auf dem Höhepunkt dieser Krise kursiert der Bericht von Oberst Charles A. Lindbergh nach seinem 1937er Ausflug ins Reich und der britische Botschafter in Paris gibt die Angabe weiter, dass nämlich Deutschland 10.000 Flugzeuge besitze und 1500 monatlich produzieren könne. In Wirklichkeit besitzt die deutsche Luftwaffe durchaus gute Flugzeuge, aber davon im Jahr 1938 nur 1500. Da er vom Militärgeheimdienst entsandt wurde, ist auch hier alles klar; da wurde ein prominenter *Experte* losgeschickt, damit man ihm glaube. Frankreich, England und die Tschechoslowakei haben zusammen zwar etwa 2000 Flugzeuge zur Verfügung, doch das hilft alles nichts, weil die Phantasiezahlen von Lindbergh zählen, weil sich London energisch gegen die Beteiligung der Sowjets sträubt und Polen und Rumänien jeden Durchmarsch von sowjetischen Truppen über die Territorien ihrer zwei Länder verwehren.[413]

Bei einer Besprechung von britischen und französischen Diplomaten am 18. September wird der Pariser Versuch zur Rettung der ČSR endgültig abgewürgt. Erneut versucht Daladier eine eigene Linie zu entwickeln; er verweist wieder auf die Problematik der zunehmenden Ausdehnung des Deutschen Reiches als Ergebnis einer Erpressung. Als er mit dem Latein am Ende ist, akzeptiert er die kühle britische Lösung: Dort, wo mehr als die Hälfte der Bevölkerung deutscher Nationalität ist, gehen die Gebiete an das Reich und der Rest der ČSR erhält eine Bestandsgarantie. Dieses Vorgehen soll an die Stelle der Beistandspakte treten, die zwischen Prag, Moskau und Paris eigentlich gelten. Moskau wird nicht erst gefragt und Paris ist damit aus seinem Dilemma mit einem eigentlich langfristig angelegten Vertragssystem zumindest nach der eigenen Lesart heraus.[414]

Am Tag darauf präsentieren die Gesandten aus London und aus Paris in Prag der dortigen Regierung um 12 Uhr mittags ihre *Vorschläge*, die von der tschechischen Regierung am 20. September in einer Note abgelehnt werden: Ihre Annahme würde früher oder später die Tschechoslowakei unter die völlige Herrschaft Deutschlands bringen. Außerdem müsse zumindest das Parlament davon wissen und zustimmen. Man weist darauf hin, dass viele Sudetendeutsche eben gerade in die ČSR geflohen seien,

„um sich in der demokratischen Atmosphäre des Tschechoslowakischen Staats anzusiedeln".[415] Aber wie alles andere ist auch Demokratie so eine relative Angelegenheit. Bis zum Idealzustand hätte auch die ČSR einiges zu verbessern.[416] Frankreich wird auf die vertraglichen Verpflichtungen hingewiesen und auf die Folgen für den Fall, dass die ČSR nachgibt. Die Regierung schlägt vor, die Sudetenfrage durch ein Schiedsgericht klären zu lassen, wie es in dem deutsch-tschechischen Vertrag vom 16. Oktober 1925 vorgesehen ist. Nach Erhalt der Note am 20. September um 17 Uhr teilt der britische Gesandte Sir Basil Newton dem Prager Außenminister Dr. Kamil Krofta mit, Großbritannien würde kein weiteres Interesse am Schicksal seines Landes haben, wenn die Regierung in Prag bei der Ablehnung bliebe. Der französische Gesandte de Lacroix schließt sich der Erklärung im Namen Frankreichs an. Staatspräsident Benesch lässt in seinem Auftrag Dr. Krofta dem französischen Gesandten de Lacroix die große Frage stellen, ob sich Frankreich im Fall eines deutschen Angriffs an seinen Bündnisvertrag mit der Tschechoslowakei halte oder nicht. In den beiden Hauptstädten der Westmächte wird die Note aus Prag nicht gutgeheißen. Chamberlain beruft eine Kabinettssitzung ein und bleibt in Verbindung mit Paris über das Telefon. Man einigt sich darüber, weiter Druck auf Prag auszuüben. Den Tschechen soll gesagt werden, dass jede Hilfe aus dem Westen wegfalle, wenn sie nicht einlenkten.[417] Diese Härte gegen die Regierung in Prag ist eben die Preislage, auf die man in Berlin im Umgang mit dem Diktator in der Reichskanzlei baut. Und nur um es hier noch einmal auszusprechen: England hat die Armee, um es ihm zu zeigen, und Frankreich, die ČSR und die Sowjetunion warten auch bloß auf das entscheidende Signal aus London wie die Männer in Berlin.

In diesen Tagen reger Geschäftigkeit rund um die Tschechoslowakei ist nicht nur Prag hellwach. Wie wir wissen, leben in dem Land längst nicht bloß Deutsche – doch während die Deutschen mit den Engländern über eine Abtretung von Gebieten reden, halten sich Ungarn und Polen an die Deutschen. Am 20. September empfängt Hitler den Ministerpräsidenten von Ungarn und den Chef des ungarischen Generalstabs und später am Nachmittag auch Polens Botschafter Lipski.[418] Bei diesem Gespräch mit Lipski ist auch Außenminister von Ribbentrop anwesend. Lipski notiert für seinen Minister in Warschau, Hitler habe darauf verwiesen, dass der Vorschlag Chamberlains nach Berchtesgaden zu kommen, ihn durchaus überrumpelt habe. Natürlich konnte er nicht umhin, ihn zu empfangen. Er glaubte, Chamberlain werde kommen, um ihm feierlich zu erklären, dass Großbritannien zum bewaffneten Einschreiten bereit sei. Er würde ihm in diesem Fall selbstverständlich geantwortet haben, dass Deutschland mit einer solchen Möglichkeit gerechnet habe. Der Kanzler sagt, er habe Chamberlain erklärt, dass die Sudetenfrage, sei es auf friedlichem Wege oder auch durch Krieg, in dem Sinn gelöst werden müsse, dass das Sudetengebiet an Deutschland überginge. Aus jenen Meldungen, die bei ihm eingingen, wäre ersichtlich, dass seine Forderungen wohl akzeptiert würden.[419] Der Kanzler habe sich auch Gedanken gemacht, wie der Teil des Problems gelöst werden könnte, der Polen und Ungarn betreffe. Im Zusammenhang damit habe er auch den ungarischen Ministerpräsidenten und ihn selbst zu Besprechungen eingeladen. Warschaus Botschafter spricht dabei zwei Mal jenes Gebiet um Teschen an, das sich Polen gern von der Tschechoslowakei abgreifen würde. Er betont, „dass es sich um ein Gebiet handle, das nicht viel über die Grenzen der Bezirke Teschen-Freistadt hinausgeht, sowie über die Fortsetzung der Bahnverbindung bis zur Station Bohumin-Oberberg."[420] Auf eine entsprechende Anfrage des Kanzlers erklärt der polnische Botschafter, dass Warschau vor Gewaltanwendung nicht zurückschrecken würde, wenn „seine Interessen" keine Berücksichtigung finden sollten.[421] Und das Gespräch geht weiter. Vorab verrät der Reichskanzler dem polnischen Botschafter bereits, wie er weiter mit dem englischen Premier umzugehen gedenkt. Würden die Vorschläge durch Chamberlain nicht angenommen werden, so wäre die Situation klar, und er werde dann mit der Waffe für die Vereinigung der Sudeten mit dem Reich vorgehen. Hier meint er vermutlich nicht genau sich selbst, sondern eher die Soldaten der Wehrmacht. Sollten die Vorschläge aber angenommen und von ihm Garantien für die Grenzen des verbleibenden Gebietes der Tschechoslowakei verlangt werden, würde er den Standpunkt vertreten, dass er die Garantien unter der Bedingung geben könnte, wenn auch Polen, Ungarn und Italien dasselbe tun, wobei er die Einbeziehung Italiens als wichtiges Gegengewicht zu Pariser und Londoner Garantien ansieht. Bei diesem Poker setzt der Spieler darauf, dass Polen und Ungarn keinerlei Garantie geben würden, ohne dass die Frage ihrer Minderheiten entschieden worden ist. Das ist genau die Verknüpfung, die der französische Außenminister im Gespräch mit Polens Botschafter in Paris vermeiden wollte. Lipski gibt Hitler im Namen der polnischen Regierung ungeniert die von ihm gewünschte Versicherung ab. Und – eine Hand wäscht die andere – unser Berliner Chef versichert Warschau, er werde die Polen beschützen, falls es wegen der polnischen Interessen im Teschener Gebiet zum Konflikt kommen sollte. Als guten Rat gibt Hitler Lipski den Tipp, Polens Armee solle mit der Aktion erst beginnen, nachdem die Wehrmacht das Sudetengebirge besetzt hat, weil die ganze Operation dann verkürzt werden würde.[422] Der Große Bruder.

Was der große Macher dann vorträgt, ist eine Überraschung. Bislang hat er den ehemaligen Kolonien nie etwas abgewinnen können; aber jetzt ist ihm eine Verwendung eingefallen. Ihm schwebt dabei der Gedanke vor, „das Judenproblem im Einvernehmen mit Polen, Ungarn und vielleicht auch Rumänien durch Emigration in die Kolonien zu lösen". Botschafter Lipski sagt darauf nach eigenem Bekunden, dass sie ihm „in Warschau ein herrliches Denkmal errichten werden", wenn er für das Problem mit den Juden eine Lösung fände.[423] Es gibt Gespräche, bei denen man sich später wünscht, sie hätten entweder nie stattgefunden oder wären nicht aufgezeichnet worden. Was denken Sie denn, warum immer nur ausgewählte historische Erkenntnisse in die Massenmedien und in die Lehrbücher hineinkommen? Was Danzig angeht, will Lipski den Schutz der Freien Stadt durch den Völkerbund durch einen unmittelbaren deutsch-polnischen Vertrag ersetzen. Hitler jedoch findet, dass wir den Vertrag von 1934 haben und das sei genug. Darüber hinaus möchte er auch eine endgültige Grenzziehung zwischen dem Reich und Polen. Gewaltanwendung solle in unseren Beziehungen mit Polen völlig ausgeschlossen sein. In dem Zusammenhang entwickelt Hitler den schon bekannten Entwurf einer Autobahn über polnisches Gebiet in Richtung Ostpreußen. Ungefähr 30 Meter soll der Streifen breit sein. Dies wäre gewissermaßen ein Novum, wobei die Technik der Politik dienen würde. Er stellt dies nicht in den Vordergrund; das sei ein Gedanke, den man auch später realisieren könne. Am Ende des Gespräches sondiert Lipski die Möglichkeit für eine baldige Zusammenkunft zwischen dem polnischen Außenminister und dem Kanzler, für den Fall, dass es erforderlich sein sollte. Letzterer nimmt dies „mit Vergnügen auf" und sagt, diese Begegnung könnte sehr angezeigt sein, besonders nach der Unterredung mit Chamberlain. Der hiesige Außenminister Ribbentrop erkundigt sich dann noch, ob Polen in der Frage seiner Forderungen bezüglich der Tschechoslowakei ebenfalls eine Erklärung abzugeben wünsche wie Ungarns Ministerpräsident. Dies könnte man bei den Verhandlungen mit Chamberlain nutzen.[424]

Aus Moskau schickt an diesem Tag der Volkskommissar für Auswärtige Angelegenheiten ein Telegramm nach Prag, in dem sofortige und wirksame Hilfe zugesagt wird, wenn Frankreich die Bündnisverpflichtungen einhält und gleichfalls zu Hilfe kommen werde. Darüber wird auch Paris informiert. Als diese Nachricht die Minister in Prag erreicht, ist längst bekannt, dass Paris nicht bloß von den vertraglichen Pflichten abgerückt ist, sondern vielmehr sein Gewicht gegen ihr Land einsetzt. Nach dieser Depesche weiß Prag, dass die sowjetischen Truppen, so große Wirkung sie auch haben könnten, nicht zum Einsatz kommen werden.[425]

Die Nerven liegen blank

Wie geht es jetzt unseren Verschwörern? 5 Tage sind in Berlin seit dem Schock von Berchtesgaden ins Land gegangen und langsam erholen sich unsere Helden wieder. In Gesprächen in kleinen Gruppen haben sie sich über die Vorgehensweise für einen erfolgreichen Staatsstreich und über das, was nach einem geglückten Umsturz kommen müsse, ausgetauscht. Bei wie vielen Leuten wären solche Gedanken reine Spinnerei ohne Aussicht auf eine Realisierung ihrer Pläne zum Sturz des Staatsoberhauptes, aber hier besprechen sich einige der führenden Männer unseres Staates. So geht es in der Planung von Canaris und Oster um eine überfallartige Besetzung des Berliner Regierungsviertels, die Inbesitznahme der Nachrichtenzentralen, um die Ausschaltung der Gestapo- und SS-Stellen, die Verhaftung Hitlers und die Proklamierung einer Militärdiktatur. Dabei dürfe Hitler auf keinen Fall getötet werden; verhaftet soll er werden und dann vor ein Gericht gestellt oder für geisteskrank erklärt werden.[426] Der

Gedanke ist noch nicht einmal weit hergeholt, ihm dies auch offiziell von einem Psychiater bescheinigen zu lassen. Da muss man nur anknüpfen an dem, was man gelegentlich ohnehin hört: Ein Nervenarzt trifft einen Chirurgen, und grüßt ihn mit: „Heil Hitler!" Da entgegnet der Chirurg: „Du wendest dich an die falsche Adresse! Du bist doch Nervenarzt, heil du ihn!"[427] Hans Oster und Dr. Hans von Dohnanyi denken dabei an ein Ärztekonsilium unter dem Vorsitz von Psychiater Prof. Karl Bonhoeffer. Ob mit Richtern oder mit Ärzten – in jedem Fall muss einer neuerlichen Dolchstoßlegende der Boden entzogen werden; sie hat in den zwanziger Jahren wesentlich dazu beigetragen, dass viele Leute die demokratische Führung Deutschlands ablehnten, weil man sie für mitverantwortlich an der Niederlage im Weltkrieg hielt. Nicht umsonst sprach auch Hitler von Erfüllungspolitikern bei den Demokraten, die die Versailler Vorschriften angeblich einhielten. Viele Verschwörer wollen die Situation ausnutzen, um den Sturz des Regimes an sich in die Wege zu leiten.[428]

Am Abend des 20. treffen sie sich in der Wohnung von Hans Oster, um letzte technische Details für den Tag X festzulegen. Die Verhaftungen in Berlin sollen nach den Vorstellungen von Oster, Witzleben und Gisevius von Männern durchgeführt werden, die vor mehr als zehn Jahren in der Weimarer Republik in den Freikorps waren.[429] Im Laufe der Diskussion kommen Gisevius und Witzleben zu dem Schluss, dass eine Meuterei in der Wehrmacht einen Staatsstreich auch ersetzen kann. Auf den wackeligen Brauchitsch, der eventuell Befehle ausgibt oder auch nicht, wollen sie nicht vertrauen. So entsteht da so etwas wie eine Konspiration innerhalb der Konspiration. Die zögernden Generäle in der Wehrmacht sollen für die entscheidenden Stunden eingesperrt werden.[430] Daneben werden noch einmal detailliert die Aufgaben des Stoßtrupps rund um Friedrich Wilhelm Heinz durchgegangen. Als letzten Endes eigentlich alles schon besprochen ist und die meisten der Konspiratoren gegangen sind, bleibt unter anderem Friedrich Wilhelm Heinz* noch da, er wolle einen Punkt besprechen, der ihm von Anfang an nicht gefallen habe. Er meint, dass Hitler nicht einfach verhaftet werden sollte. Der Mann müsse unbedingt sterben. Selbst in einer Gefängniszelle sei er immer noch stärker als sie alle zusammen. Es ist bekannt, dass genau dies von den meisten älteren

Hans Oster

Militärs abgelehnt wird. So ist Ludwig Beck stets der Meinung gewesen, ein Attentat sei natürlich auch ein Mord. Am Ende des Gespräches steht der Kompromiss, man müsse notfalls ein Handgemenge inszenieren, in dem Hitler der tödliche Schuss trifft. Die ganz kleine Verschwörung, die sich hier herausbildet, folgt der gleichen Überlegung wie Witzlebens interne Konspiration. Es hat sich der Verdacht festgesetzt, dass es Halder mit dem Staatsstreich nicht ernst genug sein kann, wenn er glaubt, er müsse Brauchitsch erst in der letzten Minute in die Verschwörung einweihen. Sie wollen sich nicht ausmalen, was geschieht, wenn sich dieser Generaloberst den Bemühungen am Ende doch verweigert.[431]

Die Goldene Stadt schläft

Im schönen Prag kann es nicht schnell genug gehen. Vor zwei Stunden war es Mitternacht, da wird der tschechoslowakische Präsident, der nie schlafen muss, über die „gemeinsame" Linie von London und Paris informiert. Ängstlich haben die Franzosen auf ihre eigenständige Strategie verzichtet. So dunkel es an diesem 21. September in der Goldenen Stadt jetzt auch noch ist, protestiert man doch gegen die Einigung in fremder Angelegenheit und erinnert an die Maßnahmen, die der Schiedsgerichtsvertrag des Reiches mit der ČSR vor zwölf Jahren noch vorgesehen hat. Anders als in den gestrigen Verhandlungen drohen die Franzosen – und das sind nicht die Franzosen aus dem Café nebenan – auf einmal damit, den Bündnisvertrag zwischen Frankreich und der ČSR aufzulösen sowie die ganze Tschechoslowakei dem Deutschen Reich auszuliefern, falls die Prager Regierung diese „Einigung" zwischen London und Paris so nicht akzeptiert. Da Premier Chamberlain spätestens am Mittwoch mit Hitler sprechen will, wird um eine sehr schnelle Antwort gebeten. Aus London kommt die Warnung, man würde alle britischen Staatsbürger abberufen für den Fall, dass Prag nicht sofort einlenkt.[432] Unter diesen Umständen haben die Tschechen tatsächlich keine Chance und erklären um 17 Uhr, dass sie die Bedingungen der Westmächte akzeptieren. Londons Außenminister Lord Halifax ordnet dann an, dass sich die tschechische Polizei sofort aus den Dörfern und Städten der Sudetendeutschen zurückziehen soll, und wünscht den Einzug deutscher Truppen.[433] Für Warschau, das gern auf verschiedenen Hochzeiten gleichzeitig tanzt, wird es jetzt aber eng. London und Moskau haben inzwischen ihre eigenen Informationen über die dubiosen polnisch-deutschen Kontakte im Sommer und Herbst dieses Jahres erhalten. Aus diesem Grund sind Diplomaten des Foreign Office der Engländer am 20. und 21. September in Warschau und ebenfalls in Budapest vorstellig geworden.

Das Schmierentheater wird fortgesetzt

Premier Chamberlain landet am 22. September wieder in Deutschland, um in Godesberg am Rhein in der Umgebung der Stadt Bonn seine Verhandlungen mit Kanzler Hitler fortzusetzen. Das Gute ist, dass er nicht wieder bis nach Bayern anzureisen braucht. Die großen Medien aus der ganzen Welt sind bereits mit Reportern vertreten. William Shirer frühstückt am Morgen auf der Terrasse des Hotels *Dreesen*. Hitler geht dicht an dem Journalisten vorbei, und dem fallen relativ tiefe Schatten unter seinen Augen und ein nervöses Zucken seiner rechten Schulter auf. Der britische Premierminister hingegen bemüht sich, gute Laune zur Schau zu stellen, trotz seiner Besorgnis über die wachsende Opposition gegen seine Außenpolitik in England. In Godesberg sind die Straßen nicht nur mit den bekannten Hakenkreuzfahnen sondern auch mit dem britischen *Union Jack* beflaggt.[434] Der Dolmetscher Paul Schmidt geleitet den Gast in sein Hotel am Rhein und dann fahren sie hinüber auf die andere Seite des Flusses, wo die erste Besprechung stattfinden soll. Der Gastgeber ist überaus freundlich, kommt Chamberlain an der Hoteltür entgegen, erkundigt sich aufmerksam, wie die Luftreise verlaufen sei und ob ihm die Unterbringung im Hotel *Petersberg* gefalle. Er führt ihn dann in das im ersten Stockwerk gelegene Konferenzzimmer. Ohne nur einen Blick auf den Rhein und das Siebengebirge zu werfen, setzen sich die Politiker an das eine Ende eines längeren Konferenztisches des Hotels *Dreesen*. Zur Sicherheit hatte Chamberlain als Dolmetscher Sir Ivone Kirkpatrick von der Botschaft in Berlin mitgebracht, da Ribbentrop nach der Begegnung vor einer Woche für einen diplomatischen Eklat gesorgt hatte, als er verhinderte, dass Dr. Schmidt wie üblich dem Gast die Aufzeichnungen des Gesprächs mit Hitler überlässt, ein bis dahin selbst in Hitlers Reich ganz beispielloser Vorgang. Trotz jenes Weinhändlers gibt es eine Etikette. So wird aus einer Besprechung unter sechs Augen eine unter acht Augen.[435]

Schmidt scheint innerlich zu schmunzeln über das verlorene Häuflein in dem viel zu großen Konferenzraum. Ausgiebig erläutert der Premier das Konzept, das er mit viel Aufwand den Franzosen und den Tschechen abgehandelt hat. Als er geschlossen hat, lehnt er sich in den Stuhl zurück, als wolle er damit sagen: „Habe ich nicht in diesen fünf Tagen großartig gearbeitet?" Auf Biegen und Brechen will er Hitler weiter vor dem Krieg bewahren. Er weiß, was der Führer nicht weiß: Er hat bloß noch wenige Stunden im Amt. Chamberlain weiß, wenn er hier mit Krieg droht, ist es aus mit Hitler. Drei Männer warten gespannt auf seine Reaktion. Ruhig, mit fast bedauerndem Ton, aber durchaus fest erklärt der Kanzler: „Es tut mir sehr leid, Herr Chamberlain, dass ich auf diese Dinge jetzt nicht mehr eingehen kann. Nach der Entwicklung der letzten Tage geht diese Lösung nicht mehr."[436]

Wie von der sprichwörtlichen Tarantel gestochen richtet sich der Mann in seinem Stuhl auf, das Blut rötet sein Gesicht, die Augen blitzen plötzlich böse unter seinen buschigen Brauen hervor. Er verstehe nicht, sagt er, wie Hitler, nachdem seine in Berchtesgaden aufgestellte Forderung erfüllt sei – und das habe doch immerhin beträchtliche Mühe gekostet – erklären könne, dass jene Lösung nun nicht mehr gehe.[437] Anschließend, wissend, dass sich die Polen und die Ungarn auf ihn verlassen und zum Einlenken nicht bereit sind, weist der Kanzler den Vorschlag zurück, mit der ČSR einen Nichtangriffspakt zu schließen und erklärt, das sei ebenfalls nicht möglich, bis die Ansprüche Polens und Ungarns an das Land auch befriedigt seien. Was Chamberlain danach erlebt, hat Schuschnigg, der in Wien weiter inhaftiert ist, schon hinter sich. Hitlers Sprache über Benesch und die Tschechoslowakei wird immer ausfallender und lauter. Der noble Gast zieht sich immer mehr in sich selbst zurück. So endet die Zusammenkunft der zwei Politiker mit einem schweren Missklang und der Staatsgast begibt sich zurück in das Hotel *Petersberg* drüben auf der anderen Rheinseite.[438] Mag sein, dass Hitler der Traumkandidat für die

Aktionäre der Rüstungsfirmen und Banken *im demokratischen Westen* ist, aber es wäre auch schön, wenn er ein bisschen umgänglicher wäre.

Zeitlich etwas verzögert treffen die Nachrichten aus Godesberg in Berlin ein und die Männer wagen nicht den Ohren zu trauen. Chamberlain sitzt schmollend am andern Rheinufer. Bald sind erste Bestätigungen da, ja, der Tollkühne habe seine eigenen Vorschläge aus Berchtesgaden durch neue Forderungen ersetzt, so ungeheuerliche, dass es auch Chamberlain zu dumm wurde. Den Verschwörern in Berlin fällt ein Stein vom Herzen und man zählt die Stunden, bis das Scheitern der Gespräche offiziell ist und jene überzeugt, die immer noch zweifeln, ob Hitler Übles im Schilde führe. Hans Oster erfasst der alte Enthusiasmus und er freut sich spitzbübisch: „Jetzt haben wir Gott sei Dank endlich den klaren Beweis, dass Hitler unter allen Umständen zum Kriege treiben will. Nun kann es kein Zurück mehr geben." Jetzt muss Hitler nach Berlin kommen, wo für den Putsch alles vorbereitet ist, und Oberstleutnant Hans Oster wendet sich an den Diplomaten Erich Kordt: „Tun Sie alles, was Sie können, Hitler wieder nach Berlin zu bringen. Der Vogel muss zurück in den Bauer."[439]

Es ist vor allem die Sehnsucht nach der Fortdauer des Friedens, die die Verschwörer zusammenschweißt, aber was ist dieses löbliche Bestreben abzüglich des Wissens um die Verschwörung noch wert? Schadet es gar? Die Engländer verbreiten die Information, dass in Godesberg eine Krise eingetreten sei, hervorgerufen durch die Forderung, dass das tschechoslowakische Problem insgesamt bereinigt werden solle – also inklusive der Forderungen auch der anderen Nachbarstaaten. Erst Stunden später hat der Kanzler die Forderung „durch den Druck der deutschen Militärkreise"[440] zurückgenommen, wie der ungarische Gesandte in Erfahrung bringt. Die Führung der Wehrmacht fürchte einen internationalen Zusammenstoß. Außerdem sei Hitler durch die Meinungen hoher Beamter aus dem Auswärtigen Amt so beeinflusst worden, die immer wieder vor der Möglichkeit eines englischen und französischen Eingreifens warnen, wie der Botschafter der Polnischen Republik nach Warschau meldet.[441] Selbst Friedenssehnsucht hat folglich auch ihre Schattenseiten.

In Warschau tropft der Zahn

Als wäre die Lage in Europa nicht schon explosiv genug, bleibt Polen am Ball bezüglich seines Wunsches nach einer Einverleibung des Teschener Industriegebietes an der Olsa. Am 22. September ergeht eine Warnung an Warschau, sich bitte zurückzuhalten, was Außenminister Beck unverzüglich verwirft. Halifax in London wird mitgeteilt, dass kein Grund vorliege, gemeinsame Maßnahmen zu erörtern, da es sich hier bloß um die Durchsetzung vollkommen „gerechtfertigter polnischer Interessen“ (jenseits der Grenzen von Polen in der Tschechoslowakei) handele.[442] In den ABC-Staaten Argentinien, Brasilien und Chile wohnen auch eine Million Deutsche. Beten wir zu Gott dem Allmächtigen, dass unser Kanzler nicht auf den Dreh kommt, Lateinamerika heim ins Reich zu holen.

Wer in Hitler seinen Großen Bruder gefunden hat, der muss nicht mehr die Briten fragen, ob man ein Land in der Nachbarschaft filetieren darf. Moskau, das London gleich gar nicht mit im Boot haben will, sagt sofort militärische Unterstützung zu, wenn die Angelegenheit dem Völkerbund vorgelegt wird, diesmal sogar für den Fall, dass sich die Franzosen nicht ebenso beteiligen. Behalten Sie das im Gedächtnis. Die Rote Armee des Genossen Stalin sieht sich 1938 in der Lage, die Tschechoslowakei gegen einen Überfall aus dem Ausland zu verteidigen. Es sollte später niemand sagen, die Sowjetunion wäre auf ein solches Szenario im Angriffsmodus nicht vorbereitet. Moskau droht Warschau am 23. September, dass der sowjetisch-polnische Nichtangriffsvertrag annulliert werden müsste bei einem Überfall von polnischen Truppen auf die ČSR.[443] Diese Warnung aus Moskau wird von Beck ebenfalls arrogant zurückgewiesen.

Jetzt schreiben sich die Streithähne Briefe

Anstelle des Besuchs erreicht Hitler am 23. September ein Schreiben, in dem steht, der Kanzler sei sich unter Umständen nicht bewusst, dass es für Chamberlain unmöglich ist, einen Plan zu befürworten, von dem er nicht weiß, ob er von der öffentlichen Meinung in England, Frankreich und der Welt insgesamt angenommen werden würde. Gewaltandrohung gegen die ČSR dürfe nicht das Ergebnis ihrer gemeinsamen Beratungen sein. Wenn deutsche Truppen, wie von Hitler vorgeschlagen, einfach in das Gebiet der ČSR einrücken, so bestehe gar nicht der geringste Zweifel darüber, dass der Prager Regierung nichts weiter übrig bleiben wird, als ihren Streitkräften den Befehl zum Widerstand zu erteilen.[444] Der Brite hat weiter mehr Angst vor diesem Krieg als unser Österreicher. Als dann die Deutschen den Brief von Chamberlain gelesen haben, jagt im Hotel *Dreesen* eine Besprechung die nächste. Am Ende diktiert der Führer die Antwort. Es wird eine lange, in relativ unverbindlichen Formulierungen abgefasste Wiederholung dessen, was Hitler am Vortag zu Chamberlain gesagt hatte. Auf die Einlassung, dass man das Selbstbestimmungsrecht der Deutschen in der ČSR natürlich respektiere, antwortet Hitler: „Was mich interessiert, Exzellenz, ist nicht die Anerkennung des Grundsatzes, sondern einzig und allein seine Verwirklichung, und zwar in der Weise, dass durch sie in kürzester Zeit den Leiden der unglücklichen Opfer der tschechischen Tyrannei ein Ende bereitet und gleichzeitig der Würde einer Großmacht Rechnung getragen wird."[445] In dieser Art geht es knapp fünf Schreibmaschinenseiten weiter. Man könnte fast vergessen, dass er dem Chef einer Großmacht schreibt. Um Zeit zu sparen, wird nicht erst eine Übersetzung angefertigt. Stattdessen wird Dr. Paul Schmidt diesen langen Text im Hotel *Petersberg* ohne Seil und doppelten Boden übersetzen. Nicht nur auf dieser Seite des Rheins – überall in Europa fiebert man gespannt dem Ergebnis entgegen. In seiner Antwort bittet Premier Chamberlain den Kanzler darum, die neuen Forderungen in Form eines Memorandums zur Weitergabe an die Prager Regierung abzufassen und kündigt an, er werde zur Vorbereitung nach England zurückkehren. Mit Ribbentrop wird vereinbart, dass Chamberlain zur Entgegennahme des Schreibens trotz allem erneut in Hitlers Hotel kommen soll.[446] Auf dem Höhepunkt des Treffens in Godesberg wendet sich der französische Generalstabschef Gamelin auch an den britischen Premier um ihm zu versichern, dass hundert französische Divisionen mehr als genug sind, um Adolf Hitler definitiv zur Raison zu bringen.[447]

Die Besprechung mit dem 69 Jahre alten Mann beginnt eine Stunde vor Mitternacht. Zuerst trägt der Dolmetscher das fertige Memorandum auf Englisch vor. Hitler will das Sudetengebiet mehr oder minder sofort und bedingungslos. Der Premier ist außer sich: „Das ist ja ein Ultimatum!"[448] Beschwörend hebt er die Hände hoch. „Ein Diktat", ruft Henderson auf Deutsch. In erregten Worten erklärt es der Premier für ausgeschlossen, dass er dieses Papier an die tschechische Regierung weiterleitet, und er beschließt seine Erwiderung mit den Worten: „Mit großer Enttäuschung und tiefem Bedauern muss ich feststellen, Herr Reichskanzler, dass Sie mich in meinen Bemühungen um die Erhaltung des Friedens auch nicht im Geringsten unterstützt haben."[449] Adi scheint überrascht zu sein und antwortet unbeholfen, es stehe aber doch Memorandum über dem Text und nicht Ultimatum. Die Briten weisen ihn darauf hin, dass die Gefahr, dass es unter diesen Umständen zu Schießereien komme, riesengroß sei. Die Verhandlungen sind vollständig auf dem toten Punkt angelangt. Da tut sich die Tür auf, einer von Hitlers Adjutanten kommt in den kleinen Festsaal und überreicht ihm einen Zettel. Hitler liest ihn, reicht ihn dem Dolmetscher und Dr. Paul Schmidt übersetzt für die Engländer im Saal: „Soeben hat Benesch über den Rundfunk die allgemeine Mobilmachung der tschechoslowakischen Wehrmacht verkünden lassen."[450] Totenstille tritt in dem kleinen Saal ein. Schmidt denkt, das sei der Moment, in dem man eine Stecknadel herunterfallen hören würde.

Fast jeder weiß, was das bedeutet. Wenn die Tschechoslowakei jetzt zuschlägt, wird sie Hitlers Wehrmacht zumindest empfindlich schwächen. Wird Adolf Hitlers Übermut Neville Chamberlains Lebensziel ruinieren? Raubt Hitlers fanatischer Drang nach Krieg und Sieg der Wehrmacht die Möglichkeit zu dem angestrebten Zusammenstoß mit dem Sowjetreich? Mit kaum hörbarer Stimme sagt Hitler zu dem wie versteinert sitzenden Engländer: „Meine Zusage, dass ich während der Verhandlungen nicht gegen die Tschechoslowakei vorgehen werde, halte ich trotz dieser unerhörten Provokation selbstverständlich aufrecht, zum Mindesten solange Sie, Herr Chamberlain, sich noch auf deutschem Boden befinden.“[451] Er ist auf einmal bereit, nun doch über die Räumungsfrist zu reden, und er erweitert sie überaus großzügig: „Ihnen zuliebe, Herr Chamberlain will ich in der Zeitfrage eine Konzession machen. Sie sind einer der wenigen Männer, denen gegenüber ich das jemals getan habe. Der 1. Oktober soll mir als Räumungstermin recht sein.“[452] Jenes winzige Entgegenkommen Hitlers liefert Mister Premierminister den Vorwand, um *nicht* mit einem Krieg zu drohen. Wenn Hitler mit seiner forschen Masche wieder einmal ohne Krieg bekommt, was er möchte, werden viele *nicht ihn* für verrückt halten, sondern Verschwörer, die ihn wegputschen wollen. Chamberlain erklärt sich obendrein dazu bereit, das *Memorandum* der Regierung in Prag zu übermitteln, und er versteht sehr gut, was das für seinen Ruf in der Welt bedeutet. Und er weiß ebenso: Ist der Ruf erst ruiniert, lebt es sich ganz ungeniert. Klar ist auf der anderen Seite aber auch, was das für Godesberg bei Bonn am Rhein bedeutet. Mit den *Talks* vom 22. bis zum 24. September ist Bonn genauso wie Godesberg für England verbrannt. Hier würden Politiker aus London immer Magenschmerzen bekommen. Bloß ein knorriger und nachtragender böser alter Wurzelzwerg würde es fertigbringen, einen Briten noch einmal zu einem politischen *Talk* nach Bonn am Rhein ins schöne Siebengebirge einzuladen. Als Denkzettel.

Erst zwei Stunden nach Mitternacht trennen sich die Gesprächspartner. Die Briten lassen Prag wissen, dass die Antwort nicht der momentanen kritischen Lage entspricht und dass diese Mobilmachung zum sofortigen deutschen Einmarsch führen wird. Prag soll die Antwort zurücknehmen und unverzüglich eine andere Lösung finden, die der tatsächlichen Lage Rechnung trägt.[453] Am Sonntag berät Londons Kabinett und lehnt in den Beratungen über Hitlers Memorandum seine jüngsten Forderungen ab. Hat Chamberlain womöglich sogar echte Widersacher in der Regierung? Frankreich wird britische Unterstützung für den Fall einer kriegerischen Verwicklung mit Deutschland zugesagt. Sogar Prag darf plötzlich etwas gegen Hitler sagen und die Westmächte beginnen schließlich doch noch mit den Vorbereitungen für einen Krieg, nachdem auch die Kabinette in Prag und Paris die Forderungen abgelehnt haben.[454]

Der polnische Ritter mit dem Zauberschwert

Über Warschaus Pläne zur Ausweitung des größten Polens auf der Welt in Richtung Süden spricht sein Botschafter in Paris ganz entspannt am 25. September auch mit US-Diplomaten. Dabei entwickelt er die These, die aktuelle Krise werde sich zu einem Konflikt der Weltanschauungen zwischen dem Nazismus und dem Bolschewismus, sowie Benesch, dem Agenten Moskaus, auswachsen. Er stellt unaufgeregt fest, dass Truppen der polnischen Armee außer in den Raum Teschen auch in die Slowakei einrücken werden, um so eine gemeinsame Front mit dem befreundeten Ungarn zu bilden. Botschafter Lukasziewicz sagt zu den Diplomaten aus Amerika, dass Polen durchaus einen russischen Angriff in Kauf nehme – das schrecke Warschau nicht. Deutschland und Polen würden Russland innerhalb von drei Monaten gemeinsam *in wilde Flucht* schlagen. Es ist überhaupt nicht gut, dass auch Washington nun noch Druck auf Edvard Beneš ausübt, um Prag zur Kapitulation zu zwingen.[455]

London wünscht keinen Umsturz in Deutschland

Realistischer als die Köpfe in Warschau sehen die Franzosen, was vom Führer in Berlin wirklich zu erwarten ist. Allein schon durch Carl Friedrich Goerdelers *tête-à-tête* mit Alexis Léger am Quai d'Orsay wissen sie mehr über die diplomatischen und militärischen Kreise in Berlin, denen daran liegt, ein zweites Massenschlachten hier in Europa zu verhindern. Und wir wissen, dass Konrad Henlein mit seinem Plan zur Zerstücklung der Tschechoslowakei im Mai in England herzlicher empfangen wurde. Als der Pariser Generalstabschef Gamelin am 26. September Chamberlain auf die deutschen Kritiker anspricht, lässt dieser ihn kalt abblitzen: „Wer garantiert uns dafür, dass Deutschland nicht nachher bolschewistisch wird?" Warum sollte ausgerechnet er nicht wissen, dass der Quark, also der verbrecherische Quark dort in Moskau mit London zu tun hat? Doch an der Themse sieht man Hitlers Zwinger offiziell weiter in erster Linie als den Vorposten des Westens gegen den Bolschewismus an. Auch da gilt: Ein Politiker muss für jede Argumentation und für jeden Schritt immer eine logisch klingende Sprechblase bei der Hand haben.[456]

Der kleine Klaus rastet vollkommen aus

Nach einem Zwischenstopp in London ist Sir Horace Wilson schon am 26. September zurück in der Reichshauptstadt mit einem persönlichen Brief Chamberlains. Der Kanzler empfängt ihn sowie die beiden Herren Henderson und Kirkpatrick in seinem Arbeitszimmer der Reichskanzlei. Von der Fläche her darf man sich kein Räumchen vorstellen; es handelt sich viel eher um einen Saal von der Größe der Mensa einer Universität. Die Szene, die der Revolutionär aus dem Volk dann vorführt, sprengt die Erfahrungswelt von Dolmetscher Schmidt. Ausgelöst wird das Unwetter durch den Inhalt des Briefes. Darin hatte Chamberlain geschrieben, die tschechoslowakische Regierung habe ihn soeben wissen lassen, dass sie die in dem *Memorandum* enthaltenen *Vorschläge* als völlig unannehmbar betrachte. Der Führer fängt an zu kochen, als durchschimmert, dies habe der Premier ja schon in Godesberg gesagt, und er platzt, als er den Eindruck gewinnt, Chamberlain unterstütze die Prager Stellungnahme. Er springt auf einmal auf und schreit: „Es hat überhaupt keinen Zweck, noch irgendwie weiter zu verhandeln.“[457] Er läuft zur Tür, als wolle er in nicht zu überbietender Unhöflichkeit die fremden Diplomaten in seinem eigenen Arbeitszimmer allein zurücklassen. Die Peinlichkeit ist immens, besonders als er kurz vor der Tür einsieht, wie unmöglich sein Verhalten ist, und er dann, wie ein trotziger Junge, den Rückzug auf sein Plätzchen antritt. Letztlich hat sich Hitler zumindest wieder so weit in der Gewalt, dass der Dolmetscher den Inhalt des Briefes weiter vortragen kann.

Als Schmidt geendet hat, tobt Hitler endgültig los, und zwar so laut, wie ihn der Mitarbeiter des Auswärtigen Amtes noch nie bei einer diplomatischen Besprechung hat reden hören. Vielleicht sollte man ja hier auch nur von einer Besprechung reden. Diplomatisch ist definitiv anders. Der Dolmetscher schafft es noch nicht einmal, großartig zu übersetzen, weil alle aufeinander einreden, ohne unbedingt alles zu verstehen. Sir Horace Wilson versucht – zu leise und zu verschüchtert – zur Vernunft zu raten, was jedoch Hitlers Wut nur noch weiter steigert. Am Ende kann Wilson zumindest die Warnung platzieren, die ihm das Kabinett in London mitgegeben hat, dass Frankreich im Falle deutscher militärischer Aktionen gegen die Tschechoslowakei die Bündnisverpflichtungen einhalten und

Großbritannien Frankreich unterstützen werde. Um eine Antwort ist der Kanzler nicht verlegen. Aufgebracht lädt er Sir Horace Wilson für diesen Abend in den Berliner Sportpalast ein. Dort werde er schon die Antwort des deutschen Volkes hören. Das einzige Problem besteht darin, dass für den Abend noch keine Veranstaltung vorgesehen ist. Also wird Goebbels beauftragt, binnen weniger Stunden eine Großkundgebung zusammenzutrommeln. Die Chancen für das Unterfangen stehen trotzdem in einer Metropole mit viereinhalb Millionen Menschen und einem ausgebauten Nahverkehrssystem recht gut.[458] Die zehntausend Nazis, die diese Halle füllen, werden bei viereinhalb Millionen Einwohnern aufzutreiben sein.

Hitler bekommt im Sportpalast vermutlich die Antwort seiner Getreuen, die versprochene Antwort des deutschen Volkes wird Wilson dort sicher nicht erhalten. Das deutsche Volk liest noch nicht einmal die Presse, um sich über den Stand der Dinge zu informieren. Zumindest beim Sicherheitsdienst wird den Kollegen klar, warum die Leute die Zeitungen nicht ernst nehmen. Sie erkennen den Grund für das Misstrauen in die Presse in übersteigerten Angriffen und Übertreibungen, verspäteten oder nicht genügenden Informationen während der Septemberkrise. Dadurch habe die Presse „erheblich an Bedeutung als politisches Führungsmittel und als Nachrichtenquelle“ verloren.[459] So erstaunt es kaum, dass ein Witz in Deutschland die Runde macht, der sich auf ein altes Sprichwort bezieht: Das Dienstmädchen von Goebbels hat gelogen. Frau Goebbels stellt sie zur Rede: „Du darfst nicht lügen!“ erklärt sie dem Mädel. „Lügen haben kurze Beine.“ Da sagt das Pflänzchen: „Dann müsste Ihr Mann ja schon auf dem Hintern herumlaufen.“[460] Bei solchen gravierenden Mängeln in der Berichterstattung hilft auch kein Herr-Hase-Werbefeldzug, mit dem das Reichspropagandaministerium noch 1936 um mehr Abonnenten für die Einheitspresse gerungen hatte. Damals sollten Zeitungsverweigerer noch lächerlich gemacht werden mit dem Spruch: „Mein Name ist Hase, ich weiß von nichts...“[461] Doch es gibt bei uns ja nicht nur die Zeitungen.

Beim Sicherheitsdienst wird festgestellt, dass angesichts der greifbaren Kriegsgefahr deutlich mehr Leute Radio hören, auch wenn sie bisher die Goebbelsschnauze eher gemieden haben. Den Interpreten beim SD gelingt es, sogar diesen Effekt noch in ihrem Sinne auszulegen. Sie stellen am Jahresende fest, dass die Zahl der Hörer in der Berichtszeit um rund 1,7 Millionen zugenommen habe. Als entscheidend für diesen Umstand seien die politischen Ereignisse anzusehen, die schließlich „in besonders eindringlicher Weise jedem einzelnen Volksgenossen die Bedeutung des Rundfunks nahe gebracht“[462] hätten. Max Leube aus Reichmannsdorf in Thüringen, 39, hat sich gerade eben das frisch erschienene Wörterbuch *The English Duden* gekauft, um die Nachrichten der Londoner BBC zu verstehen. Warum kriegt man deren Nachrichten auch nicht gleich auf Deutsch? Wenn nicht viele andere Leute außer ihm ebenfalls parallel die deutschen und ausländischen Sender hören würden, könnte man beim SD gar nicht wissen, dass viele Leute kritisieren, dass „die Nachrichten der deutschen Sender durchschnittlich 6 Stunden später durchgegeben wurden als die Nachrichten der ausländischen Sender“.[463]

Obendrein sind die Nachrichten aus dem Ausland und aus dem Inlande nicht deckungsgleich, hin und wieder sind sie gar komplett gegenläufig. Es ist die reine Schizophrenie, wie die Leute mit den zwei Wahrheiten in ihren Köpfen umgehen. Dem ausländischen Beobachter fällt schnell auf, dass im Laufe der Jahre wirkliche Geschehnisse offiziell geleugnet sowie durch falsche ersetzt werden oder richtige Daten bis zur Unkenntlichkeit entstellt werden, um eine Darstellung zu ermöglichen, die mit den neurotischen Vorstellungen der Partei von ihrer Umwelt und von ihrer eigenen Reaktion auf diese Umwelt im Einklang steht. So gibt es schließlich für jede Situation, für jedes Ereignis von politischer Tragweite immer je zwei Fassungen: eine wahre und eine fabrizierte. Gewöhnlich gibt es da noch irgendwo eine Verbindung zwischen beiden. Oft aber ist sie derart schwach, dass man sie nur noch mit Mühe entdecken kann. Ist aber die fabrizierte Fassung einmal fertig, so ist sie fortan die allein maßgebende und wird – in der Öffentlichkeit – mit demselben Respekt und Ernst behandelt, als verkörpere sie die reine Wahrheit. George Kennan kann es nicht fassen, wie es möglich ist, dass ein aus Männern von unzweifelhaft gesunder und robuster Seelenverfassung zusammengesetztes politisches Regime in seiner Gesamtheit so deutlich die typischen Merkmale einer fortgeschrittenen Psychose aufweist.[464] Ach, herrje! Da hat sich doch ein

Fehler eingeschlichen. Das ist die Beschreibung der Führungsgruppe in Moskau. Man muss aufpassen wie ein Schießhund, dass man die beiden Regime nicht verwechselt. Wenn Sie sich gern richtig zum Affen machen wollen, fragen Sie doch einmal nach, wo in der Sowjetunion *der Widerstand* bleibt. Der verstummte Protest ist noch lange keine Zustimmung. Es darf einen denkenden Menschen nicht erstaunen, dass widerständige Leute dingfest gemacht werden, wenn man ihr frevelhaftes Tun erkennt, und dass sie dann nur noch verdammt konzentriert auftreten in speziell für sie eingerichteten Reservaten. Was soll das für eine Diktatur sein, in der jemand putzmunter und ungeniert seinem Hobby frönt, Widerstand zu leisten? Wenn jemand viel Freizeit hat, kann er einmal hochrechnen, wie viele Akte des Widerstandes es gäbe, wenn in beiden Zwingern nicht so viele Leute weggesperrt und andere dadurch eingeschüchtert wären. Umgekehrt darf auch niemand vermuten, die Deutschen begrüßten, was hinter abgeschirmten Zäunen geschieht. Einen solchen Vorwurf könnte man höchstens gegen die Nutznießer einer freien Gesellschaft erheben. Um einzuschätzen, wie groß der Unmut in der Bevölkerung wirklich ist, muss man schon seine Äuglein aufmachen und bereit sein, die Zeichen der Ablehnung zu registrieren, wenn sie einem vor die Augen gelangen. Zudem darf man sich nicht ins Bockshorn jagen lassen, wenn gerade in *den* Ländern Propagandawirbel gegen die undemokratischen Zustände veranstaltet wird, in denen auch die Strippenzieher für die Konflikte auf der Welt wohnen. Die Verbrecher nippen um fünf Uhr am feinen *Tea*.

Erfrischend unpolitisch vergleicht jener Diplomat George F. Kennan die verschiedenen Gesellschaften, die er kennen gelernt hat: „Wo ich auch lebte, sei es in Berlin, Moskau oder Washington – immer hatten die Beispiele für Heuchelei, bewusste Fälschung, Rachsucht und Kleingeist, die die Tagespresse füllten, bei mir ausgeprägte physische Reaktionen hervorgerufen, im Verein mit empörtem Geknurr, und meine Familie hatte gelernt, die unveränderlichen Symptome zu deuten."[465] Sein Zorn richtet sich bei solchen Anlässen stets viel mehr gegen die Methoden als gegen große Ziele: „Ziele hatten gemeinhin etwas Prahlerisches, Unwirkliches, Übertriebenes, ja sogar Rührendes – ihre Verwirklichung war nicht sehr wahrscheinlich, man konnte sie kaum ernst nehmen." Methoden jedoch seien das entscheidende Kriterium, denn ihre unmittelbaren Wirkungen machten das Leben zu dem, was es ist. Kennan interessiert sich deshalb viel weniger für das, wofür die Leute glauben, dass sie sich einsetzen, als viel mehr für die Art und Weise, wie man Ziele umzusetzen versucht.[466] Hoffentlich stört sich niemand zu heftig an einer so unpolitischen, dafür aber pragmatischen und menschlichen Denkweise. Den Betroffenen von Ausgrenzung, Repressalien und Leiden kann es letztlich egal sein, ob ihr Leiden auf der Penetranz des Katholizismus, eines Protestantismus, des Kommunismus, Nationalsozialismus oder des Rheumatismus beruht. In letzter Konsequenz sollte der Prüfstein jeder Gesellschaft sein, inwieweit die Einschränkungen der Freiheit, die sie für notwendig hält, tatsächlich notwendig sind, oder ob die Beschränkungen, die durchgesetzt werden, nicht bloß auf die Beschränktheit von Gruppen der Gesellschaft zurückzuführen sind. Damit kommen wir nach diesem kleinen Ausflug in eine große Welt zurück in die deutsche Gesellschaft im September 1938.

Wer die Nachrichten gehört hat, ist alarmiert. Gisevius meint, selten sei in Deutschland so laut und derart unbehindert geschimpft worden. Die fremdesten Menschen besprechen sich auf einmal mitten auf der Straße. An den tieferschrockenen Gesichtern kann man die beispiellose Schockwirkung ablesen – der Bogen ist überspannt. Sogar General Brauchitsch lässt unmissverständliche Drohungen fallen, was gar nicht unwichtig ist, weil über Nacht Witzlebens zweite Division an die tschechische Grenze verlegt wurde. Halder meint, das sei nicht weiter tragisch, in Thüringen wäre eine der besten Panzerdivisionen, befehligt von General Hoepner, die der in München liegenden Leibstandarte Hitlers den Rückweg nach Berlin abschneiden wird.[467] Damit öffnet sich das Zeitfenster, in dem der Umsturz gelingen kann.

Alles wird wieder mobilisiert, Friedrich W. Heinz* ruft seinen Stoßtrupp auf die Reichskanzlei zusammen.[468] Canaris bekommt stündlich weitere Meldungen: Die britische Flotte ist mit unbekanntem Ziel ausgelaufen. Das Prager Kabinett wurde wohl durch Militärs ersetzt und die Deutsche Gesandtschaft in Prag wurde angeblich von randalierenden Tschechen gestürmt. Die Meldungen sind vielleicht nicht ganz richtig, aber Canaris hofft, dass alles ganz schlimm und deshalb gut wird. Ein Telegramm aus Budapest sagt, dass Rumänien und Jugoslawien militärisch vorzugehen gedenken gegen Ungarn, so es die Tschechoslowakei angreife. Noch ein Telegramm des deutschen Militärattachés in Paris hat die Information, dass die Teilmobilmachung der Franzosen einer totalen äußerst ähnlich sehe, und dass ein sofortiger Angriff zu erwarten sei, wenn Deutschland mit Gewaltmaßnahmen begänne. Man hört in Berlin, dass Italien nichts unternähme, um französische Truppen an der gemeinsamen Grenze zu binden. Dann melden sich der amerikanische Präsident sowie der König von Schweden mit der Bitte, zur Erhaltung des Friedens beizutragen; in Washington schickt zudem der deutsche Botschafter Hans Dieckhoff ein Telegramm nach Berlin, in dem er dringend vor der Erwartungshaltung von 1914 warnt, die Amerikaner würden nicht aufseiten Großbritanniens in einen neuen Konflikt eingreifen. Erich Raeder, der Oberbefehlshaber der Marine, spricht bei Hitler vor und rät ihm noch einmal ab.[469]

Es ist eine Herausforderung, kein Problem für Goebbels, einige tausend Fanatiker in den Berliner Sportpalast zu bekommen. Am einfachsten ist es noch mit den ausländischen Journalisten. So sitzt der amerikanische Korrespondent William Lawrence Shirer auf der Galerie, genau über der Rednertribüne, und bereitet seine Technik vor. Der Führer erscheint im Saal und erwartungsvoll lauschen seine Anhänger der Rede des Meisters der Rhetorik. Gisevius findet, er lenke darin geschickt von seinen übertriebenen Forderungen ab, indem er alle sachlichen Streitfragen auf die einzelnen beteiligten Personen reduziert nach dem Motto „Benesch oder ich".[470] Nun war nicht viel Zeit für die Vorbereitung einer Rede, so dass diese Replik nicht erstaunt: „Ich habe nur Weniges zu erklären: Ich bin Herrn Chamberlain dankbar für alle seine Bemühungen. Ich habe ihm versichert, dass das deutsche Volk nichts anderes will als Frieden; allein, ich habe ihm auch erklärt, dass ich nicht hinter die Grenzen unserer Geduld zurückgehen kann." *Ja, das ist gut zu verstehen.* Er habe ihm auch versichert und wolle es hier wiederholen, dass es – wenn dieses Problem gelöst sei – für Deutschland in Europa kein territoriales Problem mehr gibt. *Das wollen wir mal schwer hoffen.* Er habe dem Premierminister darüber hinaus versichert, dass in dem Moment, in dem die Tschechoslowakei ihre Probleme löst, das heißt, in dem sich die Tschechen auch mit den anderen Minderheiten auseinandergesetzt haben, friedlich und nicht durch Unterdrückung, dass er dann am tschechischen Staat nicht mehr interessiert ist. *Bei der Freiheit von Unterdrückung könnte er auf sechs Jahre reichsinterner Erfahrung verweisen. Aber er will da nicht so prahlen.* Und danach erklärt er laut und deutlich, dass er garantieren könne: „Wir wollen gar keine Tschechen!“ *Warum scheint es ihm nötig, das zu betonen? Er spricht doch schon seit Jahren immer vom Frieden und nichts anderem.* Und was den Grund von Chamberlains Besuch anlangt, fügt er hinzu: „Allein, ebenso will ich nun vor dem deutschen Volk erklären, dass in Bezug auf das sudetendeutsche Problem meine Geduld jetzt zu Ende ist!“[471] Was Hitler hier sagen will, wird klar, wenn er in das Mikrophon schreit: Benesch hat „jetzt die Entscheidung in seiner Hand! Frieden oder Krieg!“[472] Hitler versäumt es aber auch nicht, klare Worte in Bezug auf Polen auszusprechen: „Wir sehen ein, dass hier zwei Völker sind, die nebeneinander leben müssen und von denen keines das andere beseitigen kann. Ein Staat von 33 Millionen Menschen wird immer nach einem Zugang zum Meer streben. Es muss daher ein Weg der Verständigung gefunden werden.“[473] Darüber werden sie sich in Warschau freuen.

William Shirer, der den Herrn Reichskanzler an dem Abend *live* erleben darf, bekommt das Gefühl, Hitler habe die Selbstbeherrschung gänzlich verloren. Besonders bleibt ihm die Szene in Erinnerung, als sich dieser erst einmal hinsetzt, Goebbels aufspringt und ruft: „Eines ist gewiss: ein 1918 wird sich niemals wiederholen!“ Hitler blickt zu ihm auf, als seien das die Worte, nach denen er den ganzen Abend gesucht hat. Er springt wieder auf, beschreibt mit der rechten Hand einen großen Bogen durch die Luft, lässt sie auf den Tisch fallen und schreit, mit einem für Shirer unvergesslichen Fanatismus in den Augen, aus voller Kraft: „Ja!“ Dann sinkt Hitler erschöpft in seinen Stuhl zurück.[474] Endlich können unsere Verschwörer nach über einem Monat geheimer Treffen und gespannten Wartens zur Tat übergehen. Dr. Erich Kordt überkommt ein Gefühl der Erleichterung. Die Zeit der Erörterungen ist endlich vorbei.[475] Befriedigt erfährt Gisevius, dass ein Adolf Hitler unsicher wird und sich in der Bevölkerung Enttäuschung, Entrüstung, Panik ausbreiten. Er vermag es gar nicht zu fassen, dass der Westen Hitlers wilde Nervosität nicht nutzt, um in die Offensive zu gehen, dass man in diesem Moment nicht kraftvoll nachstößt, sondern Hitler neue Angebote macht.[476] Am Morgen des 27. wird das Gespräch wirklich fortgesetzt; Wilson hat eine weitere Botschaft seines Premierministers für den Führer. England übernimmt eine Garantie für die Durchführung der tschechischen Räumungsverpflichtung, wenn Deutschland auf Gewaltanwendung verzichte. Darauf geht Hitler überhaupt nicht ein, selbst dann nicht, als Wilson ihn direkt fragt, was er seinem Chef berichten solle. Immer wieder sagt der Großmeister, die Tschechen hätten jetzt nur noch zwei Möglichkeiten: Annahme oder Ablehnung des deutschen Vorschlages, und deklamiert pathetisch: „Im letzteren Falle werde ich die Tschechoslowakei zerschlagen!" Jetzt steht der Engländer in seiner ganzen Länge auf und erklärt mit fester Stimme, unter diesen Umständen habe er sich noch eines weiteren Auftrages des britischen Premierministers zu entledigen. Er bitte Hitler, zur Kenntnis nehmen zu wollen: „Wenn Frankreich bei der Erfüllung seiner vertraglichen Verpflichtungen aktiv in Feindseligkeiten gegen Deutschland verwickelt werden sollte, so würde sich das Vereinigte Königreich für verpflichtet halten, Frankreich zu unterstützen."[477] Paul Schmidt übersetzt das so langsam und so betont wie möglich, damit Hitler sich der ganzen Tragweite dieser Mitteilung bewusst wird. Wütend wie Tarzan ruft unser Kanzler aus: „Wenn Frankreich und England losschlagen wollen, dann sollen sie es nur tun. Mir ist das vollständig gleichgültig. Ich bin auf alle Eventualitäten vorbereitet. Ich kann die Lage nur zur Kenntnis nehmen. Dann werden wir uns eben alle miteinander in der nächsten Woche im Kriege befinden!"[478]

Während Wilson die kriegerische Drohung im Namen seiner sowie auch der französischen Regierung ausspricht, wendet sich in London zugleich Premierminister Chamberlain im *House of Commons* an *Sein* Volk und bereitet es auf seine Abkehr von der Tschechoslowakei vor. Die Herren Abgeordneten sitzen verschreckt auf ihren Bänken und warten gewissermaßen direkt darauf, dass die deutschen Bomben durch das Dach fallen. Der Politiker wiederholt, dass er sein Empire in keinen Krieg stoßen will wegen eines weit entfernten Landes, von dem sie nichts wüssten, zudem in einem Moment, in dem der Streit, um den es tatsächlich geht, bereits beigelegt sei, or in his own mother tongue: „because of a quarrel in a far-away country between people of whom we know nothing. It seems still more impossible that a quarrel which has already been settled in principle should be the subject of war ... For the present I ask you to await as calmly as you can the events of the next few days. As long as war has not begun, there is always hope that it may be prevented, and you know that I am going to work for peace to the last moment. Good night." In seiner Rede betont Chamberlain, dass es ihm darum gehe, die Tschechoslowakei als solche zu retten und Europa ein *Armageddon* zu ersparen.[479] Als Chamberlain zu Ende gesprochen hat, wird ihm plötzlich ein Papier hingereicht, aus dem hervorgeht, dass er zu einer „Vier-Mächte-Konferenz" nach München eingeladen ist. Es gibt einen Aufruhr der Freude und Erleichterung. Ist Chamberlain dadurch zu verwirrt und zu aufgeregt? Er beschließt die Sitzung nicht einmal mehr und eilt aus dem Gebäude, um alles für die Zusammenkunft vorzubereiten.[480]

Die Verschwörer in Berlin sind gehalten, Brauchitsch und Halder genau über die Entwicklung jener außenpolitischen Gespräche zu informieren, denn die Schicksalsfrage lautet, ob ihnen Hitler um eine winzige, jedoch eine entscheidende Schrecksekunde zuvorkommt. Sie stellen überall die Lauschposten auf, im Kriegsministerium, selbstverständlich im Außenministerium, auch im Innenministerium, natürlich im Polizeipräsidium. Im Büro von Hans Oster am Tirpitzufer laufen die Fäden zusammen; im Gebäude, in dem der Geheimdienst seine Zentrale hat, wird diese Aktion koordiniert. Gegen Mittag gibt Hitler Bereitstellungsbefehle für die erste Angriffswelle aus. Die Mobilisierung von neunzehn Divisionen wird für morgen um 14 Uhr erwartet. Erich Kordt steht bereit, mit Hilfe von der Schulenburgs dafür zu sorgen, dass die große Doppeltür am Eingang der Reichskanzlei hinter dem Posten geöffnet ist. Dort muss Hitler verhaftet werden.[481] Zum zweiten Mann der Berliner Polizei Fritz-Dietlof von der Schulenburg sagt Erich Kordt: „Es muss sogleich gehandelt werden, bevor unser Anschlag entdeckt wird. Warten Sie nicht bis zum Nachmittag oder bis morgen." Der Amerikaner William Shirer gewinnt den sicheren Eindruck, dass die Berliner einen Umsturz unterstützen werden.[482]

Den Jubel seiner Anhänger gewohnt, beschließt Hitler, Militär durch die Reichshauptstadt marschieren zu lassen, um die Stimmung auszutesten. Halten wir einen Moment inne, um uns unser eigenes Bild vom Geisteszustand dieses Menschen zu machen. Er hat den Krieg selbst erlebt und er weiß, dass seine Mitbürger so etwas Übles nie wieder erleben wollen. Professionell wie er ist, hat er sie abgeholt, wo sie waren. Immer wieder hat er von der Sehnsucht des deutschen Volkes nach Frieden gesprochen und davon, dass seine Politik diesem Ziel verpflichtet sei. Glaubt er denn im vollen Ernst, dass die Leute ihm zuliebe plötzlich Pirouetten drehen, wenn er ohne Not selbst einen Krieg entfesselt? Welchen Grund könnten die Leute denn dafür haben? Es lohnt sich, über die Erwartungshaltung dieses Menschen in diesem Moment länger nachzudenken.

Wir schreiben den 27. September, und am späten Nachmittag, Hunderttausende sind auf dem Weg von ihren Arbeitsstätten nach Hause, will es der Führer wissen. Es soll ein historischer Tag für Hitlers Reich werden. Die 2. motorisierte Division soll auf dem Weg von Stettin zur tschechoslowakischen Grenze Berlin durchqueren und über die von Albert Speer konzipierte Ost-West-Achse der Stadt durch die Wilhelmstraße fahren, unmittelbar vorbei an der Reichskanzlei. William L. Shirer aus Chicago, 34, schreibt ins Tagebuch: „Ich ging an die Ecke Wilhelmstraße-Unter den Linden, in der Erwartung, riesige Menschenmengen zu sehen und Szenen zu erleben, wie man sie mir vom Kriegsausbruch 1914 geschildert hatte, mit Jubelgeschrei und Blumen und küssenden Mädchen... Aber heute verschwanden die Menschen rasch in der Untergrundbahn, und die paar, die stehen blieben, bewahrten tiefes Schweigen ... Es war die auffallendste Kundgebung gegen den Krieg, die ich je erlebte.“[483]

Vor dem Balkon von Hitlers Reichskanzlei sieht jener US-amerikanische Korrespondent kaum 200 Menschen. Und dort sind zweifellos treue und hoffende Anhänger von Hitler versammelt. Gegner des Regimes werden sich in diesem Moment kaum dorthin stellen – außer zum Sturm. Hitler macht eine finstere Miene, wird sichtlich ärgerlich und er verschwindet bald nach drinnen, ohne den Vorbeimarsch der Truppe abzunehmen.[484]

Da hat Hitler seine Antwort des deutschen Volkes. Hinter dem Vorhang stiert er entgeistert auf die apathische Bevölkerung. Der kleine Goebbels ist der erste, der ihm im Weg steht und der bekommt den Zorn auch ab: „Mit einem solchen Volke kann ich keinen Krieg führen.“[485] Schön, dass wir darüber endlich einmal gesprochen haben. Der Propagandaexperte kuscht und bekennt den völlig offensichtlichen Handlungsbedarf: „Nein, mein Führer, ich habe mich unten selber überzeugt, dieses Volk bedarf noch einer intensiven Aufklärung.“[486] Bei so viel Ablehnung muss er sich aber wenigstens *eine* größere Aktion einfallen lassen.

Hans Rothfels, 47, bestätigt, dass die Kriegsbereitschaft in Deutschland hart gegen den Wert null konvergiert. Hitlers Demonstration der Stärke werde mit eisigem Schweigen beantwortet.[487] Hans Bernd Gisevius freut sich diebisch. Etwas Besseres können sich die Kritiker nicht wünschen, denn so schlecht sind Soldaten in Berlin noch nie behandelt worden wie an diesem Nachmittag. In den Arbeitervierteln sind geballte Fäuste auf den Straßen zu sehen. Die nationalsozialistische Volksgemeinschaft war immer ein Wunschtraum und diese Geste macht klar, dass die Leute den traditionellen Gruß der Arbeiter nicht vergessen haben. Jetzt, wo sie alle wütend sind, trauen sie sich wieder, die Fäuste zu ballen. In den Straßen in der Stadtmitte wenden sich die Bürger von den Soldaten ab.[488]

Am Abend dieses Tages soll Dolmetscher Schmidt einen Brief Hitlers an Chamberlain übersetzen, in dem ein versöhnlicherer Ton angeschlagen wird. Es ist das zweite Mal in diesen kritischen Tagen, dass Schmidt den Eindruck hat, Hitler scheue doch vor dem Äußersten zurück. Auf einmal erklärt er sich bereit, an einer internationalen Garantie für die restliche Tschechoslowakei teilzunehmen, wenn die Minderheitenfragen geregelt seien. Seinen Stimmungsumschwung von dem Ausruf über den Krieg in der nächsten Woche bis zu dem so friedlichen Brief nach London führt Paul Schmidt auf die Eindrücke während des Durchmarsches der motorisierten Division durch die Hauptstadt zurück. Dieses „apathische und bedrückte Verhalten der Berliner Bevölkerung“,[489] das Hitler von einem Fenster seiner Reichskanzlei beobachtete, habe ihn nach dem Bekunden der Adjutanten, mit denen Schmidt berufsbedingt in diesen Tagen sehr viel zu tun hat, „außerordentlich enttäuscht".[490] Aber das ist nicht nur er. Die Deutschen sind ihrerseits enttäuscht, dass die Versorgungslage hier im Reich immer übler wird – und dass andererseits Geld da ist für feine Repräsentationsbauten. Dafür braucht man sich auch bloß einfach mal auf den Straßen umzuhören: Wir haben kein Fleisch, wir haben kein Ei, doch eine herrliche wunderschöne Reichskanzlei.[491] So klingt das. Oder wie gefällt Ihnen diese *Berichtigung*? Es ist überhaupt nicht wahr, dass die neue Reichskanzlei 300 Millionen Reichsmark gekostet hat. Wahr ist vielmehr, dass der alte Reichstag 8 Millionen Mark gekostet hat.[492]

Der trifft den Nagel jedoch genauso auf den Kopf: Ein Ausländer kommt in einen Kolonialwarenladen. „Haben Sie Butter?" – „Nein." „Haben Sie Eier?" – „Nein." – Er fragt noch nach Kaffee, Tee und Südfrüchten, aber immer heißt es: „Nein!" – „Ja, was haben Sie denn eigentlich?" fragt der Mann ärgerlich. „Hier – ein paar Karten für die Vorstellung *Glückliches Volk*."[493] Nur von Propaganda kann man eben auch nicht gut leben. Der SD der SS kann zwar Görings Planwirtschaft nicht einfach eliminieren, aber die Kritik daran würde man gerne abwürgen und überdies ja auch die Kritiker: „Infolge der angespannten Finanzlage des Reiches wurden von den Gemeinden große Opfer gefordert, die sie an der Lösung ihrer Selbstverwaltungsaufgaben behinderten. Die Haltung der Verwaltungsbeamten war positiv, jedoch mangelte es auch hier vielfach an der weltanschaulichen Festigkeit im nationalsozialistischen Sinne."[494] Man darf ja auch nicht glauben, dass es in den Kommunen große Freude auslöst, wenn sie an der Lösung ihrer lokalen Probleme gehindert werden. Den Mangel an NS-Ideologie thematisieren die SD-Berichte übrigens oft. Es würde schwer überraschen, wenn Historiker auf die Erfahrungen des SD mit den Deutschen bei der Auswertung unserer Zeit verzichten würden.

Unter dem Einfluss so vieler widriger Eindrücke gelingt Hitler somit ein sanfter Brief an Chamberlain, in dem er ihm erklärt, dass die Tschechen nur darum so hartnäckig sind, weil sie hoffen, mit Hilfe Großbritanniens und Frankreichs einen europäischen Krieg entfesseln zu können. Recht keck endet dieses Schreiben: „Ich muss es Ihrem Ermessen überlassen, ob Sie es bei dieser Sachlage für angebracht halten, Ihre Bemühungen ...

fortzusetzen, derartige Machinationen zu durchkreuzen und die Regierung in Prag noch rechtzeitig zur Vernunft zu bringen."[495] Chamberlain, den der Brief um 22.30 Uhr erreicht, lässt seinen Botschafter in Italien den *Duce* bitten, zwischen London und Berlin zu vermitteln. In der unverzüglich verfassten Antwort äußert Chamberlain seine Hoffnung, dass alle Forderungen Hitlers ohne Krieg zu erfüllen seien. Er sei bereit, auf der Stelle selbst nach Berlin zu kommen, um alles mit dem Führer und Vertretern der tschechischen Regierung, sowie, falls Hitler dies wünscht, auch mit Vertretern Frankreichs und Italiens zu besprechen. In diesem Schreiben zeigt er sich überzeugt, dass man in nur einer Woche ein Abkommen zustande bringen könne. Wörtlich schreibt er: „Ich kann nicht glauben, dass Sie wegen einer Verzögerung von ein paar Tagen die Verantwortung für einen Weltkrieg auf sich laden wollen, der das Ende der Zivilisation bedeuten kann."[496] Warum ist dem *Führer in den Wahnsinn* nicht auch selbst klar, dass er die Wehrmacht nicht schon vor dem Feldzug gegen das Sowjetreich verheizen sollte? Müssen ihm in dieser Frage ebenfalls seine *Berater* aus England helfen? Sie sind es doch, die schon seit Jahren mit ihm über der Planung für diesen Krieg brüten, wenn sie auch nicht wirklich selbst mit ihm in die Schlacht ziehen wollen.

Noch am Abend des 27. erreicht eine Abschrift jenes Briefs nach London Oberstleutnant Hans Oster. Danach liegen einige Stunden buchstäblich im Dunkeln. Was geschieht in Osters Händen mit Hitlers sanftmütigem Brief? Gisevius bringt *die Kopie* am Morgen zu Witzleben, der fährt mit *dem Brief* zu Halder, so dass der Generalstabschef endlich „den Beweis" in den Händen hat, dass Hitler nicht blufft, sondern Krieg will. Diesem seltsamen Putschisten rinnen Tränen der Entrüstung über die Wangen, weil er über diesen wichtigen Brief nicht informiert worden war. Über so viel Falschheit ist er bass erstaunt. Etwas mehr als Tausend Jahre später recherchiert William Shirer erneut in dieser Angelegenheit und versteht die Welt nicht mehr. Er kommt zu zwei denkbaren Abläufen: Entweder war der Brief falsch abgeschrieben worden oder General Halder hat ihn bloß falsch verstanden,[497] denn der Brief war tatsächlich in konziliantem Ton gehalten und erhielt auch eine freundliche Antwort. Für seine erste Überlegung bietet er jedoch keine Deutung an. Bogen womöglich unsere

Helden den Brief in der Form zurecht, damit die beiden Akteure Halder und Brauchitsch endlich das Signal zum Sturz geben? Wie aber wird von Brauchitsch sich verhalten, wenn er meint, dass er genarrt wurde?

General von Witzleben jedenfalls besteht darauf, dass jetzt unverzüglich gehandelt wird, bleibt da und wartet, bis Halder von Brauchitsch zurück ist. Brauchitsch fährt direkt in die Wilhelmstraße, um vom Führer selbst zu erfahren, was hier eigentlich gespielt wird, und als Halder wieder zurück ist, eilt Witzleben erneut in das Wehrkreiskommando am Hohenzollerndamm. Die Nerven sind überspannt und weil inzwischen auch ein Oster pessimistisch wird und meint, die Westmächte würden schließlich doch nachgeben, verkracht sich Gisevius auch noch mit Hans Oster – er ernennt ihn zum „Ministerialrat im Propagandaministerium“. Rund um Witzleben warten die Männer unterdessen ungeduldig in diesem Wehrkreiskommando auf den entscheidenden Befehl. Jeder Einzelne riskiert mit seiner Beteiligung an der Aktion, bei der es sich juristisch betrachtet um Hochverrat handelt, Freiheit, Unversehrtheit und sein Leben.[498]

Der erste Botschafter, der am Morgen des 28. September erscheint, ist François-Poncet. In glänzendem Deutsch erläutert er Hitler, dass er irrt, wenn er glaube, diesen Konflikt auf die Tschechoslowakei lokalisieren zu können. Wenn er dieses Land angreife, stecke er damit Europa in Brand, und ergänzt dann: „Sie sind natürlich überzeugt, den Krieg zu gewinnen, genau so wie wir glauben, Sie besiegen zu können.“[499] Es sei ihm absolut unverständlich, warum er dieses Risiko eingehen wolle, wo er doch seine wesentlichen Forderungen auch ohne Krieg erfüllt bekomme. François-Poncet braucht keinen Dolmetscher und Schmidt steht nur für den Fall der Fälle bereit, so dass er Zeuge dieser Szene wird. Er meint, an dieser Stelle trifft der gute alte Berliner Ausdruck zu: „Er spricht wie mit einem kranken Schimmel.“[500] Später wird der amerikanische Journalist Shirer aus den Akten erfahren, dass Frankreichs Außenminister Bonnet seinen Botschafter in Berlin angewiesen hatte, seinen eigenen Vorschlag für die Übergabe des Sudetenlandes zu unterbreiten, der noch weiter reicht als der Plan Chamberlains.[501] Allmählich überzeugt André François-Poncet den Kanzler. Ribbentrop, der immer mal ein scharfes Wort dazwischen wirft, wird „mit verhaltener Erregung scharf zurechtgewiesen",[502] damit Hitlers Stimmung nicht wieder umkippt. Die verschiedenen beteiligten Akteure haben einfach zu unterschiedliche Zielvorstellungen. Für einen Staatsstreich wäre jetzt vielleicht die letzte Chance gekommen, wenn der Führer in dem Moment auf seinen bockigen Trip zurückfiele. Aber einer pfuscht doch wieder dazwischen. Zu den krassesten Friedensfanatikern außerhalb Deutschlands gehört Mussolini. Seine Armee würde natürlich im Kriegsfall auch noch schneller aufgerieben als Hitlers Wehrmacht.

Von Rom aus wird versucht, jemanden in Berlin zu erreichen. Als nichts weiterhilft, geht der *Duce* selbst ans Telefon und ruft Attolico, den Botschafter in Berlin, an. Der eilt gleich um elf Uhr ins Auswärtige Amt und von da in die Neue Reichskanzlei. Er trifft einen Führer, der nicht weiß, was er tun soll. Wer sich traut, versucht Hitler zu mäßigen. Es waren ja nicht nur Chamberlain und Roosevelt, die sich zuvor an der Vermittlung für eine friedliche Lösung versuchten. Sogar Göring, dessen Forschungsamt vor dem Einzug in Österreich noch diese beruhigenden Telegramme dechiffriert hatte, ist diesmal nicht mehr ganz die Ruhe in Person. Hitler weigert sich erst hysterisch, doch schließlich stimmt er der Vermittlung durch die Italiener zu.[503] Durch das Gespräch mit François-Poncet schon nachdenklich geworden, geht Hitler auf Attolicos Worte ein. Im Paket ist der internationale diplomatische Druck diesmal wirkungsvoll. Kurz vor 12 Uhr, nur zwei Stunden vor dem Ablauf des Ultimatums, fällt letztlich das ersehnte oder eben auch gefürchtete Urteil über Krieg und Frieden: „Sagen Sie dem Duce, dass ich seinen Vorschlag annehme."[504]

Es bleibt bei Folter, Mord und Totschlag in Deutschland

Die Revolution fällt aus

In diesem Moment kommt ein Kurier herein und meldet dem Generalstabschef, dass Hitler auf Vermittlung Mussolinis eingelenkt hat. Es soll eine Konferenz geben. Bei uns! In München! Nein!!! Alle, London, Rom und Paris in München! Wie weit wollen diese kurzsichtigen Politiker den Ganoven hier noch aufwerten? *Sie* müssen hinterher den Deutschen verkaufen, warum sie putschen mussten. Und mit jedem Erfolg des Führers wird das nur schwerer. Halder bricht am Schreibtisch zusammen, weint und hält alles für verloren. Gisevius sprudelt tausend Worte und will von Witzleben trotz allem zum Losschlagen bewegen, doch viele Eingeweihte hatten dem Plan für den Fall zugestimmt, dass Hitler bloßgestellt würde. Von denen sind bei Weitem nicht alle hier versammelt und wie soll man sie jetzt irgendwo in Deutschland schnell aufsuchen und die Sache unter den ganz aktuell gegebenen Prämissen noch einmal neu durchsprechen? Wie werden sie reagieren, wenn er nicht vor der Öffentlichkeit als großer Spieler und Kriegstreiber entlarvt wird? Schätzt es Witzleben richtig ein, dass wichtige Akteure dann ganz sicher ausfallen?[505] Als Gisevius weiter darauf besteht, es dennoch zu wagen, wird er von der Mehrheit der Verschwörer regelrecht niedergebrüllt. Witzleben fragt ihn rundheraus, was er denn denke, was der Truppe gegenüber dem Triumphator zumutbar wäre und was nicht.[506] Dr. Erich Kordt berichtet, dass einer von ihnen in London anruft und einem Vertrauten dort über den Vorschlag zu dieser Konferenz berichtet. Er schließt seine Worte mit der tonlos gehauchten Bemerkung: „Dies ist die zweitbeste Lösung",[507] hoffend, dass die Geräte zum Abhören der Leitungen es so vielleicht nicht aufzeichnen können.

Das war es dann mit der Verhaftung Hitlers. Nun wird er weder vor ein Gericht gestellt noch für geisteskrank erklärt. Lassen Sie uns nur einmal kurz spinnen: Stellen Sie sich vor, diese Hitlernummer gerät vollständig aus den Fugen und das artet doch noch in einen Krieg aus, wäre es recht grotesk, wenn dann die Briten ihrerseits Hitler vor ein Gericht brächten. Symbolträchtig wäre es beispielsweise in der Stadt der Reichsparteitage, in Nürnberg, wo Jahr für Jahr britische Diplomaten und jene Lords ihre Aufwartung machen. Aber das machen sie nicht, sonst würden womöglich Deutsche ganz traurig dreinblicken und die Frage aufwerfen, warum

London vor dem Krieg nicht gemacht hat, worum man gebeten hatte. Da wäre die Pappnase nämlich *jetzt* vor einem Gericht gelandet. Der Oberkracher aber wäre es, wenn die Amis eines Tages auf den Dreh kommen würden, den Psychopathen mit erhobenem Zeigefinger vor ein Tribunal stellen zu wollen, der ohne ihr generöses Zutun der bedauernswerte und ungelernte Habenichts geblieben wäre, der er einmal war. Ausgerechnet Moskau, wo Menschenrechtsverletzungen so selten sind, dass man kein Wort darüber in den dortigen gleichgeschalteten Medien findet, braucht sich darüber nun gar keine Gedanken zu machen: Von dort kommen seit Jahren die Vorschläge, wie das rote Reich zusammen mit den westlichen Demokratien Hitlers Vertragsbrüchen einen Riegel vorschieben kann.

Selbstkritisch befindet der General Georg Thomas, Uneinigkeit und Unentschiedenheit bei uns in Deutschland hätten die Entmachtung Hitlers und der Nazis insgesamt scheitern lassen.[508] Bisher steht bedauerlicherweise eine analoge Auswertung der Rolle, die das Ausland in dieser Angelegenheit spielte, durch Premierminister Neville Chamberlain weiter aus. Ein paar Tage nach dem gescheiterten Staatsstreich treffen sich ein paar von den Männern aus dem Kern des Verschwörerzirkels am Kamin in Witzlebens Haus. Sie grübeln hin und her über das traurige Ende der großen Aktion und das Unheil für Europa und werfen den Großteil aller Organisationspläne für den Staatsstreich ins Feuer des Kamins.[509] Damit ist der große Traum, für den sie alles zu geben bereit gewesen sind, erst einmal ausgeträumt. Jetzt muss man wohl oder übel eine neue Gelegenheit abwarten. In diesen Tagen sind sie allein mit dem vergeigten Putsch und mit ihrem schlechten Gewissen ob des versuchten Hochverrats.

Immer wieder haben sie darüber gesprochen: Wäre es nicht umgekehrt Hochverrat am Vaterland, ließen sie das Reich in einen Krieg schlittern, der es diesmal endgültig auslöschen müsste? Was für eine Entwicklung: 1913 noch diese starke Kontinentalmacht, 1919 am Boden zerschmettert, 1932 wurde die Gleichberechtigung wieder zuerkannt und 1940 zurückgeworfen an den Punkt, an dem dieses Land im Jahr '19 war, schlechter. Egal kann das nur dem sein, der die zwanziger Jahre nicht erlebt hatte.

Goldene Jahre hatte man sie genannt, aber gülden waren sie ganz sicher bloß für unerhört wenige. Die anderen Leute fristeten ein karges Dasein.

Was danach folgt, ist kein Heldenepos, sondern ein Trauerspiel mit klar geschrumpfter Anzahl von Akteuren auf der Szene. Nur ein ganz harter Kern an Führungspersonal plus Dolmetscher spielen weiter ihre Rollen. Bleibt nur noch anzumerken, dass Hitler von dem Versuch, ihn aus dem Amt, womöglich gar aus dem Leben zu nehmen, nichts bemerkt. So viel Raffinesse und Versteckspiel traut beispielsweise Italiens Botschafter in Berlin Bernardo Attolico diesen Deutschen kaum zu. Seine kecke Frage, wo man etwas anderes als einfache Geradlinigkeit zwischen Rosenheim und Eydtkuhnen finden könne,[510] verdeutlicht, was viele Ausländer von den Deutschen denken: Sie seien ziemlich einfach gestrickt und deshalb leicht durchschaubar. Doch der Münchener Student Franz Josef Strauß* beobachtet, dass das tägliche Leben in Deutschland heute nur auf Lüge und Verlogenheit, auf Täuschung und Hinterlist aufgebaut ist.[511] Diesem jungen Studenten an der Münchener Universität wird dies zum prägenden Eindruck von seiner Umwelt, womöglich sogar zu einem charakterbildenden Einfluss. Es kommt eigentlich nur darauf an, wie tief das Volk unter der Herrschaft Adolf Hitlers noch abstürzen wird. Davon wird abhängen, wie groß seine Verachtung für seine Mitmenschen und für ihre Kurzsichtigkeit ob der wundervollen Erfolge ihres Gurus noch wird.

Die Münchener Konferenz

Im bayerischen München beginnt am 29. September gegen Mittag diese Konferenz, zu der der Führer herzlich und fast freiwillig alle eingeladen hat, die hoffen, dass sie Hitlers Vorgehen ausbessern können. Ist es bloß Zufall, dass hier in München wieder das Kleeblatt aus London, Rom, aus Paris und Berlin zusammensitzt? Sprach man damals '33 nicht von dem Quartett des Friedens? Nur die Führung in Moskau hält an der Idee des Verteidigungskriegs zugunsten eines Erhalts der Tschechoslowakei fest. Der sowjetische Volkskommissar für Verteidigung Kliment Woroschilow gibt am 29. den Befehl, die Luftstreitkräfte, Panzertruppen sowie seine Infanterie in den westlichen Militärbezirken der Sowjetunion in Alarmbereitschaft zu versetzen. 330.000 Reservisten werden zusätzlich einberufen. Die Rote Armee richtet sich praktisch darauf ein, dass pünktlich am 30. September 246 Bomber und 302 Jagdflugzeuge vom Typ I-16 zur Unterstützung der Tschechoslowakei aufsteigen. Dem sowjetischen Vertreter in Prag, Alexandrowski, wird jedoch Weisung gegeben, „sich nicht mehr als Beschützer aufzudrängen".[512] Zu der Konferenz im bayerischen München werden Vertreter aus Moskau logischerweise nicht eingeladen.

Da London gerade nicht dasselbe Ziel hat wie Moskau, wird hier der alte und verlogene Bericht in die Runde gereicht, den der US-amerikanische Atlantikflieger Lindbergh in Umlauf gebracht hatte. Politikern wie dem Pariser Luftfahrtminister Guy la Chambre sowie Außenminister Georges Bonnet, dem US-Botschafter in London Joseph P. Kennedy und anderen wird ganz blümerant wegen der vermeintlichen Stärke der Luftwaffe im Reich. Darauf gestützt ergeht sich Londons Premierminister vor seinen Gesprächspartnern darüber, er sehe es geradezu immer wieder vor sich, wie London von deutschen Bomben in Schutt und Asche gelegt werde.[513]

So wird diese Runde darauf vorbereitet, dass sich keine Londoner Hand zum Erhalt der Tschechoslowakei heben wird. Es ist jedoch davon auszugehen, dass allen Anwesenden klar ist, dass die Streitkräfte Englands, der Tschechoslowakei und Frankreichs, mit oder ohne die sowjetischen, die Deutsche Wehrmacht jetzt buchstäblich *pulverisieren* können, wenn es zum aktuellen Zeitpunkt zum Schwure kommt.[514] Aber mit der Roten

Armee will Paris nach den Exzessen des vergangenen Jahres nun nichts mehr zu tun haben und Rom hat das noch nie gewollt, von London ganz zu schweigen.

Im Kern ist das Münchener Treffen überflüssig. Sinn ergibt es nur, wenn jemand darauf Wert legt, zwischen Staaten offiziell abgeschlossene Verträge nicht einfach zu vergessen, sondern durch alternative *Einigungen* zu ersetzen, weil das dem weiteren Verlauf einen legaleren Anstrich gibt. Überfliegen wir den Ablauf der Besprechungen: Der Führer eröffnet um 12.45 h – Minderheiten – der europäische Frieden – Jammer und Elend der sudetendeutschen Bevölkerung – barbarische Verfolgung – die Zerstörung von Eigentum – Zahl der Flüchtlinge auf 240.000 gestiegen... Auf Wunsch des italienischen Regierungschefs wird die Mobilmachung in Deutschland um 24 Stunden verschoben. Mussolini führt aus, es wäre besser, noch heute zu einer Einigung zu kommen, da die Vertagung auch nur um 24 Stunden neue Beunruhigung und neuen Argwohn erzeugten. Chamberlain sowie Daladier mahnen mehrmals an, dass eigentlich ein Vertreter der Prager Regierung anwesend sein müsste.[515] Theoretisch ist das richtig, aber Hubert Masaryk und Vojtech Mastný sitzen und warten im Hotel *Regina*, wohin man sie vom Münchener Flugplatz aus in einem Polizeiauto in Begleitung von Gestapoleuten gebracht hat.[516] Der einzige Trost ist, dass in diesem Hotel auch die britische Delegation schläft. Als Mussolini dem Dolmetscher *seinen* Vorschlag überreicht, erlebt Schmidt ein erfreuliches Wiedersehen. Den Text hatte er bereits einmal aus dem Deutschen ins Französische übersetzt; Weizsäcker, Neurath und Göring hatten ihn ursprünglich ausgearbeitet. Weizsäcker hatte ihn Schmidt am Vortag übergeben mit der Bitte, er solle ihn bitte so schnell wie möglich übersetzen, damit er Italiens Botschafter zur Weitergabe an den *Duce* in Rom zugeleitet werden könne, ohne dass Ribbentrop noch die Gelegenheit zu Einwendungen bekomme.[517]

Um 22.00 Uhr setzt Sir Horace Wilson in Gegenwart Gwatkins Mastný und Masaryk von dem neuen Plan in seinen Hauptzügen in Kenntnis. Es wird den Vertretern aus Prag „ziemlich brutal“ erklärt, dass gegen dieses Urteil keine Berufung eingelegt werden könne und keinerlei Möglichkeit einer Abänderung bestehe. Was sie besonders erstaunt, ist, dass ausgerechnet ein Franzose die Rolle des Rowdys übernommen hat.[518] Was in Bayerns Hauptstadt beschlossen wird, ist wiederum genau die Mischung aus Teilung, Volksabstimmung, Neutralisierung und einer Garantie, die das britische Außenministerium schon seit Wochen im Visier hatte, aber das nur am Rande.[519] Was für ein glücklicher Zufall, dass sich in diesem Text sowohl die Essenz der britischen Ideen als auch die Wendungen im deutschen Entwurf wiederfinden. Premier Chamberlain bietet unserem erfolgreichsten Kanzler seit zwei Jahrzehnten einen „historischen Bund" des Empires und des Reiches an,[520] aus dem Wunsch heraus, dass beide Länder nie wieder Krieg gegeneinander führen und die Streitigkeiten auf dem Weg von Konsultationen bereinigen sollen,[521] weil die Beziehungen zwischen London und Berlin von allererster Bedeutung für beide Länder und natürlich ebenso für Europa insgesamt seien.[522] In der Frankfurter Zeitung steht am folgenden Tage: „Um 1.30 Uhr öffnet sich die Tür des Arbeitsraumes des Führers, die Besprechung ist beendet. Auf der Fahrt zum Hotel entbieten die Münchner den hohen englischen und französischen Gästen herzliche Kundgebungen." Die Fahrt der Staatsmänner zu ihren Hotels mitten in der Nacht wird zu einer Triumphfahrt. Auch die Hotels selbst werden umlagert, überall sieht man die Blumen der Dankbarkeit in den Eingängen. Sie müssen sich auf Zuruf der Menge auf den Balkons zeigen. Chamberlain ist merklich bewegt, Daladier so ergriffen, dass er Tränen in den Augen hat. Die Reaktion der Menschenmassen bei diesen Gelegenheiten des Zusammentreffens mit Politikern aus anderen Ländern verdeutlicht dem in- wie dem ausländischen Beobachter sinnfällig die Kriegsunwilligkeit im deutschen Volk – wie sie bei anderen Anlässen auch in Frankreich, England oder wo auch immer zu sehen ist.

Der Jubel der Massen einschließlich der absperrenden SS gilt aber nicht Adolf Hitler, der das Sudetenland erpresst hat, sondern dem Hitler und fast noch mehr allen ausländischen Staatsmännern, die den Frieden gerettet haben.[523] Der Generalstabsoffizier Hans Speidel* erfährt von dem *glücklichen* Abschluss des Abkommens südwestlich des Weintores von Schweigen bei einem Inspektionsgang. Auf der Straße nach Weißenburg sieht er gegen Abend plötzlich Franzosen mit Tüchern winken, und ein französischer Offizier kommt, um ihn im Grenzhäuschen zu einem Glas Burgunder einzuladen. Jetzt sei der Friede für immer gesichert, ruft der Franzose in euphorischer Stimmung aus.[524]

Der Chefdolmetscher Dr. Schmidt sitzt bei der Fahrt durch München im Wagen von Chamberlain und vergleicht aufmerksam jene Gesichter, die er beim Reichsparteitag in Nürnberg zu sehen bekommen hatte mit den Blicken von Durchschnittsbürgern, die sich in München einfach spontan sammeln, um die Staatsgäste zu sehen. Während sie langsam durch die Straßen fahren, wird der britische Premier sofort überall erkannt. Diese Leute am Straßenrand jubeln ihm zu, drängen sich an den Wagen heran, und viele versuchen, Chamberlain die Hand zu drücken. Was hatte nun die ganze böse Propaganda gegen den Westen gebracht? Schmidt meint, in Augenblicken der Erregung spreche der Gesichtsausdruck immer eine sehr deutliche und klare Sprache. Hier in München sieht Schmidt nicht die verzückte, überschwängliche Begeisterung von Nürnberg, aber dafür geht von allen Gesichtern ein glückliches Strahlen aus – und fast möchte man fragen: Wie sollte es auch anders sein? Ist doch die Mischung eine ganz andere. Paul Schmidt findet, die offensichtlich nicht organisierten und aus übervollem Herzen kommenden Ovationen der Einwohner von München für Chamberlain hätten gleichzeitig einen Unterton der Kritik an Hitler. Wenn eine Volksmenge in einem autoritären Staat nicht dem eigenen, gottähnlichen Diktator, sondern dem fremden Staatsmann aus dem demokratischen Westen mit dem unheldischen Regenschirm derart demonstrativ zujubelt, dann liege darin eine sehr betonte Kundgebung, die bezeichnender sei als eine ganze Anzahl von Oppositionsartikeln in der freien Presse eines demokratischen Landes. Hitler ist über die völlig falschen Reaktionen der Deutschen sichtlich unglücklich, erinnern diese ihn doch unangenehm an jene üble Stimmung, als er am 27. September das motorisierte Bataillon durch die Reichshauptstadt geschickt hatte.[525]

Ganz anders ist dieser Tag allerdings im wunderschönen Prag verlaufen. Am 30. September um fünf Uhr in der Frühe hatte bereits die Deutsche Gesandtschaft in Prag am Telefon die Bitte ihres Geschäftsträgers übermittelt, vor um sechs von Außenminister Krofta empfangen zu werden.

Schließlich trifft Andor Hencke* dann doch erst eine Viertelstunde nach sechs ein. Von ihm und später auch vom englischen, französischen und vom italienischen Gesandten wird die Prager Regierung konfrontiert mit den vollendeten Tatsachen.[526] Während Franzosen und Engländer noch etwas Verlegenes brabbeln, schweigt der italienische Gesandte Fransoni. Im Westen kann man bloß noch beten, dass Prags Außenminister Krofta mit seinem Orakel nicht recht behält: „Ich will nicht kritisieren, aber für uns ist es eine Katastrophe, die wir nicht verdient haben. Wir fügen uns und werden bestrebt sein, unserem Volke ein ruhiges Leben zu sichern. Ich weiß nicht, ob dieser in München gefasste Beschluss Ihren Ländern zum Nutzen gereichen wird. Aber auf jeden Fall sind wir nicht die Letzten. Nach uns wird auch andere dasselbe Schicksal ereilen."[527]

Wer die anderen dann sein werden, hängt auch von den Entscheidungen in London und Paris ab. Der US-Botschafter in Paris merkt an, dass dort Politiker hoffen, dass es „zu einem Krieg zwischen dem Deutschen Reich und Russland kommt", an dessen Ende sie dann selbst „Deutschland angreifen und dessen Kapitulation erreichen" können.[528] Die Folgen dieses Münchener Abkommens sind nicht nur für die kleine Tschechoslowakei verheerend. Frankreichs sicherster und verlässlichster Bündnispartner wird in wenigen Stunden keine Rückversicherung mehr gegen denkbare spätere Schläge gegen Frankreich darstellen. Mit dem jähen Verlust des Gebirges im Westen verliert die ČSR nicht nur 17.500 qkm an Land, das von fast drei Millionen Sudetendeutschen und von 800.000 Tschechen bewohnt wird. 66 Prozent der Vorräte an Steinkohle und 80 Prozent der Vorräte an Braunkohle liegen plötzlich im Ausland. Darüber hinaus verliert die ČSR die Produktionsstätten von 86 Prozent ihrer Chemikalien, 80 Prozent bei Textilien und Zement sowie 70 Prozent der Kraftstrom-, Eisen- und Stahlproduktion. Ein blühendes Industrieland ist über Nacht bankrott. Außerdem sind die Netze von Eisenbahn und Straßen, Telefon und Telegraphen durchschnitten, und die tschechische Maginotlinie fällt an das Deutsche Reich.[529] Dabei hatte Frankreichs Generalstabschef den Premierminister noch vor dessen Abflug nach München deutlich darauf hingewiesen, bis zu welchen Grenzen die territorialen Konzessionen im Sudetenland maximal gehen dürften, ohne Frankreichs Sicherheit zu gefährden. Auf keinen Fall dürften die wichtigsten tschechischen Befestigungen, die Haupteisenbahnlinien, strategische Nebenstrecken und die Rüstungsindustrie an Deutschland abgetreten werden. Vor allem sei zu verhüten, dass die Deutschen die Mährische Pforte abriegeln; ein guter Rat, wenn man davon ausgeht, dass die Tschechoslowakei im Fall eines französisch-deutschen Krieges noch irgendwie nützlich zu sein habe.[530] Doch wie in Berlin setzen sich auch in Paris wieder einmal die Politiker über das Urteil der Fachleute aus dem Militär hinweg. Sucht man Unterschiede zwischen einer Demokratie und einer Diktatur, so ist sie in dem Bereich also nicht zu finden. Das Primat der Politik gilt hier wie dort.

Warschau erweitert seinen Lebensraum erneut

Außenminister Beck lässt Frankreichs Botschafter Noël in Warschau zur Kenntnis kommen, dass diese „Tschechoslowakei in naher Zukunft verschwinden müsse" und dass man sich in Polen selbst darauf vorbereite, „einen Teil des Erbes an sich zu nehmen". Der Botschafter in Paris, Graf Lukasiewicz, sagt dem französischen Außenminister Bonnet, die ČSR sei ein zum Tode verurteiltes Land, da es ein willkürliches Kompositum von vielen einander äußerst feindlich gesinnten Minderheiten darstelle. Sie trotzdem verteidigen zu wollen, sei ein schwerer Irrtum Frankreichs und Großbritanniens,[531] und Hans Bernd Gisevius meint, diese ganze innere Ausgehöhltheit des Begriffes Europa sei durch diesen Dolchstoß niederschmetternd zum Bewusstsein gebracht worden[532] – à votre santé!

Im Windschatten der eigenwilligen Münchener Einigung über den Kopf der Führung in Prag hinweg fordert an diesem 30. September Polen den tschechischen Außenminister Krofta ultimativ zur Räumung des Gebiets von Teschen innerhalb von 12 Stunden auf. Geschehe das nicht, müssten die Tschechen mit einer Kriegserklärung aus Warschau rechnen. Damit bricht Warschau natürlich sowohl den Kellogg-Pakt aus dem Jahre 1928 als auch das Litvinov-Protokoll von 1929. Der polnisch-sowjetische Beistandspakt von 1932 ist nun ebenfalls hinfällig.[533] Warschau muss sicher die Sowjetunion nicht als seine Schutzmacht mögen, doch ist es wirklich eine gute Idee, Moskau offensiv zu verprellen? Wenn man andererseits

Frankreich als eine Schutzmacht wünscht, muss man Schutz dann auch wirklich defensiv verstehen und nicht wie ein schwächerer Bruder, der sich mit anderen Kindern schlägt und dann zu seinem stärkeren Bruder rennt, wenn die anderen zurückhauen. Wie wollen sich denn polnische Außenpolitiker erklären, wenn ihr Kartenhaus den einfachen Menschen in ihrem Land irgendwann einmal mit lautem Getöse auf den Kopf fällt? Oder wollen sie dann auch einfach alle Protokolle verschwinden lassen?

Nach dem Einmarsch der polnischen Armee tritt der Präsident der ČSR am 5. Oktober zurück und wird ersetzt durch Emil Hácha, der sofort der Slowakei und Ruthenien die volle Autonomie zugesteht und das Bündnis mit der Sowjetunion genau wie die Kommunistische Partei auflöst. Die deutschen Flüchtlinge aus dem Reich, die Zuflucht in seinem Land gesucht hatten, überlässt Hácha den deutschen Behörden.[534] Was glauben Sie, was Ex-Präsident Benesch gerne mit den Deutschen machen würde? Aber in tausend Jahren ist Edvard Beneš bestimmt schon Geschichte.

So hochmütig, wie Warschau mit Paris, Moskau und Prag umspringt, ist zu allem Überfluss auch das Verhältnis zu Berlin. Im Wesentlichen ist es ein Kreis um Außenminister Beck, der herzliche Beziehungen mit Berlin und eine außenpolitische Anlehnung an Deutschland wünscht. Doch seit 1937 verändert sich in Polen die innere Großwetterlage. Becks Linie der Verständigung mit Deutschland wird zunehmend angegriffen, wobei das lange nicht die ganze Wahrheit ist. Ähnlich wie in der Tschechoslowakei bleibt das Verhältnis der Polen zu ihren Minderheiten angespannt. Auch auf Polen trifft zu, was Botschafter Lukasiewicz über die ČSR gesagt hat. Es ist ein zum Tode verurteiltes Land, weil es ein willkürliches Kompositum vieler einander äußerst feindlich gesinnter Minderheiten ist. Dabei ist es vor allem grotesk, dass diese Volksgruppen überhaupt zu Minderheiten in ihrer Heimat wurden durch die Neugründung eines polnischen Staates auf den Territorien des Habsburger Reiches, des Russischen und des Deutschen Reiches vor zwei Jahrzehnten, von wo die Einwohner natürlich nicht weggezogen sind, und durch die gewaltsame Einverleibung von Teilen des neuen Russland. Eine wichtige Rolle, gerade im Hinblick auf Deutschland, spielt hier auch die polnische Presse. Damit verringert sich Becks Spielraum in Bezug auf einen Handel rund um die Freie Stadt Danzig, gibt es doch das Angebot, die polnischen Gebietserwerbungen in Ostdeutschland aus den Jahren 1918 bis '21 als endgültig anzuerkennen. Dabei geht es um Gebiete in Oberschlesien, Westpreußen und der Provinz Posen. Diese Anerkennung hatte Marschall Piłsudski von 1920 bis zu seinem Tod im Jahr '35 vergeblich erbeten. Die 16 Reichsregierungen zwischen 1921 und 1933 hatten diesen Wunsch der Polen nicht erfüllen wollen. Hitler bietet seit Jahren diese Anerkennung an im Tausch gegen die Angliederung der Hansestadt Danzig an das Reich, eine Stadt, die im Sinne des Völkerrechts betrachtet ohnehin nicht polnisch ist, und gegen exterritoriale Zugangswege in das abgetrennte Ostpreußen.[535] Trotzdem ergänzen sich Hitlers Diplomatie gegenüber Polen und der Warschauer Drang nach noch mehr Lebensraum gerade wieder prächtig. Schon jetzt ist die Republik Polen so ziemlich doppelt so groß wie 1920.

Was von München bleibt

Deutschlands Generäle mussten oder durften der Selbstenthauptung der Franzosen zusehen. Für Frankreichs militärische Stellung in Europa ist München eine Katastrophe. Bei einer deutschen Vollmobilmachung ist es auf Grund seiner Bevölkerungszahl nicht in der Lage, eine Armee auf die Beine zu stellen, die der deutschen ungefähr gleich kommen würde. Das war einer der Gründe, warum man in Versailles die Reichswehr auf die Obergrenze von 100.000 Mann begrenzen wollte. Deshalb hat ja das Land des Baguettes in mühseliger Arbeit Bündnisse mit kleinen Ländern in Europa aufgebaut – mit Polen, Jugoslawien, Rumänien und der ČSR. München bedeutet insofern geradezu eine Verstümmelung der französischen Armee selbst. Aber das ist nicht alles. Der Amerikaner Shirer fragt sich, wie nach dem Münchener Abkommen Frankreichs übriggebliebene Verbündete in Osteuropa einem Pariser Wort weiter Glauben schenken könnten, ja welchen Wert ein Bündnis mit Frankreich jetzt noch hat. In den entsprechenden Hauptstädten reißt man sich förmlich darum, mit dem Jungen aus Österreich einen bestmöglichen Vertrag auszuhandeln, solange noch Zeit dazu ist. Nichts haben die Pariser Politiker gelernt aus der Abkehr der Belgier und deren Umschwenken auf einen Kurs völliger

Neutralität, als das Reich mit seinen Truppen über den Rhein kam und sie vor den Toren Belgiens postierte. Das ist wenige Jahre her. Da hatten sie in Belgien auch auf Paris vertraut. Vielleicht noch schlimmer ist, dass die Führung in Moskau keinen Heller mehr auf Frankreich setzt. Stalin, der für Nachsicht ohnedies nicht bekannt ist, könnte recht nachtragend reagieren und sich ebenfalls der neuen Großmacht mit Sitz in Berlin zuwenden. Nur eine Woche nach München notiert unser Botschaftsrat in Moskau Werner von Tippelskirch*, er glaube dass Jossif Stalin Schlussfolgerungen ziehen und die sowjetische Außenpolitik insgesamt eine viel positivere Einstellung Deutschland gegenüber an dcn Tag legen werde. Die neuen Umstände könnten günstigere Möglichkeiten für ein größeres deutsches Wirtschaftsabkommen mit der Sowjetunion eröffnen.[536]

Da war doch noch was! Ganz genau, wir haben ja auch noch eine Reichsregierung. Warum hört man von der so wenig? Seit dem 4. Februar 1938 tritt das Reichskabinett überhaupt nicht mehr zusammen. Die Minister erfahren aus den Tageszeitungen, dass inzwischen Österreich oder auch die Sudetenlande *heimgeholt* sind, sie vernehmen über den Straßburger Sender, welche neuen Konflikte heraufziehen. Die Reichsregierung muss im Umlaufverfahren *beschließen*. Wer nicht schriftlich widerspricht, der stimmt zu. Und wenn einer dieser Herren doch widerspricht? Auch egal. Hitler macht hier das Gesetz. Und was ist mit dem Reichstag? Mit Recht spricht der Volksmund von einem besonders teuren Gesangverein, weil das Einzige, was den Abgeordneten außer dem obligaten Jubel gestattet wird, das Absingen der zwei Nationalhymnen ist. Man bekennt sich, der Form halber, zum Prinzip der Selbstverwaltung. Aber kein Provinzialrat, keine einzige Gemeindeversammlung erhält die Gelegenheit, über Haushaltspläne abzustimmen oder Einwendungen vorzubringen. Gleichfalls bleibt es bei der altehrwürdigen Hochschulverfassung. Nur wird mit der berühmten Freiheit der Wissenschaften weitaus ärger umgesprungen als mit den Stundenplänen oder den Dorfschulmeistern. Die Verwaltungsgerichtsbarkeit bleibt formal erhalten, aber die unabsetzbaren Richter, die es wagen, *polizeiliche Maßnahmen* nachzuprüfen, finden sich ganz schnell im Ruhestand wieder. Man belässt folglich äußerlich alles beim Alten. Man beseitigt nicht althergebrachte Rechte, man missbraucht sie nur. Diese Missachtung jedweden gesetzten Rechtes gestaltet natürlich das Regieren ungemein angenehm. Wer niemanden zu fragen braucht, kann „blitzartig" und forsch zugleich handeln. Aber er verliert jedwedes Maß.[537] Gisevius, der durchaus mehr als andere im Land herumkommt, vermerkt, dass es andererseits in allen Schichten und Ständen unseres Volkes nicht nur Schlafmützen gibt. Werkmeister am Schraubstock, die stumm und verbissen ihre illegale Position halten; Verwaltungsbeamte, die in ihrer Behörde ausharren und mit ihren Kenntnissen und Plänen auf eine anständigere Regierung bei uns hoffen, manche Hilfe unterdessen unbemerkt leistend; ja „überhaupt die vielen stillen Leute im Lande, denen gar nichts anderes übrig bleibt, als zu hoffen, zu warten und ein wenig zu helfen".[538] Als er nach dem Scheitern des Umsturzes das Reich verlassen will, hält ihn das Wissen um diese Menschen hier. Er sieht im täglichen Leben, dass die ungezählten Angehörigen der inneren Emigration nicht weniger, oftmals sogar unendlich mehr leiden und streiten als die Emigranten draußen, die mit ihrer Verkrampftheit, mit Bruderzwist und den überholten Parteidoktrinen einer vergangenen Zeit keineswegs immer einladend wirken, die Zahl der sich im Auslande bekämpfenden Gruppen und Persönlichkeiten noch um einige zu vermehren.[539] Wenn man seine Wut über diese Emigranten hört, die außerhalb der Gefahrenzone für das eigene Leben ihre alten politischen Grabenkämpfe weiterführen, da möchte man einen wie Willy Brandt am liebsten gleich selbst fragen, was er in der Emigration den ganzen Tag über eigentlich macht.*

Sorgen Sie sich nicht, weil vor dem Stern kein Name steht. Er steht hinter dem Stern und er wird Brandt die Frage bei passender Gelegenheit auch stellen. In Deutschland ist noch lange nicht aller Tage Abend. Hier im Reich bilden sich auf jeden Fall nach dem Abschluss des Münchener Abkommens Friedensgruppen unter den Leuten, eine Information, die bis nach London vordringt und in den Aufzeichnungen des Sicherheitsdienstes der SS festgehalten wird.[540] Es kann nicht völlig ausgeschlossen werden, dass sie unter der Losung „Schwerter zu Pflugscharen" agieren; Hauptsache, die Deutschen kümmern sich darum, dass der Frieden hier in Europa weiter erhalten bleibt.

Genau wie Hans Bernd Gisevius trägt sich auch Carl Friedrich Goerdeler mit dem Gedanken, seine Chance für die freie Ausreise nun auszunutzen und ganz einfach nicht mehr zurückzukehren. Doch was können sie vom Ausland aus denn bewirken? Sicher schmähen sie diejenigen nicht, die seit 1933 gegangen waren, hatten doch die meisten von ihnen gar keine andere Wahl und retteten ihr nacktes Leben. Gisevius sagt, ein jeder von ihnen hätte auf der Flucht vor der Gestapo ähnlich gehandelt. Doch auf der anderen Seite, sagt er, schrecke sie, solange eine freie Entscheidung offen bleibe, eine alte historische Erfahrung: Noch nie in der Geschichte war durch Emigranten eine innenpolitische Wende erzwungen worden. Warum soll es denn diesmal anders sein?[541] Zu allem Elend distanzieren sich zunehmend auch Politiker in den Gastländern von jenen deutschen Emigranten, so dass sie innen- genau wie außenpolitisch isoliert sind.[542]

Längst nicht alle sind so prominent wie Carl Friedrich Goerdeler, dass es ihnen leicht fiele, die Grenzen des Reiches immer wieder zu überqueren und schnarchende Politiker in aller Welt vor dem grausamen Regime in ihrem Reiche zu warnen. In einem Brief an einen von ihnen in *America* schreibt er, eine ausgezeichnete Gelegenheit sei gerade verpasst worden. Das deutsche Volk habe keinen Krieg gewollt; die Armee würde alles getan haben, ihn zu vermeiden. Lediglich Hitler, Himmler und Ribbentrop seien für den Krieg. Die wachsenden inneren Schwierigkeiten im Reiche beunruhigten sie stark. Andererseits machten sie der Armee gegenüber kein Hehl aus ihrer Überzeugung, dass London und Paris weder willens noch fähig sind, die ČSR zu beschützen. In Deutschland wollte es ihnen kein Mensch glauben, sie behielten jedoch recht. Wörtlich heißt es: „Das Ende der Leidenszeit des deutschen Volkes unter brutaler Tyrannei und mittelalterlichen Methoden ist weit hinausgeschoben worden." Auch er schlussfolgert daraus: „Das englische wie das französische Volk werden nun ihre Freiheit mit den Waffen zu verteidigen haben."[543]

Die Hitler, Himmler und Ribbentrop sind aber leider nicht die Einzigen, die mehr wollen, wenn viele andere auch glauben, dass die Siege ohne einen Schuss zu haben sind. So schreibt der Oberst Jodl: „Die Tschechoslowakei ist als eine Macht erledigt. ... Das Genie des Führers und seine

Entschlossenheit, sogar vor einem Weltkrieg nicht zurückzuschrecken, haben wieder einmal den Sieg errungen, ohne dass Gewaltanwendung erforderlich war. Es verbleibt die Hoffnung, dass die Ungläubigen, die schwachen Leute und die Zweifler bekehrt werden und bekehrt worden sind."[544] Von den restlichen Militärs und Möchte-Gern-Politikern, die in Zweifel und Ablehnung verharren, wünscht der Führer einen Rat noch weniger als vor seinem jüngsten Coup, und lässt sie unmissverständlich wissen: „Ich will keine warnenden Denkschriften mehr."[545] Eine um die andere Möglichkeit zur Einflussnahme auf den Gang der Dinge wird den Kritikern genommen. So dauert es nur vierzehn Tage und Hitler erlässt einen „Aufruf an die Offiziere", der der militärischen Führung endgültig das Recht zu politischen Urteilen abspricht und dafür Gehorsam fordert, felsenfestes Vertrauen und gläubige, trotzige Entschlossenheit.[546] Nach diesem neuen außenpolitischen *Erfolg* des Genies der Staatskunst fängt der Zusammenhalt des Offizierskorps an zu bröseln. Trotzdem bleibt es weiterhin eine seltene Ausnahme, dass einer der Offiziere einen Gegner des Regimes anschwärzt.[547]

Die Generäle in den hohen Rängen der Wehrmacht wissen freilich, wie knapp sie einem grausigen Fiasko entgangen sind. Das muss beispielsweise sogar Oberst Alfred Jodl zugeben: „Es war ganz ausgeschlossen, mit fünf aktiven Divisionen und sieben Panzerdivisionen in einer Westbefestigung, die nur eine große Baustelle war, hundert französischen Divisionen standzuhalten. Das war militärisch unmöglich."[548] Und gerade Jodl gehört zu den Militärs, die die Augen während der gesamten Krise fest geschlossen hatten und auf das Genie des Führers hofften. Man hört nicht den leisesten Hauch der Vermutung, dass auch der jüngste *Erfolg* wieder vorgelegt worden sein könnte wie auf dem Fußballfeld. Selbst der Schoßhund Hitlers General Wilhelm Keitel ist nach München mehr als bloß erleichtert: „Wir waren außerordentlich glücklich, dass es zu einer militärischen Operation nicht gekommen war, weil wir in der Zeit der Vorbereitung niemals von der grundsätzlichen Auffassung heruntergegangen sind, dass unsere militärischen Angriffsmittel gegen die Grenzbefestigung der Tschechoslowakei unzureichend seien, also rein militärisch gesehen, ein Angriff, der ein Durchstoßen der Grenzbefestigungen notwendig gemacht hätte, dazu fehlten uns die Angriffsmittel."[549] Erich von Manstein kann diese Sorgen bloß bestätigen: „Und wir hätten, wenn es zu einem Krieg gekommen wäre, weder unsere Westgrenze noch die polnische Grenze wirklich wirksam verteidigen können, und wir wären auch ganz zweifellos, wenn die Tschechoslowakei sich zur Wehr gesetzt hätte, an ihren Befestigungen hängen geblieben, denn wir hatten praktisch nicht die Mittel, sie zu durchbrechen."[550]

Die Erleichterung der englischen und französischen Staatsgäste ob ihrer „erfolgreichen" Konferenz in München weicht kurz nach ihrer Rückkehr nach Hause großer Ernüchterung. Sicher ist man allerseits froh, dass es nun doch keinen Krieg gibt, doch die Vereinbarungen, die von den Chefs der Westmächte unterschrieben worden sind, werden als Diktat und als Produkt einer miesen Erpressung wahrgenommen. So muss Daladier in Paris dem Parlament versprechen, die Aufrüstung mit Energie voranzutreiben. Erst danach wird das Abkommen mit überwältigender Mehrheit ratifiziert. In London, wo der Premier in Downing Street mit jenem von Adolf Hitler unterschriebenen Papier sehr zufrieden in der Luft herumwedelt und erklärt, dieses Abkommen bedeute „peace for a lifetime"[551] – „Frieden auf Lebenszeit", bekommt es zumindest eine einfache Mehrheit der Parlamentsstimmen. Doch auch in England, in der Sowjetunion und in Deutschland wird nach München die Aufrüstung vorangetrieben. Der Boss der deutschen Luftwaffe Göring verabschiedete am 30. September Italiens Außenminister Galeazzo Ciano mit der Bitte, Mussolini zu informieren, dass das Reich nun ein Wettrüsten beginne, das die Welt noch nie gesehen habe.[552] Das darf der Italiener gern als eine Aufforderung zu größeren Rüstungsanstrengungen seines eigenen Landes verstehen.

Auf den Straßen im Reich ist der Fan von Uniformen, Hermann Göring, schon lange ein beliebtes Spottobjekt. Der Komiker Weiß-Ferdl verhilft der Kritik an diesem Politiker auch gerne hin und wieder auf die Bühne. Der Münchener Künstler, der eigentlich Ferdinand Weisheitinger heißt, treibt eines Abends drei fette Schweine auf die Bühne und beginnt: „Ich stelle Ihnen hier die Familie Mann vor. Dies kleine Schwein ist Fräulein Mann. Das größere dort ist Frau Mann. Und das ganz dicke, fette, das ist der Herr-Mann." Nach diesem Auftritt wird Weiß-Ferdl eine Zeit lang in „Schutzhaft" genommen. Drei Wochen später darf er erneut in München auftreten. Er kommt trotz allem mit den drei Borstentieren an und sagt, wem er die Haftstrafe verdankt: „Das kleine Schwein ist Fräulein Mann, das größere Frau Mann . . . und wegen des dicken, großen habe ich drei Wochen brummen müssen."[553] Wem es bisher noch nicht klar war, dass die an die Macht gekommenen Männer nur bedingt Spaß verstehen, der weiß es jetzt. So spiegelt folgender Spruch auch nur die herumgehenden Gerüchte wider. Auf die neugierige Frage: „Was gibt es für neue Witze?" bekommt man die Antwort: „Sechs Monate."[554]

Die Freude ist zum wiederholten Male in den vergangenen sechs Jahren auf der Seite der überzeugten Nazis. Vergessen ist die Angst, die in den letzten Wochen umgegangen war. In der so kurzen Zeit von sechs Monaten, so lärmen sie, habe Adolf Hitler die Ostmark und das Sudetenland erobert und die Bevölkerung des Reiches um viele Millionen Menschen vermehrt. Mit einem in der deutschen Geschichte seltenen, genialen Instinkt habe er Schwächen nicht bloß der kleinen Staaten Mitteleuropas, sondern auch der zwei mächtigen Westmächte England und Frankreich erspürt und ihnen seinen Willen aufgezwungen. Mit verblüffendem Erfolg habe er eine neue Strategie, nämlich die „politische Kriegführung", die den wirklichen Krieg unnötig mache, eingeführt und angewandt. Ist nicht tatsächlich ein Arbeiter aus einfachsten Verhältnissen aufgestiegen und hat in wenigen Jahren ein entwaffnetes, chaotisches, fast bankrottes Deutschland in eine Stellung katapultiert, die ihm nun das Ansehen der mächtigsten Nation der Alten Welt verleiht? Zittern die großen Mächte nicht inzwischen schon vor diesem Reich?[555] Da bleibt bloß noch anzumerken, dass die oberschlauen Nazzis Oberst Charles A. Lindbergh zwei Wochen nach dem *Meeting* in München zu allem Elend auch noch einen Orden verleihen.[556] Und – sie korrigieren seine überhöhten Angaben zur Anzahl der verfügbaren deutschen Kampfflugzeuge nicht nach unten; sie halten sich nämlich für schlauer als die Dummen im Westen. Sie denken wohl, es sei phantastisch, wenn sie im Ausland den maximalen Respekt vor der militärischen Macht des Dritten Reiches zu haben scheinen.

Kritischer Rückblick

Schön, dass unser Frieden gerettet ist, doch wie muss man es eigentlich verstehen, dass wieder kein Wort über die Menschenrechte gefallen ist? Die katholische Wochenzeitung Der deutsche Weg zeigt sich schließlich am 23. Oktober ernüchtert über den Auftritt der zwei Politiker aus dem freien Westen hier in München. Viele Leute in Deutschland, heißt es im Leitartikel, hätten bis zu den Beschlüssen von München geglaubt, dass die katholische Kirche wenigstens bei den Demokratien im Westen noch einen gewissen Rückhalt findet in ihrem Kampf gegen den rassistischen und bolschewistischen Atheismus. Kirchliche Kreise hätten darauf hingewiesen, dass gerade in den Demokratien das Ansehen der Kirche und des Papsttums ständig steige. Äußerungen von Papst Pius XI. zu Würde und Freiheit der menschlichen Persönlichkeit hätten übereingestimmt mit ähnlich gerichteten Ansprachen des Präsidenten Roosevelt oder des früheren englischen Premiers Baldwin sowie mit Äußerungen der angesehensten französischen Publizisten. Es fällt auf, dass den Herren nicht klar ist, dass das zu den Tricks und Kniffen einer Demokratie gehört, die ehemaligen Amtsinhaber und Politiker, die gerade nicht involviert sind, die richtigen Sachen sagen zu lassen. Die gewaltigen Hoffnungen, die in Deutschland in den „demokratischen Westen“ gesetzt wurden, seien mit München zusammengebrochen. Kein demokratischer Staatsmann habe bei der Neuformung Europas einen wirksamen Einsatz für das Christentum gebracht. Die Kämpfer für Christentum und Kirche wüssten somit, dass sie alleine seien. Abgesehen von militärisch schwächeren gebe es in der Welt offenbar kein Land mehr, das sich für die Erhaltung der christlichen Kultur einsetze. Jedenfalls erscheine nach den letzten Vorgängen auf der Weltbühne kein einflussreiches Land gewillt zu sein, der christlichen Kultur auch nur das geringste Opfer zu bringen.[557]

Der kleine Klaus riskiert wieder die große Lippe

So beklommen und still wie das Häufchen von etwa 200 Anhängern am 27. September des Jahres '38 vor Adolf Hitlers Reichskanzlei ausharrte, so laut und eindringlich geigt ihnen ihr Führer am 9. Oktober bei einem großen Auftritt in Saarbrücken ordentlich die Meinung: „Es hat bei uns auch Schwächlinge gegeben, die vielleicht nicht verstanden hatten, dass ein harter Entschluss getroffen werden musste."[558] So viel zumindest hat der *Maestro* in Berlin also verstanden – nur dass die Friedfertigkeit die übergroße Masse der Deutschen einschließt. In Saarbrücken sollen die Ergebnisse der Verhandlungen der vergangenen Wochen den Geführten vorgestellt werden. Hans Bernd Gisevius gewinnt nach der Publikation dieser Rede den Eindruck, dass die Zeitungsleser denken müssen, beim Übertragen der Worte Hitlers müssten sich grobe Fehler eingeschlichen haben, so unbegreiflich scheinen seine rednerischen Ausfälle. Der aufgeregte Diktator vermittelt seinerseits den Eindruck, als hätte er eben die größte Niederlage seines Lebens einzustecken gehabt. Die schlimmsten Wutausbrüche richten sich gegen Churchill, also gegen einen Oppositionellen, der die Engländer vor trügerischen Hoffnungen warnte. Bei dem großen Auftritt sagt der Kanzler: „Die Staatsmänner, die uns gegenüber stehen, wollen – das müssen wir ihnen glauben – den Frieden. Allein sie regieren in Ländern, deren innere Konstruktion es möglich macht, dass sie jederzeit abgelöst werden können, um anderen Platz zu machen, die den Frieden nicht so sehr im Auge haben. Und diese anderen sind da. Es braucht in England nur statt Chamberlain Herr Duff Cooper oder Herr Eden oder Herr Churchill zur Macht kommen, so wissen wir genau, dass es das Ziel dieser Männer wäre, sofort einen neuen Weltkrieg zu beginnen. Sie machen gar keinen Hehl daraus. Sie sprechen das offen aus."[559] Das ist wohl richtig, bringt Hitler jedoch nicht davon ab, mit dem Feuer zu spielen. Bei einem Essen mit dem US-Geschäftsmann General Robert Elkington Wood hatte Churchill *im November 1936* ausgesprochen, was er will: „Deutschland wird zu stark und wir müssen es zerstören."[560] Und Hitler versteht ja offenbar auch nicht, dass sich der freundlich lächelnde Premier Chamberlain und der grimmige Churchill die Bälle zuspielen – dass sie zwei Exponenten derselben Schauspieltruppe darstellen. Mister Churchill ist somit der dritte Kronzeuge des Jahrhundertskandals.

Es dürfte Hitlers Wut über die absolut falschen Sympathiebekundungen der Leute in München für die ausländischen Staatsgäste geschuldet sein, dass er sich in seiner Rede zu der unmissverständlichen Anspielung auf gewisse regenschirmbewaffnete Staatsmänner von da draußen hinreißen lässt, deren Reiselust der Sache des europäischen Friedens, so wie unser Friedensfürst ihn versteht, nicht wirklich dienlich sei.[561] Vielleicht sollte er der Öffentlichkeit erläutern, dass er schon am 28. Mai vor Militärs die Eingemeindung der *gesamten* ČSR für den 2. Oktober angekündigt hat. Dann haben ihn die Briten mit ihrem Verhandlungsmarathon natürlich bezüglich dieses Wunschtermins schon gehörig in Bedrängnis gebracht. Doch in London reagieren zum Beispiel Chamberlain, Sir Samuel Hoare, Sir John Simon und andere auf die neuen und absolut unverständlichen Angriffe dieses Berliner Kanzlers in den folgenden Wochen in mehreren Reden mit einer direkten oder indirekten Aufforderung an Deutschland, seine Forderungen namhaft zu machen, damit jetzt Gespräche begonnen werden können; genannt werden als Diskussionsgegenstände Kolonien, Rohstoffe und die Abrüstung. In Privatgesprächen wird die Abgrenzung wirtschaftlicher Interessensphären als Programmpunkt aufgeführt. Dort fallen anerkennende und freundliche Worte über das deutsche Volk – es sei eine männliche, starke und tapfere Rasse. Weniger Freude dürfte der *Boss* daran finden, dass Redner zwischen dem deutschen Volk und den leitenden Männern in Berlin einen Unterschied machen, den sie mit den in München beobachteten Friedenskundgebungen erklären. Außerdem hält unser Botschafter Dirksen in London fest, dass jene zur Aussprache bereiten Stimmen mit der Zeit verstummen, weil nicht nur keine freundliche Antwort erfolgt, sondern weil ablehnende offizielle Äußerungen auf die englischen Gesprächsangebote folgen. Hitler will kein Angebot, diese kranke Kreatur will sehen, dass Blut fließt. Von Dirksen selbst, dem kein Verantwortlicher in Berlin eine amtliche Weisung erteilt, wie er auf jene Angebote reagieren soll, begründet letztendlich die ablehnende Haltung in Berlin mit dem von ihm vermuteten Misstrauen vor einer übersteigerten englischen Aufrüstung und mit Unwillen ob verschiedener Artikel in britischen Zeitungen. Im Übrigen versucht er, die Temperatur zu halten, bis eine Klärung auf breiterer Grundlage erfolgt.[562]

Speziell mit dem *Oppositionellen* Winston Churchill entwickelt sich ein wochenlanges Ping-Pong-Duell über den Ärmelkanal hinweg. Gisevius meint, Kanzler Hitler wisse ziemlich gut, dass Churchill tatsächlich sein großer Antipode werden könnte. Aus dieser Einsicht heraus verfolge er diesen Mann mit der ganzen Glut seines Hasses, und wisse recht genau, wen er hassen und wen er bloß bekämpfen müsse.[563] Dieser Abgeordnete Churchill reagiert am 14. Oktober auf die Angriffe von Kanzler Hitler gegen seine Person im Radio und betont, dass es ihm nicht um Krieg gegen das Reich gehe, sondern um ein kraftvolleres Sicherheitssystem in Europa, das den Führer vom Führen eines Krieges abhalten kann. Wörtlich erklärt Churchill: „Dies würde sowohl allen friedliebenden und gemäßigten Kräften in Deutschland wie auch den Führern der deutschen Armee Gelegenheit geboten haben, eine große Anstrengung zur Wiederherstellung von einigermaßen gesunden und zivilisierten Bedingungen in ihrem eigenen Lande zu unternehmen."[564] Ist es einfältig, dass er die hohen Generäle persönlich noch stärker ins kritische Blickfeld von Adolf Hitler rückt? Keinen kann es erstaunen, dass Adi schäumt wegen dieser Rundfunkansprache, die manch einer in Deutschland über den neu eingerichteten deutschen Dienst der Londoner Rundfunkgesellschaft BBC am Radio verfolgen kann, verkündet Winston Churchill doch in aller erdenklichen Offenheit, dass er von oppositionellen Gedanken bei uns im Reich wisse. Es ist verständnisvoll, dass er nicht gleich offenbart, dass er dies unter anderem von Kleist-Schmenzin erfahren hat. Tourist X wäre sonst tatsächlich in Gefahr. Gerade so, als wolle er seine Indiskretion am 7. November wieder in Ordnung bringen, erläutert er dann: „Herr Hitler hat unnötige Empfindlichkeit gezeigt über die Andeutung, es möchten in Deutschland noch andere Meinungen vorhanden sein als seine eigene." Es wäre doch in der Tat „erstaunlich, wenn sich unter 80 Millionen, die so stark in Ursprung, Glauben, Interessen und Lebensbedingungen voneinander abweichen, nur eine Form des Denkens fände. Es würde unnatürlich sein, und es ist unglaubhaft."[565] So redet ein Demokrat. Das weiß man als Diktator fraglos auch ohne fremde Hilfe, sucht aber gerade nach Wegen, um andere Meinungen unter den Teppich kehren zu können.

Berliner Außenpolitik nach Süden und Osten

Luftwaffenchef Göring verkündet am 14. Oktober auf einer Sitzung aller ihm unterstellten Minister, dass der Führer ihn angewiesen hat, ein gewaltiges Rüstungsprogramm durchzuführen, das vorherige Leistungen unbedeutend erscheinen lasse. Er sagt, dass ihm befohlen worden sei, so rasch als möglich eine fünfmal so große Luftflotte zu schaffen als sie ursprünglich geplant war, die Geschwindigkeit der Wiederaufrüstung der Marine und des Heeres zu beschleunigen, vor allem bei Angriffswaffen, wie schwerer Artillerie und schweren Tanks.[566] Sieben Tage danach folgt eine Anweisung Hitlers an die Wehrmacht, bei der es um die Erledigung der Rest-Tschechei geht. Es müsse möglich sein, das Land jederzeit zu zerschlagen, wenn es, nur mal beispielsweise, deutschfeindliche Politik betreiben würde. Der Befehl wird von Keitel gegengezeichnet.[567] Nein, in die Zeitungen wird dies wiederum logischerweise nicht gebracht, heißen die Steigerungsstufen doch schlau – schlauer – Adi.

Die Partei- und Staatsführung in Berlin versucht zu erkunden, inwieweit Warschau geneigt sei, die Beziehungen weiter zu vertiefen. Dabei denkt man an ein Militärbündnis gegen die Sowjetunion. *Deutschlands* Drang nach Osten ist aus Jósef Becks Sicht zu begrüßen – vorausgesetzt, dass das polnische Territorium nicht als Aufmarschgebiet für die Wehrmacht genutzt würde. Das dürfte auf denselben Gedanken zurückgehen wie die Ablehnung des Durchmarsches der Roten Armee zuvor; wer einmal dort ist, will vielleicht erneut in Polen bleiben. Warschau deutet an, dass man Hinweise hat, dass Rumänien solchen deutschen Anliegen Interesse entgegenbringen könnte. Begegnungen wie die Ribbentrops mit Botschafter Lipski am 24. Oktober bringen Klarheit darüber, dass Polen im Fall des Falles bei einem deutsch-sowjetischen Konflikt auf der deutschen Seite stehen wird.[568] Unklar ist vorerst, wie man vorhat, diese Nummer Paris nahezubringen. Heute noch tastend und später auch direkt bis drängend wünscht Hitler das noch offene Danzig-Problem und die exterritorialen Transitverbindungen durch den Korridor auf dem Verhandlungsweg zu lösen. Botschafter Lipski stellt klar, dass der Außenminister, was Danzig angeht, innenpolitisch keinen Spielraum hat.[569] Es hilft auch nicht, dass Hitler eine Garantie der bestehenden polnischen Grenze anbietet, wenn die Republik Polen dem Anti-Komintern-Bündnis beitritt, dass er diesen Nichtangriffspakt von 1934 auf fünfundzwanzig Jahre festschreiben will, dass er sich für die Unabhängigkeit der Slowakei verbürgt, die Polen für sich beansprucht und dass auch bezüglich Rutheniens nach Warschaus Wünschen verfahren werden soll.[570] Da sind Wölfe ins Gespräch vertieft. Lipski möchte gern die Karpato-Ukraine den Ungarn überlassen. Dieses Gebiet gehört zwar eindeutig zur Sowjetunion, aber von der hat Polen ja schon so riesige Gebiete zum eigenen Lebensraum gemacht, dass dieses Fleckchen Erde das Kraut nicht mehr fett macht. Lipski erwähnt, dass es seine Regierung sei, die Ungarn zur Eroberung der Karpato-Ukraine zu bewegen versuche.[571] Mag schon sein, dass Außenminister Beck in dieser oder jener Hinsicht keinen innenpolitischen Spielraum hat, aber welche außenpolitischen Spielräume glaubt der polnische Botschafter denn hier zu haben? Na ja, wer einmal von der Großmacht träumt und dabei solch einen Großen Bruder sein eigen nennt...

Ungarn ist zwar gierig auf einen Fetzen der ČSR wie Polen, erweist sich aber anfangs als zu schüchtern. So bedarf es einiger Bearbeitung durch Herrn Ribbentrop und einige Mitarbeiter vom AA, damit diese Ungarn ebenfalls zuschlagen. Als sie es endlich doch tun, bricht bei ihnen gleich Übermut aus, so dass Berlin sie bremsen muss. Sie wollen *Die Slowakei* nun auch ganz besetzen, doch für *Die Slowakei* haben sowohl Warschau als auch der Führer auf dem Obersalzberg noch weitergehende Pläne.[572]

Ungarn nimmt sich im Windschatten der großen Vorgänge „seinen Teil" und okkupiert im November nach einem *Wiener* Schiedsspruch *nur* die südliche Slowakei. Viel besser sieht es auch in Großbritannien nicht aus. Da werden schon seit Jahren egoistische und nationalistische Stimmen immer lauter. Helmuth James Graf von Moltke, der in London auf eine angenehmere Atmosphäre als in Berlin gehofft hatte, schreibt jetzt einen Brief nach Hause, in dem er die Angst äußert, auch dieses Land könnte nationalsozialistisch werden wie unser Reich. „In tiefster Besorgnis um Europas Zukunft" kehrt er im November nach Hause zurück. Von da aus schreibt er in einem Brief an Lionel Curtis, dass er sich die Frage stelle, wie es gelingen könne, den Westen vor dem Durchbruch „cäsaristischer

Regime“ zu schützen. Er sieht sich vor die Alternative gestellt, entweder nach Kreisau zurückzukehren und dort sein Land zu bestellen „mit allen Annehmlichkeiten und Nachteilen des Landlebens und mit der absoluten Gewissheit, dass ich niemals im Leben etwas Nützliches tun kann“, oder eben zusammen mit englischen Gesinnungsgenossen das in seinen Kräften Stehende zu tun, um das „europäische Glaubensbekenntnis gegen das cäsaristische zu verteidigen und vielleicht neu zu formulieren“, wie er in dem Brief schreibt. Natürlich hat er es bei den Engländern mit falschen Freunden totaler Regime – aber richtigen Nationalisten zu tun. So hat sein *Freund* Lionel George Curtis im Zweiten Burenkrieg bereits für die imperialen Interessen Englands bei den City Imperial Volunteers als Freiwilliger gekämpft. Ausgerechnet Curtis war der Sekretär des berühmt-berüchtigten Lord Milner, des Vorkämpfers des Weltherrschaftskonzeptes von Halford John Mackinder, und wurde nach dem Tod des Lords dessen Nachfolger als Leiter von „Milners Kindergarten“. Da hat sich Helmuth James Graf von Moltke ja mit Zielsicherheit den Richtigen auserkoren. Von genau diesem Lionel Curtis stammt die Idee von einer *Federal World Government*, seinem Lebenswerk. Zur Verfolgung dieses Ziels gründete dieser Ganove 1910 die quartalsweise erscheinende Zeitschrift The Round Table: The Commonwealth Journal of International Affairs. Herzlichen Glückwunsch Graf Moltke, seinem Freund verdankt er ganz persönlich das *cäsaristische Regime* des Dritten Reiches. Wenn man die Karrieren der Mitglieder von dessen Kaderschmiede verfolgt, so schmilzt der Glaube an eine Demokratie in England wie Schokoladeneis in der Pranke von Onkel Hubert. Es kann nicht überzeugen, dass zu dem Kindergarten zum Beispiel *der Freund der Deutschen* Philip Kerr gehört und der Deutschenhasser Geoffrey Dawson, dessen Blatt The Times vor dem Weltkrieg von 1914 bis 1918 erklärtermaßen kein Wort zum Wohle Deutschlands abgedruckt hat.[573]

Einem jungen Mann platzt der Kragen

Schon vor Jahren, als Hans Speidel noch an der deutschen Botschaft im schönen Paris gearbeitet hatte, waren dort die Mitarbeiter mit einer unrühmlichen Ausnahme gegen die Nazis eingestellt. Im Juli dieses Jahres 1938 beginnt der neunundzwanzig Jahre junge Diplomat Ernst Eduard vom Rath seinen Dienst an der Botschaft als Legationssekretär. Wegen seiner anti-nazistischen Einstellung wird der junge Mann von den wachsamen Kollegen der Gestapo beschattet.[574] Die passen auch im Ausland immer schön ordentlich auf ihre Schäfchen auf. Weil ihn die Gestapo jedoch lediglich überwacht, ist das nicht so spannend. Gehen wir dorthin, wo wieder wirklich etwas passiert.

Für Juden im Reich selbst ist das Leben schon seit ein paar Jahren nicht mehr feierlich und es hat längst nicht jeder das große Kleingeld, um sich in ein Land abzusetzen, das einen dann auch aufnimmt. Die Schweiz ist dazu beispielsweise nicht bereit. Nachdem sich das Deutsche Reich auch Österreich einverleibt hatte, erlebt die Schweiz einen wachsenden Strom vor allem jüdischer Flüchtlinge, die ihr Heil in einem ruhigeren Teil der Alpen suchen. Im Juli scheiterte zudem eine internationale Flüchtlingskonferenz im französischen Évian-les-Bains. Schon dieses Treffen sollte ein paar Kilometer entfernt von Genf stattfinden, wo der Völkerbund ja eigentlich immer Veranstaltungen durchführt, weil die Schweiz ihre Beziehungen zum Deutschen Reich nicht gefährden mochte. Vertreter von 32 Staaten waren vom US-Präsidenten eingeladen worden und 31 davon haben es abgelehnt, jüdische Flüchtlinge aufzunehmen. Die USA bleiben bei ihren altbekannten Quoten für die Einwanderung. Letztlich hat bloß die Dominikanische Republik ihre Schotten *nicht* dicht gemacht. In der Schweiz forderte der Bundesrat ein Visum für österreichische sowie für deutsche Passbesitzer. Die Konsulate im Ausland sollten nur denjenigen eine Bewilligung erteilen, die in der Schweiz Angehörige oder Vermögen hätten – sowie an Weiterreisende. Die Regierung in Berlin wollte keinen Visumzwang, denn der hätte auch Leute betroffen, die gar nicht aus dem Reich flüchten wollten. Daraufhin entwickelte der Gesandte der Schweiz in Deutschland Paul Dinichert einen Vorschlag zur Güte, fragt sich nur, für wen, und schlug am 16. Mai '38 vor, den Visumzwang „auf die nichtarischen deutschen Staatsangehörigen“ zu beschränken. Im August und September kam es zu Verhandlungen in Berlin und Bern. Der Schweizer Polizeichef Heinrich Rothmund schlug dann am 22. August einen Passvermerk für alle Emigranten vor. Im Gegenzug hat ein deutscher Unterhändler sondiert, ob die Schweiz nicht auf das Visum verzichten könne, wenn Deutschland die jüdischen Passinhaber darin als solche bezeichne. Heinrich Rothmund befand, „dass die Lösung technisch möglich“ wäre. Dabei soll er Bauchschmerzen gehabt haben, egal. Der Berliner Geheimrat Roediger unterbreitete dann am 7. September den Vorschlag, in den Pass von Juden ein großes J einzustempeln. Hans Frölicher, der Nachfolger von Dinichert, fand, dass die deutsche Regierung der Schweiz mit ihrem Vorschlag sehr weit entgegenkomme und dass die Lösung mit der roten Markierung annehmbar sei. Auch wieder, für wen? So entsteht die Verordnung vom 5. Oktober 1938 über das J im Reisepass.[575]

Von 1933 bis 1938 haben ungefähr 557.000 Juden Polen verlassen und Zuflucht im benachbarten Deutschland gesucht, weil sie sich von dieser neuen Heimat weniger Judenhass versprachen. Das allein spricht schon Bände über den Antisemitismus in Polen. Am 31. März 1938 hat Polens Präsident ein Gesetz unterschrieben, in dem der Innenminister den Auftrag erhielt, allen polnischen Bürgern, die mehr als fünf Jahre schon im Ausland leben und die „Verbindung mit dem polnischen Staat“ verloren haben, die Staatsbürgerschaft zu entziehen. Worauf Hitlers Staat jedoch den geringsten Wert legt, ist der dauerhafte Verbleib von zusätzlich eingewanderten Juden. Das wäre auch überaus erstaunlich, wenn Deutschland unter seiner jetzigen Regierung Juden aufnehmen wollte, wo auch kein einziges anderes europäisches Land dies wünscht, aber das nur am Rande. In Warschau setzt man dann noch eins drauf und verabschiedet am 15. Oktober eine Korrektur zum Gesetz über die Staatsbürgerschaft. Nun gibt es eine Frist von bloß zwei Wochen für die neue Registrierung der verfallenen Reisepässe, was bei etwa 50.000 Betroffenen überhaupt nicht machbar ist. Wer es nicht schafft, bis zum 30. Oktober einen entsprechenden Stempel im Pass zu ergattern, wird automatisch die Staatsbürgerschaft Polens endgültig verlieren, kann nicht mehr zurück ins ungeliebte Heimatland und wäre dann staatenlos.[576]

Da die Führung des Dritten Reiches ihrerseits die Abwanderung anstelle von neuerlicher Zuwanderung von Juden wünscht, werden jene, die am 28. Oktober noch keinen Stempel im Pass haben, von der Polizei verhaftet und rechtzeitig mit dem Zug an die polnische Grenze gebracht, bevor die Frist zur letzten Wiedereinreise nach Polen abläuft. Zu den ca. 15 bis 18.000 betroffenen Menschen gehört Sendel Grynszpan, der inzwischen in der Stadt Hannover gewohnt hatte. An der Grenze spielen sich brutale Szenen ab. Deutsche Grenzer drängen die Leute auf polnisches Hoheitsgebiet und polnische Grenzer versuchen, sie mit Gewehrkolbenschlägen wieder zurück zu jagen. Doch von den Deutschen werden sie schon nicht mehr übernommen. So bleiben die Leute sich selbst überlassen und bei einer Zuckung werden sie von beiden Seiten mit Gewehren beschossen. Sendels Sohn Herschel Feibel Grynszpan, der inzwischen in Frankreich lebt, erfährt auf zwei Wegen davon. Von seiner Schwester Esther kommt eine Postkarte mit der Bitte, der Familie Geld zu schicken, und auch die großen Medien in Frankreich berichten in Artikeln über diesen Vorgang. Als Herschel am 3. November die Karte erhält, steht er vor einem nicht ungewöhnlichen Problem: Der junge Mann verfügt nicht über Geld. Auf der anderen Seite ist er ohnedies in einer schwierigen Situation. Als der junge Mann versuchte, in das Reich zurückzukehren, scheiterte dies am Einspruch des Polizeipräsidenten von Hannover. Zu allem Elend wurde ihm im August noch der Ausweisungsbefehl aus Frankreich zugestellt.[577]

Herschel wendet sich an Verwandte, um seinen Eltern helfen zu können. Sein Onkel Abraham will erst einmal warten, zumal Herschel nicht weiß, wo sich seine Familie überhaupt befindet. Außerdem ist es per Gesetz ja nicht möglich, Geld an einen Juden im Reich zu schicken. Nach einigem Hin und Her gibt ihm Onkel Abraham 300 Franc. Das ist tatsächlich ein schöner Batzen Geld. Damit kann der Sohn eigentlich die Familie unterstützen. Vermutlich sind sie aber mittlerweile in Zbaszyń angekommen, dem früheren deutschen Bentschen,[578] wohin sie endlich doch einreisen dürfen. Herschel ist das jedoch nicht bekannt und er ist längst mit einer Demo beschäftigt. Er ist eben mit seinen siebzehn Jahren noch ein Kind und anstatt den schönen Batzen den Eltern zu schicken, kauft er sich am 7. November einen Revolver für 235 Franc, denn er will jetzt ein Zeichen setzen. Mit der Kanone im Gepäck geht er zu der deutschen Botschaft im Palais Beauharnais und verlangt einen Botschaftsbeamten zu sprechen. Empfangen wird er von Legationssekretär Ernst Eduard vom Rath – ja, genau von jenem Neunundzwanzigjährigen, den die Gestapo beschattet, da er wie auch andere Kollegen an der Botschaft nicht wie ein Nazi tickt. Natürlich weiß unser jugendlicher Held davon nichts, beschimpft Ernst vom Rath und erklärt ihm, er handele im Namen von zwölftausend verfolgten Juden, greift die Kanone und schießt fünfmal auf den Fremden. Dabei verletzt er ihn derartig, dass vom Rath nach zwei Tagen verstirbt. Herschel Grynszpan flüchtet nicht, sondern lässt sich verhaften. Auch in der anschließenden Befragung durch den französischen Untersuchungsrichter begründet er diesen Mord wie schon gegenüber dem Opfer. Da er minderjährig ist, wird er in ein Jugendgefängnis nahe Paris überstellt.[579]

Der Tag, an dem Ernst vom Rath verstirbt, ist der 9. November. Für die Nazis ist es einer der großen Feiertage ihrer Bewegung, es ist der Jahrestag des Marsches auf die Feldherrnhalle in München, der sich in diesem Jahr zum fünfzehnten Mal jährt. Ja, die Zeit vergeht. Damals kamen die Moneten zum Aufbau ihres Trupps noch aus Amerika. Aber sei es, wie es sei, inzwischen sitzt der Adi im Sattel und aus England und aus Amerika kommen die Hilfslieferungen, damit das Deutsche Reich einen längeren Krieg führen kann. Den soll es nicht überstehen, nur führen. Am Abend zuvor gab es übrigens die traditionelle Gedenkveranstaltung im Bürgerbräukeller der Stadt München, bei der ein Mittdreißiger sich schon mal in den heiligen Hallen des Gebäudes umsah und feststellte, dass es keine wirksamen Sicherheitsmaßnahmen gab. Dieser Mann heißt Georg Elser und er will diese Veranstaltung nächstes Jahr nutzen, um mit einer bis dahin zu bauenden Bombe *Marke Eigenbau* möglichst viele Regierungsmitglieder zur Strecke zu bringen. Aktuell hat vor allem der Reichspropagandaleiter ein Problem. Natürlich kann Goebbels auch ein Schreiben an den Pariser Attentäter schicken, in dem er sich herzlich bedankt, weil er der Gestapo weitere Mühe mit der Beobachtung des Botschaftsangehörigen in Paris erspart hat. Doch unser Reichspropagandaleiter findet eine viel bessere Verwendung für diese Tat. Seit den stummen Protesten gegen den Durchmarsch der Armee in Felduniformen am 27. September steht sein Versprechen an den Führer der Bewegung im Raum, das Volk bekäme noch seine intensive Aufklärung. *Voilà!* Die Steilvorlage dieses Kindskopfs in Paris muss genutzt werden. Das ist genau das, was er zum Aufhänger einer großangelegten Aktion gegen die im Reich verbliebenen Juden aufpeppen kann. Wieder fließen Hektoliter Druckerschwärze, um den Deutschen eine jüdische Weltverschwörung in Erinnerung zu rufen.

Spontan brechen überall gleichzeitig Pogrome aus

Hitler kommt zurück von dem Festumzug durch München und geht zum fröhlichen Festtrinken mit den Veteranen von 1923 wie schon am Abend zuvor in den Bürgerbräukeller und befördert den verehrten E. vom Rath um drei Klassen zum Botschaftssekretär 1. Klasse. Kein Wort verliert der *Maestro* über die Überwachung des Querulanten. Nach Hitler redet sich nun der Propagandaspezialist so richtig in Rage. Übrigens sind während der Rede von Goebbels weder Hitler noch Himmler zugegen. Biersaufen ist keines der Hobbys des eingefleischten Vegetariers Hitler. Beide sind bereits vor dem Ende der Veranstaltung in Hitlers Münchener Wohnung gegangen. Die Herren Eberstein und Schallermeier sind der Auffassung, dass beide große Chefs keine Ahnung davon haben, mit welcher *Aktion* der Herr Dr. Goebbels bei seinem Führer unsterblichen Ruhm erlangen möchte. Was Hitler selbst angeht, braucht er kein außenpolitisches Aufsehen, denn er tüftelt schon seit Monaten an der Einverleibung der ČSR herum.[580] Schallermeier und Eberstein sagen auch, dass der schlacksige, lange Oberverbrecher Reinhard Heydrich erst eine Dreiviertelstunde vor Mitternacht durch die Staatspolizeistelle München informiert wird, dass ein Pogrom gegen Juden ausgebrochen sei, und dass Himmler ebenfalls erst kurz vor Beginn der Vereidigungsfeier für seine SS um Mitternacht verständigt wird. Nachträglich soll eine Kommission untersuchen, wie es zu den folgenden Ausschreitungen dann überhaupt gekommen war. Major Walter Buch, der Leiter des Obersten Parteigerichts der NSDAP, schreibt in einem geheim gehaltenen Bericht, dass Dr. Joseph Goebbels am Abend des 9. November die Weisung gab, im Laufe der kommenden Nacht „spontane Kundgebungen“ zu organisieren und durchzuführen.[581] Selbst der Parteiapparat der NSDAP wurde umgangen, weil mit Widerständen zu rechnen war. Viele Gauleiter lehnten Goebbels' Ansinnen ab, oder gaben sogar Gegenbefehle, als sie von der Aktion erfuhren.[582]

Der Major hält in seiner Abhandlung fest, was der Mob angerichtet hat. An Synagogen seien 191 in Brand gesetzt worden und drei weitere „vollständig demoliert". Ferner seien 11 Gemeindehäuser, Friedhofskapellen und dergleichen in Brand gesetzt und noch drei völlig zerstört worden. Festgenommen worden seien „rund 20.000 Juden, ferner 7 Arier und 3 Ausländer. Letztere wurden zur eigenen Sicherheit in Haft genommen." An Todesfällen wurden 36, an Schwerverletzten ebenfalls 36 gemeldet. Die Getöteten bzw. Verletzten sind Juden. Ein Jude wird noch vermisst. Unter den getöteten Juden befindet sich ein, unter den Verletzten sind 2 polnische Staatsangehörige. Die endgültige Zahl der in der Nacht vom 9. zum 10. November ermordeten Menschen wird weit höher geschätzt.[583] Damit bekommt ein vier Jahre alter Spruch eine bittere Aktualität: Eine jüdische Familie schreibt an Verwandte im Ausland: „Uns geht es gut. Keinem Juden wird ein Haar gekrümmt. Hitler führt uns einer besseren Zukunft entgegen. Moritz, der das Gegenteil behauptet hatte, haben wir gestern beerdigt."[584]

Die Schäden der Pogrome in vielen Städten unseres Landes betragen 25 Millionen Reichsmark. Nur zwei Tage später legt der SD-Chef Reinhard Heydrich den Bericht über die Auswirkungen von Goebbels' *Aktion* dem preußischen Ministerpräsidenten Hermann Göring vor. Darin steht, die bis zum 11. November 1938 eingegangenen Meldungen der Staatspolizei hätten dieses vorläufige Bild ergeben: In zahlreichen Städten haben sich Plünderungen jüdischer Läden und Geschäftshäuser ereignet. Es wurde, um weitere Plünderungen zu vermeiden, in allen Fällen scharf durchgegriffen. Die Neue Synagoge in der Berliner Oranienburger Straße ist zum Beispiel vor einem Großbrand gerettet worden, weil der Vorsteher vom Polizeirevier 16, Wilhelm Krützfeld, den Brandstiftern entgegentrat und sie darauf hinwies, dass das Gebäude seit Jahrzehnten unter Denkmalschutz steht.[585] Er rief dann die Feuerwehr, die tat, was sie zu tun hat, sie löschte. Wegen Plünderns wurden im Reich 174 Leute festgenommen. In jüdischen Läden und in Wohnungen seien Zerstörungen vorgenommen worden, die sich aber bisher ziffernmäßig noch nicht belegen ließen. Die in den Berichten aufgeführten Zahlen seien folgende: 815 zerstörte Geschäfte, 29 in Brand gesteckte oder sonst zerstörte Wohnhäuser. Das sei, soweit es sich nicht um Brandlegungen handelt, jedoch nur ein Teil der wirklich vorliegenden Zerstörungen. Weil der Bericht so rasch fertig sein musste, seien lediglich allgemeinere Angaben möglich, die mit Begriffen wie „zahlreiche" oder „die meisten Geschäfte zerstört" arbeiten. Die angegebenen Ziffern dürften daher um ein Vielfaches überstiegen werden. Kein Wunder, dass bald eine kreativ veränderte Version der Abkürzung KdF im Umlauf ist, was in der Nazisprache Kraft durch Freude bedeuten soll. Angeekelt sagen die Leute, das hieße *Kauf durchs Feuer*.[586] Welches intellektuelle Potential in den Straßenrowdys steckt, die in dieser Nacht die Sau rauslassen, wird schon im Bericht des Sicherheitsdienstes klar. Dort steht, wertvolle Archivstücke und Kunstschätze wurden vernichtet durch „Unbedachtsamkeit oder Unwissenheit der Beteiligten".[587] In einfachem Deutsch wenn auch nicht ganz politisch korrekt heißt das durch Rohheit und Dummheit.

Eilig wird für den 12. November eine Konferenz angesetzt, um die durch die Pogrome angerichteten materiellen Schäden auf die Juden selbst abzuwälzen. Allein die Schäden durch zerstörte Fensterscheiben belaufen sich auf 5 Millionen Reichsmark. Wenn 25 Millionen Reichsmark ausgezahlt werden müssen, ist eine Reihe von Versicherungen bankrott. Dazu kommt, dass der größte Teil des zu ersetzenden Glases aus dem Ausland eingeführt werden müsste und dafür sind die Devisen gar nicht vorhanden.[588] Wir sind ja im *Dritten Reich* und nicht bei *Wünsch Dir was*. Der Bevollmächtigte für die deutsche Wirtschaft, auch diesen Posten hat ein Hermann Göring inne, versucht einem Herrn Hilgard, dem Sprecher der Versicherungen, beizubringen, dass Berlin eine Lösung gefunden hätte, die eine für die Versicherungen eigentlich günstige Lösung darstelle und bei der die Versicherungsgesellschaften einige Schäden nicht auszahlen müssten. Herr Hilgard kann jedoch rechnen und hält unserem Experten in allen Belangen entgegen: „Infolgedessen ist sie [die Versicherungsgesellschaft] der endgültig Geschädigte. Das ist so und bleibt so. Das wird mir niemand abstreiten." Wenn einige Schäden nicht ausbezahlt werden müssen, bleiben immer noch genug, bei denen Geld fällig wird. Als Herr Göring sieht, dass er mit seiner Logik nicht unbedingt besticht, wird der gute Mann pampig: „Dann sorgen Sie gefälligst dafür, dass nicht so viele Fensterscheiben eingeschmissen werden!“[589] Doch die Versicherungsgesellschaften haben kein Pogrom organisiert. Der Experte Göring hat genug von dem eindeutig besseren Kopfrechner und lässt jenen abtreten. Danach bleibt die braune Expertenrunde unter sich und grübelt, wie sie umgekehrt den spontanen Zorn der Versicherungsbosse von sich selbst abwenden können. Nach längerer Diskussion wird beschlossen, das Problem so zu lösen: Die Juden müssen jetzt aus der deutschen Wirtschaft ausgeschlossen werden, eine Maßnahme, vor der sogar Göring bislang zurückgeschreckt ist wegen möglicher Gegenaktionen aus dem Ausland; jegliches jüdische Unternehmen und der gesamte Besitz, eingeschlossen Juwelen und Kunstgegenstände, soll „Ariern“ übergeben werden gegen eine Teilentschädigung in Form von Schuldscheinen, für die die Juden zwar Zinsen erhalten sollen, die sie aber nicht sollen veräußern können; die Frage, ob man Juden vielleicht aus Schulen, Kurorten, Parks und so weiter ausschließt, und ob man sie ins Ausland abschieben oder auch in ein deutsches Ghetto verbringen soll, wird einem Ausschuss zur weiteren Behandlung überlassen. Später wird über das Reichsgesetzblatt verkündet, dass die Gesamtheit der deutschen Juden eine sogenannte Kontribution in Höhe von 1 Milliarde Reichsmark abzuführen habe.[590]

Nach Mord, Plünderung und Brandstiftung überall im Reich gleichzeitig ist es wirklich kein Wunder, dass die nächste Befehlshaberbesprechung der Wehrmachtsführung turbulent wird. Mehrere Generäle geben ihrer Empörung laut und deutlich Ausdruck und General Fedor von Bock ruft erregt in diese Runde, ob man „dieses Schwein, den Goebbels, nicht aufhängen“[591] könne. Erich Raeder wird im Namen der Admirale bei Hitler vorstellig. Der weicht ihm aber aus und erklärt, die Gauleiter seien ihm „aus dem Ruder gelaufen“.[592] Na ja, oder besser Joseph Goebbels.

In die Einheitspresse kommen die Proteste in der Wehrmacht natürlich nicht, so dass man nichts davon erfährt. Genau so ergeht es einer Kritik am scheinbaren Schweigen der Militärs durch den unbekannten Offizier namens Claus Graf Schenk von Stauffenberg. Er könne „das Schweigen" des Offizierskorps nicht nachvollziehen und sagt, von Männern, die sich inzwischen schon ein- oder zweimal ihre Wirbelsäule gebrochen hätten, wäre wohl nichts anderes zu erwarten.[593] Begreift er noch immer nicht, wie diese Lügenpresse hier funktioniert? Wenn es dort nicht steht, heißt das längst nicht, dass keiner etwas sagte. Reichsbankpräsident Hjalmar Schacht verurteilt auf einem „Betriebsappell" der Reichsbank die krasse Entgleisung scharf. Selbst ein Verbrecher wie Reinhard Heydrich muss am 20. November den Gauleitern und Gaurichtern versichern, dass die schärfsten Maßnahmen gegen die Beteiligten ergriffen würden.[594] Neben Heydrich distanzieren sich Hermann Göring, Heinrich Himmler, Walter Funk und sogar dieser Rassenfanatiker Alfred Rosenberg. Theorien sind das für ihn, was er publiziert, aber doch keine Handlungsanleitung. Das ist eines der Kernprobleme, dass sich jemand nicht klar macht, was sein Wort an Unheil anrichten kann im Kleinen wie im Großen.

Es ist die neue Qualität im Umgang mit den Juden, die selbst vielen von den Nazis zu weit geht. Nicht umsonst hatte Hitler die Gliederungen der Partei aufgefordert, bei den Landtagswahlkämpfen 1929/30 auf jegliche Hetze gegen die Juden zu verzichten. Sonst wäre die NSDAP wieder bei den 3 Prozent geblieben. Die gesetzlichen Maßnahmen gegen Juden, die auf die Zurückdrängung ihres Einflusses ausgerichtet waren, wurden ja von den Politischen Leitern begrüßt und entsprachen auch ihrem Parteiprogramm. Auch den Nürnberger Gesetzen wurde nicht widersprochen. Die Ablehnung der staatlichen Maßnahmen beginnt bei der Vermögensbeschlagnahmung und weitergehenden Repressalien.[595] Himmler staunt nicht schlecht, als ihn kurz danach aus den Tiefen des Reiches ein Brief von einem SS-Brigadeführer erreicht, in dem steht: „Einheimische antisemitische Kräfte wurden während der ersten Stunden veranlasst, mit Pogromen gegen die Juden zu beginnen", dass es sich dann jedoch „als sehr schwierig erwies, sie dazu zu bringen."[596] Antisemit sein, heißt eben noch lange nicht, sich auch kriminell zu betätigen. Wenn jemand Witze über Blonde macht, wird er auch nicht gleich kriminell. Dieser Vergleich von gebürtigen Juden und gebürtigen Blonden verharmlost übrigens die Gewalt nicht, sondern ermöglicht auch den Moralaposteln im Publikum sich einmal in die Gehirne fremder Leute zu versetzen. Berlins SA-Chef Graf Helldorff macht nach seiner Rückkehr nach Berlin Polizeioffizieren Vorwürfe, warum sie sich an den Befehl zum Stillhalten gehalten hätten, und versichert ihnen, wäre er in Berlin gewesen, hätte er den Befehl zum Schießen auf den Mob gegeben. Vor 1933 hatte der Graf Helldorff selbst noch die Nazi-Pogrome organisiert. Vermutlich hatten auch ihn die Ereignisse im Februar 1938 zum Nachdenken gebracht wie so viele andere konservative Deutsche. Vielleicht hatte er aber auch seine persönlichen Erweckungserlebnisse, die ihn von Hitlers Regime abgestoßen haben.

Reichspropagandaleiter Goebbels lässt in den Zeitungen schreiben, dass sich in den vergangenen Stunden der spontane Volkszorn entladen habe nach dem Attentat von Paris. Doch auf den Straßen sind die Leute zwar leise aber nicht dumm. Niemand kann sich im Ernst vorstellen, dass zur gleichen Zeit überall im Reich die Hölle los ist. Das musste ja „von oben" inszeniert worden sein – und wenn Lügenbaron Goebbels etwas anderes behauptet, dann war es gerade organisiert. Vor allem der konkret erlebte rassistische Ausgrenzungsterror stößt bei den Deutschen auf Ablehnung. Auch ausländische Beobachter registrieren die breite Distanzierung vom Pogrom. Antisemitismus hin oder her, man muss nicht jeden lieben, es ist aber etwas anderes, wenn man Menschen angreift und umbringt. Das rechtswidrige Vorgehen widerspricht den gängigen ordnungspolitischen Vorstellungen und dem Rechtsempfinden der Leute. In weiten Kreisen der Bevölkerung wird jetzt das endgültige Abgleiten in ein allgemeines rechtsfreies Chaos befürchtet.[597] Es sind die ausländischen Beobachter, die ihre Eindrücke bei sich in die Zeitung bringen und wütend antwortet unser Goebbels im Völkischen Beobachter: „Man erklärt, die spontanen Reaktionen des deutschen Volkes seien durch organisierte Mannschaften durchgeführt worden. Wie wenig Ahnung doch diese Zeilenschinder von Deutschland haben! Wie erst hätte diese Reaktion ausgesehen, wäre sie organisiert gewesen!"[598] Der Wunsch ist der Vater des Gedankens.

Der Britische Generalkonsul in Frankfurt/M. schreibt am 14. Dezember in einem Bericht: „Es scheint mir, dass eine sexuelle Massenperversion die Erklärung für diesen sonst unerklärlichen Ausbruch bieten mag. Ich bin überzeugt, dass, wenn die Regierung Deutschlands von der Wahl des Volkes abhinge, die Machthaber, die für diese Schandtaten verantwortlich sind, von einem Sturm der Entrüstung hinweggefegt worden wären, wenn man sie nicht an die Wand gestellt und erschossen hätte."[599] Nicht so prominent wie der Herr Generalkonsul ist der deutsche Beamte, der in einem Brief nach England schreibt, dass „das deutsche Volk nicht das Geringste mit diesen Tumulten zu tun gehabt habe".[600] Doch auch dieses deutsche Volk hat leider seine Schmuddelkinder, ob es der Beamte gern wahrhaben will oder nicht. Er wollte wohl auch nur ausdrücken, dass es sich wirklich um eine Aktion der einschlägig bekannten Leute handelte. Das geht jedenfalls auch aus anderen Briefen hervor, die in London nur wenige Monate später in Buchform erscheinen. Auch diese Briefe geben der Empörung Ausdruck, die nach den „spontanen" Pogromen in weiten Kreisen der Bevölkerung bei uns verbreitet ist.[601]

So wenig wie Englands Militärs in die Planungen gegen den Frieden auf dem europäischen Kontinent eingeweiht sind, ist es auch Generalkonsul Robert Townsend Smallbones, und das zeigt sich nicht nur im empörten Statement zu den antisemitischen Ausschreitungen in seinem Gesichtsfeld in der zauberhaften mittelalterlichen Stadt Frankfurt am Main. Das zeigt sich auch in seinem Verhalten nach diesen üblen Tagen. Im Bunde mit seinem Stellvertreter Arthur Dowden fängt der Generalkonsul jetzt an, Juden, die das Reich verlassen wollen, Ausreisegenehmigungen nach Großbritannien auszustellen. Auf der anderen Seite können sie am Ende des Tages auch bloß den Spielraum ausnutzen, den Menschen eben ganz konkret haben. Der ist einerseits ziemlich groß, da sie immerhin für das Generalkonsulat Großbritanniens arbeiten, so dass sie sage und schreibe 48.000 Menschen den Weg in die Freiheit ermöglichen können. Sie sind jedoch andererseits auch nicht in der Lage, die große Politik in London zu ändern. Indem sie den Wortlaut ihrer Dienstvorschriften missachten und Menschen helfen, verhalten sie sich wie jene Deutschen, die ihre beruflichen Möglichkeiten ausnutzen, um Juden der Hölle zu entkommen helfen. Smallbones und Dowden können sogar die Freilassung mehrerer nach dem Pogrom in KZs verschleppter Juden erwirken, indem sie versichern, dass sie deren Ausreise nach Großbritannien ermöglichen.[602]

Wenn jemand Wert darauf legt, mal eine Reaktion des spontanen Volkszorns zu erleben, der geht zu dem deutschen Ehepaar Walter und Anny Kreddig in Berlin-Schöneberg. Sie haben dort nämlich ihre Drogerie in der Frobenstraße. Als die SA-Schlägertrupps auf den Straßen in diesem Stadtteil randalieren, ruft der jüdische Fabrikant Horst Wienskowski bei den Kreddigs an. Ihre Antwort ist so eindeutig wie dringlich: „Kommen Sie sofort mit ihrer Familie zu uns!" Glücklicherweise weiß diese Familie Wienskowski, dass die Kreddigs die Nazis verabscheuen. Mag sein, dass mancher den Kopf einzieht, bis das Gewitter vorbei ist. Und trotz allem heißt es im Geheimbericht des SD klipp und klar: „Auch die Öffentlichkeit weiß bis auf den letzten Mann, dass politische Aktionen wie die des 9. November von der Partei organisiert und durchgeführt sind." Der SD beweist erneut, dass er zu normalen Gedankengängen durchaus befähigt ist: „Wenn in einer Nacht sämtliche Synagogen abbrennen, so muss das irgendwie organisiert sein und kann nur organisiert sein von der Partei", wie die Kollegen festhalten.[603] Dass es nun unbedingt die Partei gewesen sein muss, ist wiederum ein typischer Gedankengang aus einer Diktatur, genau wie die Vermutung, dass nun bei allem immer der Führer seinen Segen gegeben haben müsse. Richtig bleibt, dass es organisiert gewesen sein muss. So viel Zufall gibt es allenfalls bei den Gebrüdern Grimm.

Diese Zeugnisse des Widerstrebens werden ergänzt durch viele Beispiele von Sympathie, Hilfe sowie mutiger Unterstützung, die sich einwandfrei belegen lassen. Bestimmte Gruppen wie die Quäker und protestantische wie auch katholische Vereine sind in einem ausgedehnten Hilfswerk engagiert. Die Zahl derer, die einen öffentlichen Protest wagen, ist, wie es kaum anders zu erwarten ist, gering und ihre Stimmen werden bald zum Schweigen gebracht. Unter denen, die Mut genug haben, um sich völlig unmissverständlich zu äußern, nennt Prof. Hans Rothfels den Dekan der Kathedrale St. Hedwig im Herzen von Berlin, den verehrten Monsignore Bernhard Lichtenberg. Der Dekan betet für Juden und für Insassen von Konzentrationslagern und lädt seine Gemeinde ein, gemeinsam mit ihm zu beten. Natürlich gibt es „viele Einzelfälle von Hilfe durch Individuen und Gruppen, über die naturgemäß keine Akten geführt" werden, es sei denn bei den hierfür zuständigen Behörden. Wer dort jedoch erst einmal einschlägig bekannt ist und seine eigene Akte hat, der steht für weiteren tollen Widerstand nicht mehr zur Verfügung. Fakt ist, dass die Mehrheit der Deutschen den handgreiflichen Antisemitismus nicht unterstützt.[604]

Rothfels ist selbst Jude und lebt inmitten deutscher Mitbürger. Wer will denn besser über das Verhalten der Deutschen Bescheid wissen als er? In Gesprächen über die Geschehnisse dieser Nacht werden Begriffe wie Glasnacht oder Kristallnacht geprägt. In Berlin, wo man traditionell die größere Schnauze hat als woanders, wird daraus die *Reichs*kristallnacht in Anspielung an ein recht inflationär gebrauchtes Bestimmungswort.[605]

Die Kollegen vom Sicherheitsdienst sind mit den Reaktionen von Sozialdemokraten so unzufrieden wie mit denen der Kommunisten. Allerdings können sie bei den Rechten in Deutschland so ebenfalls nicht punkten. Ein Kollege notiert: „Anlässlich der Judenaktion im November 1938 war dann wieder in allen rechtsoppositionellen Gruppen eine betont gleichmäßig verneinende Ausrichtung der Reaktion zu vermerken. Die getroffenen Maßnahmen wurden einheitlich als ungerecht und eines Kulturvolkes unwürdig bezeichnet."[606] Bei den Sozialdemokraten wird festgestellt, dass man dort vielfach hofft, „die Judenfrage werde den Sturz des nationalsozialistischen Staats bringen".[607] Bei den Katholiken ist sowieso alles klar und was die evangelischen Gläubigen angeht, so führen es die Männer beim SD auf den kirchlichen Einfluss zurück, wie die evangelischen Lehrer auf die Umfrage des Nationalsozialistischen Lehrerbundes reagieren. „Im Anschluss an die Judenaktion des 9./10.11.1938" werden sie darin befragt, was sie von der Niederlegung des Religionsunterrichts halten würden. „Ein ganz erheblicher Prozentsatz der Lehrer ist der Aufforderung des NSLB nicht nachgekommen."[608]

Beim SD befindet man, dass „die maßgeblichen kirchlichen Führer den großen Protestkundgebungen in den Metropolen der westlichen Demokratien durch ihre Beteiligung Auftrieb und weiterreichende Bedeutung" verschaffen.[609] Ja, ist es denn zu fassen? Mit diesen renitenten Kirchenfürsten ist es wieder mal einfach bloß ein Kreuz: „Neben Kardinal Faulhaber, Erzbischof Gröber und Bischof Graf von Galen, welche bereits als gehässige Feinde des Nationalsozialismus bekannt sind, hat sich besonders der Ende des Jahres zum apostolischen Administrator der Diözese Aachen ernannte Weihbischof Sträter durch eine besonders hetzerische Darstellung des Kirchenkampfes in Deutschland hervorgetan, wobei er sich nicht scheute, den Nationalsozialismus als satanische Macht zu bezeichnen."[610] In staatskritischem Sinne treten zum Beispiel ebenfalls die Bischöfe Sproll und Bornewasser hervor.[611] Beim Sicherheitsdienst wird das so gewertet, dass die Kirchen „anlässlich der Judenaktion ... alsbald wieder mit dem internationalen Judentum Front" gemacht haben gegen das Nazi-Regime.[612] Hören wir einem aus der Front ein bisschen zu.

Wenige Tage später spricht Pastor Helmut Gollwitzer in der überfüllten Kirche in Berlin-Dahlem zum Buß- und Bettag und ringt um die Fassung nach dem, was geschah: „Wer soll denn heute noch predigen? Wer soll denn heute noch Buße predigen? Ist uns nicht allen der Mund gestopft? Können wir heute noch etwas anderes, als nur schweigen? Was hat nun uns und unserem Volk und unserer Kirche all das Predigen und Predigthören genützt, die ganzen Jahre und Jahrhunderte lang, als dass wir nun da angelangt sind, wo wir heute stehen, als dass wir heute haben so hereinkommen müssen, wie wir hereingekommen sind?"[613] Gollwitzer* spricht klare Worte: „Nun wartet draußen unser Nächster, notleidend, schutzlos, ehrlos, hungernd, gejagt und umgetrieben von der Angst um seine nackte Existenz, er wartet darauf, ob heute die christliche Gemeinde wirklich einen Bußtag begangen hat. Jesus Christus wartet darauf!"[614]

Dem Sicherheitsdienst entgeht es nicht, dass die Kirchen jetzt mit noch größerer Intensität ihre konfessionellen Kerntruppen sammeln und sie schulen, neue Arbeitsprogramme aufstellen, dass organisatorisch umgeschichtet wird und dass sie mit allen Mitteln verbliebene politische Positionen ausbauen. Bei allen kirchlichen Gruppen ließe sich eine Tendenz feststellen, von ihrer früheren Massenbeeinflussung auf eine Eroberung und Beeinflussung der Einzelmenschen überzugehen und zugleich unter allen nur möglichen Tarnungen Einbruchstellen in den Block von Staat und Partei zu gewinnen.[615] Ja, kommt denn nie Ruhe in den Karton? Als Zeichen des Expansionswillens der katholischen Kirche sei dieses Jahr das Kloster Münsterschwarzach errichtet worden. Als Gegengewicht zur offiziellen großdeutschen Buchwoche sei von diesen Querköpfen ein sogenannter Borromäus-Sonntag durchgeführt worden, um auf diese Art für das katholische Schrifttum sowie für einen Ausbau der katholischen Büchereien zu werben. Darüber hinaus registrierte man auch vielfältige andere Versuche, in der Öffentlichkeit Präsenz zu zeigen: auf deutschen Schiffen, im Radio, über Filme und so weiter.[616]

Moniert wird auch, dass die naturwissenschaftlichen Gesellschaften im Reich, die internationale Kongresse veranstalten, „noch immer stark von Juden und Emigranten durchsetzt" sind und nicht daran denken, „dem Beispiel der Deutschen Physikalischen Gesellschaft zu folgen, die nach dem 10.11.1938 ihre bisherigen Mitglieder, die unter die Nürnberger Gesetze fielen, zum Austritt"[617] *veranlassten.* „Fast einheitlich zeigte sich im Berichtsjahr die instinktlose Haltung der deutschen Naturforscher in dem spontanen Beifall, der auf Tagungen den jüdischen oder dem Amte enthobenen ehemaligen Professoren entgegengebracht wurde. Die Vertreter der deutschen Naturwissenschaften (insbesondere die Vorstandsmitglieder der Gesellschaften) besaßen oft nicht die notwendige weltanschauliche und politische Haltung, um dem Auslande gegenüber als Vertreter des heutigen Staates auftreten zu können."[618] So richtig glücklich und zufrieden mit seinen Volksgenossen ist dieser Mann nicht. Andererseits fehlt dem Autoren jedes Gefühl für die denkbare Möglichkeit, dass jemandem die jetzigen Zustände einfach nicht gefallen. So befindet zum Beispiel der Student Franz Josef Strauß* aus München, bei dem ganzen gottverdammten nationalsozialistischen Sülz handelt es sich schlichtweg um eine antisemitische Pseudophilosophie.[619] Und er ist nicht allein.

Es ist ja auch nicht nur das Feld der Naturwissenschaften, in denen der Nazisülz von der Bevölkerung nicht angenommen wird. Bedenklicher ist für den SD, dass ganze Bereiche wie die Unterhaltungsbranche nicht das tun, was sie eigentlich sollen: „Trotz aller Unterstützung, die die Presse dem kulturpolitischen Aufbau auf musikalischem Gebiet zuteil werden ließ, kann von einem einheitlichen und klar herausgearbeiteten Standpunkt noch nicht gesprochen werden. Ein großer Teil führender Musikverlage bringt nach wie vor Notenwerke jüdischer Komponisten; auch Schallplatten jüdischer Künstler und Komponisten sind noch im Handel erhältlich."[620] Wollen oder können es die Fanatiker nicht begreifen? Der Antisemitismus hat bisher schon viel zu viel Schaden angerichtet. Doch wie soll man das merken, wenn man von nichts eine rechte Ahnung hat?

Ohne Rücksicht auf Verluste wird der irre Vandalismus fortgesetzt: „Die Säuberung des Kunstlebens der angeschlossenen Gebiete von jüdischen, kunstbolschewistischen und sonstigen gegnerischen Einflüssen vollzog sich dank der Zusammenarbeit der beteiligten Stellen reibungslos und umfassend." So sehr sich der Autor über den Erfolg freut, so überrascht ist er über das recht negative Echo auf diese Entwicklung: „Die Ausstellungstätigkeit auf dem Gebiet der bildenden Kunst zeigte weder in der Provinz noch in größeren Städten außer dem Haus der deutschen Kunst in München hervorstechende Leistungen. Allgemein wurde die Güte der Ausstellungen zwar anerkannt, jedoch wurde der Mangel an Beteiligung überragender Künstler bedauert."[621] Denselben (absolut verständlichen) Effekt beobachtet der Sicherheitsdienst im Bereich der Theater, wo „in Ermangelung eigener überragender neuerer Bühnenwerke eine gewisse Überfremdung des Spielplans durch ausländische Werke eintrat".[622] Das ist nun natürlich nicht ganz im Sinne des Erfinders. Da ist noch einiges nachzubessern: „In weiten Kreisen der deutschen Künstlerschaft selbst, soweit sie nicht als ausgesprochen nat.soz. eingestellt anzusprechen ist, insbesondere aber in der ostmärkischen Künstlerschaft, war eine Opposition gegen die nat.soz. Kunstanschauung vorhanden. Fast die gesamte deutsche Künstlerschaft steht ferner der Reichskammer der bildenden Künste ablehnend gegenüber."[623] Ein Wort vielleicht noch zu jenen, die ausgesprochen nationalsozialistisch eingestellt sind. Der Autor ergänzt, dass die Künstler kritisieren, dass „Laien und Dilettanten" in die Reichskammer aufgenommen würden.[624] So ist das, wenn man die Künstler im Reich daran hindern möchte, sich der Kunst zu widmen.

Als irgendwann endlich der Geheimbericht des Obersten Parteirichters der NSDAP wegen der Exzesse gegen die Juden fertiggestellt ist, sieht er lediglich geringere Strafen für die Täter vor, was damit begründet wird, dass man den kleinen Mann doch nicht verurteilen könne, wenn der tatsächliche Anstifter Dr. Joseph Goebbels frei ausginge.[625] Übrigens meint das Statistische Reichsamt, die Anzahl der Juden mosaischen Bekenntnisses, die überraschenderweise immer noch auf dem Gebiet des Reichs leben, habe Anfang des Jahres 1938 bei 365.000 gelegen. Die jüdischen Hilfsorganisationen verlegen nunmehr den Schwerpunkt der Arbeit auf die Vorbereitung der Auswanderung der restlichen Juden. Waren es im Vorjahr etwa 25.000, so wandern dieses Jahr wohl etwa 46.000 aus. Im ehemaligen Österreich ist der wirtschaftliche Druck größer und dort ist mit fast 80.000 auch die Anzahl der Auswanderer größer, wobei es gar nicht jedem möglich ist wegzugehen, weil die Altersgrenze für die Einwanderung in den meisten Ländern bei 45 Jahren liegt.[626] Und es gibt ja noch weitere Knackpunkte.

Die Worte der Herren Schallermeier und Eberstein wie auch dieser Geheimbericht des Obersten Parteirichters der NSDAP deuten darauf hin, dass Goebbels mit jener Großrandale seinem Führer einen Gefallen tun wollte und dass Hitler so oder so, um hier bei seinen Worten zu bleiben, wirklich überrascht wurde. Dem neutralen Beobachter ist es sicher egal, welcher Nazis das nun war. Doch beide intensivieren ihre Bemühungen, die noch im Reich verbliebenen Juden zur Ausreise zu drängen. Freilich steht dem in materieller Hinsicht ein ernsthaftes Hindernis im Weg: Die reichen Juden haben vielfach schon längst das Reich verlassen – ärmere Leute können sich die Kosten einer Übersiedelung aber gar nicht leisten. Schon ein Visum ist teuer und auch der Anfang in der neuen Heimat ist ohne Geld nicht einfach. Auch hier ist guter Rat teuer und letzten Endes wird die Idee geboren, die wohlhabenden Juden im Ausland bezahlen zu lassen. Der Mann, der eine Lösung aushandeln soll, ist der international geachtete Finanzexperte Hjalmar Schacht. In London sollen einflussreiche jüdische Banker für einen Plan zur Evakuierung der Juden aus dem Reich gewonnen werden. Wer die Bedrängnis kennt, in der die Juden in Deutschland leben, und es geht bis zu Hunger und nackter Angst, wie es am nächsten Tag weitergehen soll, und wer überdies weiß, dass es unter dem herrschenden Regime bestimmt nicht besser wird, kann einen Ausweg wohl bloß in der Auswanderung sehen. Alternative Ratschläge sind natürlich herzlich willkommen. Vernünftigen Rat nimmt der Psycho in der Reichshauptstadt aber bekanntermaßen nicht an. Sonst würde unser Absolvent einer Hauptschule aus dem Hinterwald verstehen, dass dieses Potential jüdischer Wissenschaftler, Künstler und reicher Banker einen wesentlichen Beitrag zum schnellen Aufstieg des Bismarck-Reiches zum *Global Player* geleistet hat und dass diese Leute vom Ausland aus gegen Deutschland erst einmal einen richtigen Rochus bekommen werden. Da hat er dann vielleicht noch keine jüdische *Weltverschwörung* – aber ein großes Potential wütender Leute kreiert, die von dort aus nicht mehr für das Reich, sondern dagegen arbeiten werden. Frei von rationalen Überlegungen bleibt Hitler auf seinem antisemitischen Trichter. Nach seiner Lesart kommt er damit dem aufgebrachten Hjalmar Schacht sogar noch entgegen. Nachdem der Effekt von Évian-les-Bains recht mager war, soll nunmehr eine neue Konferenz durchgeführt werden und sie soll ausgerechnet unter dem Vorsitz des Gouverneurs der britischen Notenbank – also dem erklärten Antisemiten Montagu Norman stattfinden. Der Plan sieht vor, den Besitz der deutschen Juden als Sicherheit zu verpfänden; auf *der* Grundlage soll ein internationales Darlehen mit 5 % Zinsen aufgelegt werden, das ihre wohlhabenden Glaubensbrüder zeichnen sollen. Die beschlagnahmten Geldmittel sollen zur Amortisation des Darlehens dienen. Ein Viertel des Dollarerlöses, der bei der Zeichnung zusammenkommt, soll dafür benutzt werden, jenen, die ins Ausland gehen sollen, die Abreise aus dem Land zu finanzieren. Schacht sagt selbst, dass sein Vorschlag nicht ideal ist; er ist aber besser als die Juden der Willkür des herrschenden Regimes zu überlassen. Die Moralspezialisten Roosevelt, Chamberlain und Halifax, denen die Juden in Deutschland ihr Elend im Reich persönlich verdanken, bezeichnen diesen Plan als räuberisch und ungeheuerlich und verwerfen ihn. Jüdische Banker sabotieren die große Konferenz mit der Begründung, man dürfe auf die Erpressung durch die Nazis nicht eingehen. *Last but not least* scheitert die Chose auch, wenig überraschend, an der Haltung Montagu Normans. Für alle noch immer in Deutschland verbliebenen Juden heißt das konkret, dass sie bleiben, wo sie sind, egal, wie es für sie weitergeht.[627]

Meilensteine

Über die vergangenen Jahre hat sich die politische Landschaft im Reich stark verändert. Welche Marksteine lassen sich ausmachen? Während es 1933 der Terror war, der einerseits mundtot machte und andererseits zu Anerkennung für die plötzliche Ruhe auf den Straßen führte nach diesen bürgerkriegsähnlichen Zuständen der Jahre zuvor, waren es die gesetzlosen Morde vom Sommer des folgenden Jahres, die bei vielen zu einer Ernüchterung führte und Fragen aufwarf. In jenen Monaten begann die Klärung der Fronten zwischen den national orientierten Deutschen und den gläubigen Nationalsozialisten. Spätestens Anfang 1938 kommt es im Zusammenhang mit der sogenannten Fritsch-Krise zum Bruch zwischen Konservativen und Nazis. Die national gesinnten Deutschen wollen im Wettstreit der Nationen besser forschen und besser arbeiten als andere. Die Nationalisten jedoch wollen sich dem fairen Wettstreit der Nationen entziehen, indem sie einfach die Deutschen ohne weitere Rückfragen zur Krone der Schöpfung erheben. Damit spielen Begabung, Klugheit, Fleiß und Eignung für einen Beruf nun keine Rolle mehr und werden rigoros ersetzt durch die angeborene Eigenschaft, ein Deutscher zu sein. Es hat ein paar Jahre gedauert, ehe viele national gesinnte Deutsche begriffen, dass sie mit ganz hohem Einsatz auf das falsche Pferd gesetzt haben. Der Prozess gegen jenen durch regimekritische Predigten äußerst prominent gewordenen Pfarrer Martin Niemöller Anfang dieses Jahres hat die Entfremdung der Bevölkerung von dem Regime weiter vorangetrieben. Die Pogromnacht besiegelt den Bruch zwischen diesen beiden Lagern. Sinnfällig meint Andreas Scherp aus Berlin zu seinem Sohn, der Pogrom verschlage ihm einfach die Sprache.[628] Es mag als Ironie der Geschichte in die Annalen eingehen, dass Hitler diesen Exzess nicht wollte – was nach seinen Erfahrungen mit den kriegsunwilligen Deutschen im September nicht erstaunen kann. Warum hätte er so kurz danach noch einmal eine Kraftprobe mit der Öffentlichkeit anstreben sollen?

Die ewige Friedenspropaganda einschläfern

Mag sein, dass der 10. November schon vorbei ist, doch für *den* Tag war nach den Feierlichkeiten zum 15. Jahrestag von Hitlers erstem *Coup* ein Empfang für ausgewählte Vertreter der Presse vorgesehen. Da er in dem üblen Pogrom dieser Tage untergegangen war, soll hier erwähnt werden, was der Führer – unter dem Siegel der strengsten Geheimhaltung – den versammelten Journalisten beibrachte: „Die Umstände haben mich gezwungen, jahrzehntelang fast nur vom Frieden zu reden. Nur unter der fortgesetzten Betonung des deutschen Friedenswillens war es mir möglich, dem deutschen Volk Stück für Stück die Freiheit zu erringen und ihm die Rüstung zu geben, die immer wieder für den nächsten Schritt als Voraussetzung notwendig war." Er wies die Anwesenden darauf hin, dass zu viel Friedenspropaganda auch ihre „bedenklichen Seiten hat". Es könnte dadurch so kommen, dass sich bei den Volksgenossen im Reiche „die Auffassung festsetzt, dass das heutige Regime an sich identisch sei mit dem Entschluss und dem Willen, einen Frieden unter allen Umständen zu bewahren."[629] Für die kommenden Monate gab er dann vor, wie man weiter zu verfahren hat: „Das heißt also, bestimmte Vorgänge so zu beleuchten, dass im Gehirn der breiten Masse des Volkes ganz automatisch allmählich die Überzeugung ausgelöst wird: Wenn man dies eben nicht im Guten abstellen kann, dann muss man es mit Gewalt abstellen; so kann es auf keinen Fall weitergehen."[630] Die Abkehr von der dauernden Beteuerung friedlicher Absichten ist ein klares Indiz dafür, dass er vorhat, Nägel mit Köpfen zu machen. Ein anderes Indiz ist die Offenheit des Chefs, mit der er am 23. November vor den Oberbefehlshabern der Wehrmacht sagt: „Vom ersten Augenblick an war mir klar, dass ich mich nicht mit dem sudetendeutschen Gebiet begnügen könnte. Das war nur eine Teillösung."[631] Und hatte er nicht vor Gott und der Welt im Berliner Sportpalast getönt, er wolle gar keine Tschechen und dass es nach einer guten Lösung für die Sudetendeutschen für Deutschland in Europa kein territoriales Problem mehr gebe? Doch in seinem Buch hat er dargelegt, dass er zusammenhängenden Lebensraum in Richtung Osteuropa haben will. Da braucht er das Territorium der Tschechoslowakei natürlich ganz und gar. Schwant einem General, dass die Sowjetunion auf diese Art der östliche Nachbar des Deutschen Reiches wird und dass sich Hitler einst mit der Roten Armee anlegen will? Bereits am 24. November gibt Hitler dem Heer die Weisung, Vorbereitungen für eine „handstreichartige Besetzung Danzigs aus Ostpreußen heraus“ zu treffen. So kann vermieden werden, dass die Wehrmacht polnisches Territorium betreten muss[632] – womit er suggeriert, dass er selbstredend Krieg gegen Polen nicht wolle, sich aber vom Umschwung der polnischen Haltung in dieser Frage auch nicht von der Heimholung Danzig abhalten lassen will.

Winter unter Diplomaten

Am 6. Dezember wird eine Französisch-Deutsche Erklärung unterzeichnet von den Außenministern der beiden Staaten, in der formuliert wird, dass „friedliche und gutnachbarliche Beziehungen zwischen Frankreich und Deutschland eines der wesentlichsten Elemente der Konsolidierung der Verhältnisse in Europa und der Aufrechterhaltung des allgemeinen Friedens darstellen“. Es gebe inzwischen „keine Fragen territorialer Art mehr“ zwischen ihnen und sie „erkennen feierlich die Grenze zwischen ihren Ländern, wie sie gegenwärtig verläuft, als endgültig an.“[633] Außerdem seien beide Regierungen entschlossen, „in allen ihre beiden Länder angehenden Fragen in Fühlung zu bleiben und in eine Beratung einzutreten, wenn die künftige Entwicklung dieser Fragen zu internationalen Schwierigkeiten führen sollte.“[634] Nach Außenminister Ribbentrops Auffassung beseitigt die Erklärung „die letzten Reste der Gefahr einer französisch-russischen Zusammenarbeit“.[635] Frankreichs Außenminister hat schon im November erklärt, dass er das französisch-polnische wie auch das französisch-sowjetische Bündnis aufzulösen gedenkt.[636] Verlässt sich jetzt auch Paris auf Handschlagzusagen der Berliner Führung? Was aber die Absagen an die Republik Polen und die Sowjetunion angeht, so muss sich keines der beiden Länder wirklich darüber beschweren, dass Paris diese Verträge zunehmend kritischer betrachtet. In der Sowjetunion war seit zwei Jahren eine Gewaltorgie im Gange, die alles in den Schatten zu stellen geeignet ist, was in Deutschland in diesen Jahren unter Hitler geschehen ist, wo die Gesamtzahl der Gefangenen bei ca. 160.000 liegt.[637] Der lebenden Gefangenen. In der Sowjetunion liegt allein schon die Zahl der ermordeten Gefangenen bei 690.000. Da kommen die überlebenden

Gefangenen dieser beiden mörderischen Jahre dann dazu. Sie brauchen sich nicht aufzuregen, das hilft weder den Lebenden noch den Toten. Sie brauchen nur Ihre Gehirnwäsche von Jahrzehnten beiseite zu legen und ein nüchternes Fazit zu ziehen: Geht es dem Nationalsozialismus um die Deutschen und geht es im Kommunismus um die Menschen? So ist dem leider Gottes nicht. Ideologien sind nicht das Gelbe vom Ei. Und was die polnische Großmachtpolitik anbelangt, überrascht es, dass Paris bislang immer noch Geduld gezeigt hat. Na gut, jetzt versuchen sie also in Paris ihr Glück mit Hitler in Berlin. Du hast keine Chance, nutze sie!

In der Hoffnung, dass der RAM von Ribbentrop auch meint, was er sagt, informiert der französische Außenminister die Botschafter in mehreren Ländern folgendermaßen: „Die deutsche Politik orientiert sich von nun an auf den Kampf gegen den Bolschewismus. Deutschland zeigt seinen Willen zur Expansion nach Osten." Diese Hoffnung wird in London und in Washington geteilt.[638] Wenn Hitler im Osten Krieg führt, hat niemand etwas dagegen. Es wirft allerdings schon Fragen auf, dass diese Zirkularnote zwar an die französischen Vertreter in London, Berlin und Brüssel, Rom und Barcelona verschickt wird, dass aber Polen nicht erwähnt wird und dass weder der Pariser Gesandte in Warschau noch der Gesandte in Moskau die Note erhält. Paris bleibt offenbar über jenes Vorgehen gegen die Tschechoslowakei verstimmt und ist nicht geneigt, Warschau weiter zu unterstützen. Daran kann offensichtlich auch eine Warnung aus Sofia nichts mehr ändern, mit der Bulgariens Premierminister den Gesandten Frankreichs auf die Möglichkeit einer deutsch-russischen Verständigung hinweist, die zu einer vierten Teilung Polens führen könne.[639] Es ist ganz interessant, dass gerade ein Großkredit des Reiches für die Sowjetunion in Höhe von 200 Millionen Mark für den Kauf von deutschen Industriegütern im Gespräch ist, ausgeglichen durch Rohstofflieferungen, die der Führer dringend braucht für die Wirtschaft und für die Aufrüstung.[640]

In einem Gespräch sagt der AA-Staatssekretär Freiherr von Weizsäcker am 14. Dezember zu Geheimdienstchef Canaris, Hitler forciere die Ostpolitik derartig, dass ein Krieg mit Polen nicht mehr ausgeschlossen sei. Sicher wäre die Wehrmacht der polnischen Armee überlegen, es sei auch anzunehmen, dass England und Frankreich sich heraushalten würden, aber es sei denkbar, dass Italien in so einer Situation auf den Gedanken verfallen könnte, Frankreich anzugreifen. Damit hätte man genauso den Weltkrieg. Hitler müsse endlich selbst aus dem Weg. Doch Canaris weiß um die miserable Ausrüstung des italienischen Militärs und will nicht an ein italienisches Abenteuer glauben, genauso wenig wie an die englische oder französische Zurückhaltung, wenn Hitler Polen angreift. Außerdem kann Canaris den Freiherrn beruhigen, denn er kennt Adolf Hitlers Erlasse an die Wehrmacht, aus denen hervorgeht, dass die Zeit der Eroberungen vorbei sei. Von Brauchitsch war aufgefordert worden, alle Vorbereitungen für einen weiteren Aufmarsch einzustellen; seine Wehrmacht könne ihren Aufbau bis 1945 fortsetzen. Von Weizsäcker ist beunruhigt, weil sich Canaris von den Beobachtungen der Außenpolitiker nicht von seinen Schlussfolgerungen abbringen lässt.[641] Man sollte durchaus auch beunruhigt sein, wenn der knorrige Führer, der nicht von militärischen Fachkenntnissen, sondern von der Vorsehung zehrt, die Eingemeindung des Sudetengebietes bereits als eine Teillösung abqualifiziert hatte.

In Warschau empfängt am selben Tag Außenminister Jósef Beck Berlins dortigen Vertreter Hans-Adolf von Moltke, bevor der sich für die Weihnachtszeit nach Hause begibt. Beck lobt das Abkommen zwischen Berlin und Warschau von 1934, bedauert die augenblickliche Spannung in den gegenseitigen Beziehungen und äußert den Wunsch nach einem klärenden Gespräch mit Herrn von Ribbentrop. Er lenkt die Unterhaltung auf Danzig und verleiht seiner Hoffnung Ausdruck, dass „unerwünschte *fait accomplis* vermieden“ werden. Wenn Berlin dort ohne Rückfragen Tatsachen schafft, würde sich natürlich eine Fortführung der Debatten über die Freie Stadt an der Ostsee erübrigen. Beck meint, früher oder später müsse das Gespräch über die Stadt wieder aufgenommen werden. Von Moltke notiert sich, dass Beck damit wohl auf das Gespräch in Berchtesgaden anspielen möchte. Die öffentliche Meinung befürchte, Karpatho-Russland, das freilich zur Tschechoslowakei gehört, könne für eine antipolnische Politik benutzt werden, aber er bestreitet Absichten, das Reich aus dem Donaubecken auszuschließen. Der *Talk* unter Wölfen bekommt allmählich eine neue Klangfarbe. Immer wieder erinnert Beck bezüglich möglicher Entwicklungen an wirtschaftliche und Schifffahrtsinteressen, die Polen in Memel habe, das jedoch wiederum von Litauen seinerzeit in Beschlag genommen worden war. Fasst man das bis hierher zusammen, so ging es in seinen Ausführungen um Gebiete nördlich, südlich und östlich der Republik Polen, die definitiv nicht zu seinem Hoheitsgebiet gehören und dies auch in absehbarer Zeit nicht ändern wollen. Wie Polens Armee allein in „ihren" Ostgebieten mit den Leuten dort umgeht, macht in einem Brief des Lemberger Erzbischofs Szeptycki an einen Bekannten keinen übertrieben vertrauenerweckenden Eindruck. „Wir durchleben schreckliche Zeiten. Die Strafexpeditionen ruinieren unsere Dörfer, unsere Schulen, unsere wirtschaftlichen Institutionen. Tausende von Dorfbewohnern, sechs Priester, Frauen, Intellektuelle wurden geprügelt, oft bis sie das Bewusstsein verloren. Den Dörfern werden wie im Krieg unmäßige Kontributionen und Requisitionen auferlegt. Polizei und Armee führen gegen die friedliche, unschuldige Bevölkerung unseres unglücklichen Landes einen wahren Krieg. Der Vorwand, man bekämpfe oder unterdrücke nur Kommunisten und Terroristen, geht völlig fehl."[642] An der Stelle ist interessant, dass die polnische Propaganda hier Menschen, die sich in ihrer eigenen Heimat gegen fremde Besatzungstruppen wehren, zu Terroristen stempelt. Auf die Art werden die Guten die Bösen. Andererseits muss es unbedingt lobend erwähnt werden, dass Beck nicht von den Gebietserweiterungen westlich seines Landes spricht, die, hört man sich die öffentliche Meinung in Polen an, wünschenswert wären, die es aber bloß dann geben könnte, wenn man sich mit dem Deutschen Reich in einer kriegerischen Auseinandersetzung anlegen würde.[643]

Moltke erwidert, dass man im Reich auf Polen wütend sei speziell wegen der Minderheitsprobleme, besonders jenen im Olsa-Bezirk von Teschen, der Anfang Oktober mit deutscher Rückendeckung an die polnische Republik ging, und „wo die Bevölkerung allmählich zu der Erkenntnis gekommen ist, dass die zwanzig Jahre unter tschechoslowakischer Herrschaft, verglichen mit ihrer augenblicklichen Lage, das reinste Paradies gewesen sind." Der Außenminister Jósef Beck antwortet darauf mit den Versicherungen, die bei solchen Gelegenheiten üblich sind.[644]

Der polnische Gesandte in Paris Juliusz Lukasiewicz ist zum Jahresende sicher, dass Außenminister Bonnet ein schwacher Mann sei und nicht in der Lage, eine Sache vollständig zu der seinen zu machen. Er neige dazu, sich jedem anzupassen, mit dem er verhandele, schreibt Lukasiewicz zur Auswertung der vergangenen Wochen nach Hause. Schon seit München seien die Franzosen wie ein geschlagenes Heer, unfähig, sich vom nachdrängenden Feind zu lösen. Es sollte Außenminister Beck, wenn er vom Urlaub zurück ist, eine Warnung sein, wenn Lukasiewicz einschätzt, die Franzosen seien einerseits zu schwach, um mit den internationalen Verpflichtungen, die sie eingegangen sind, zu brechen, und auf der anderen Seite seien sie auch zu schwach, um zu ihnen zu stehen. Als wäre es noch deutlicher auszusprechen, führt er aus, dass sehr viel dafür spricht, dass Frankreich in einer Situation, in der es seine Verpflichtungen gegenüber Polen erfüllen soll, „versuchen wird, sich ihnen eher zu entziehen als sie zu halten." Kein Wort verliert er darüber, dass sein eigenes Auftreten zu dieser neuen Haltung ebenso beigetragen haben wird wie die seltsamen Kontakte zwischen den Führungen von Warschau und Berlin. In seinem Brief formuliert der Gesandte Lukasiewicz die berechtigte Beobachtung, dass sie in Paris „uns gegenüber bewusst ein doppeltes Spiel zu spielen" scheinen. Die französische Außenpolitik behandele nur das Bündnis mit Großbritannien als Aktivposten, sehe aber in seinem Bündnis mit Polen und im Bündnis mit Sowjetrussland lediglich Verpflichtungen, die ganz widerstrebend anerkannt würden. Nun ist es sicher auch nicht gut, seine Hoffnungen ausgerechnet auf London zu richten, aber welche anderen Alternativen stehen denn noch zur Auswahl? Lukasiewicz erwähnt noch, dass ihn Außenminister Bonnet darüber informiert habe, dass Joachim von Ribbentrop eine französische Zusicherung erhalten habe, dass man der wirtschaftlichen Expansion des Deutschen Reiches im Donaubecken keine Steine in den Weg legen wird.[645] Bei einer derart verfahrenen Lage in Europa darf man gespannt sein, was uns das Jahr 1939 bringt. Hatten Kritiker des Versailler Vertrages seinerzeit nicht auch gesagt, das sei nur ein Frieden für zwanzig Jahre? Diese Frist läuft im neuen Jahr aus.

Hochverehrtes Publikum, lassen Sie mich bitte zum Schluss hinter dem Vorhang hervortreten und als Verfasser dieser Seiten meine persönliche Botschaft an Sie richten. Aus einer Fülle an Quellen habe ich hier und da einige substantielle Zitate aus englischen Zeitungen herausgefischt und in diesem Buch verwendet. Sie und viele andere zeigen, dass die Öffentlichkeit in England und im Rest von *Great Britain* nach allen Regeln der Kunst manipuliert wird wie z. B. in der Daily Mail mit ihrer Schlagzeile „Die Tschechen gehen uns nichts an". Dass solche Maßnahmen durchgezogen werden, klärt in erster Linie, dass sie notwendig sind, weil durchschnittliche Menschen in England eine solch perfide Außenpolitik einer Clique von Leuten aus der Oberschicht des Landes ablehnen würden wie jeder andere durchschnittliche Mensch in anderen Ländern auch. Unter keinen Umständen möchte ich eine Reaktion bewirken wie: Oh je, diese Engländer springen ja übel mit Deutschland um. Erstens geht es um die besagte Clique, die sich und ihresgleichen ihren Lebensstil erhalten will, auch wenn das nur um den Preis übelster Menschenrechtsverletzungen im Rest der Welt zu haben ist. Zweitens ist der Umgang der englischen Oberschicht mit dem Pöbel in der schönsten Demokratie der Welt nicht wirklich (not really) vollkommen anders als mit irgendwelchen fremden Leuten hinterm Ozean in der großen weiten Welt. Das liefert dann auch die Erklärung dafür, warum der Sozialstaat im späten XIX. Jahrhundert unter Bismarck in Deutschland eingeführt wurde und der Imperialismus ein paar hundert Jahre vorher unter Elizabeth I. in England. Man muss die perfide Strategie der Londoner Außenpolitik unter Umständen selbst analysiert haben, um zu wissen, dass die Szene „Sir Humphrey explains Brexit" aus der *Comedy* „Yes, Prime Minister" der 1980er Jahre mehr ist als lustige Fernsehunterhaltung. Ein Berater erklärt breit grinsend dem nichts ahnenden Minister, warum Großbritannien in dem europäischen Markt ist:

- Das Außenministerium ist doch für Europa, oder?
- Ja und nein. Wenn Sie erlauben, geben ich Ihnen die Erklärung. Das Außenministerium ist für Europa, weil es eigentlich dagegen ist. Die Beamten dort waren sich darin einig, dass sicherzustellen ist, dass der gemeinsame Markt nicht funktioniert. Deshalb sind wir hineingegangen.
- Wovon sprechen Sie?

- Britannien hat ein- und dasselbe außenpolitische Ziel seit mindestens 500 Jahren. Es geht darum ein zerrissenes Europa zu schaffen. Deshalb haben wir ja mit den Holländern gegen die Spanier gekämpft, mit den Deutschen gegen die Franzosen, mit den Franzosen und Italienern gegen die Deutschen und mit den Franzosen gegen die Deutschen und die Italiener. Teile und herrsche, verstehen Sie? Warum sollten wir das jetzt ändern, wo es doch so gut funktioniert hat?
- Ja, gewiss, das ist alte Geschichte.
- Ja, und moderne Politik. Wir mussten diese ganze Chose aufbrechen, deshalb mussten wir reingehen. Wir haben es von außen probiert, aber das hat nicht geklappt. Jetzt, wo wir einmal drin sind, können wir ein ordentliches Schweinefrühstück aus der ganzen Geschichte machen. Wir bringen die Deutschen gegen die Franzosen auf, die Franzosen gegen die Italiener, die Italiener gegen die Holländer. Das Außenministerium ist furchtbar zufrieden. Es ist genau wie früher.
- Aber wir sind doch dem europäischen Ideal verpflichtet!
- Wirklich, Herr Minister?
- Nicht? Warum erhöhen wir dann die Zahl der Mitgliedsstaaten?
- Na, aus demselben Grund. Es ist im Prinzip das Gleiche wie mit der UNO. Je mehr Mitglieder dabei sind, desto mehr Ärger kommt auf, desto nutzloser und gelähmter wird der Laden.
- Das ist ja ein entsetzlicher Zynismus.
- Wir nennen das Diplomatie, Herr Minister.

Falls jemand bei mir einen Mangel an Ideologie beklagt und sich besorgt fragt, was nun mein Rat wäre, wie man unter solchen Umständen überhaupt noch etwas Gutes in der Welt tun könnte, dann will ich Folgendes von mir geben: Wenn die Londoner Technik seit einigen Jahrhunderten darin besteht, über seinen Geheimdienst in den verschiedenen Regionen der Welt herauszubekommen, welche ethnischen und religiösen Zwistigkeiten vor Ort vorhanden sind, um daraus neuen Ärger zu produzieren, dann muss jeder in seinem Land das Gleiche tun und für Frieden unter den potentiellen Streithähnen sorgen. Tag für Tag und Jahr für Jahr.

Reinhard Leube — Berlin, im Juni 2019

Quellen und Anmerkungen

1 Gisevius (1947), Band 2, S. 19
2 Schultze-Rhonhof (2007), S. 320
3 Ebd., S. 320f.
4 Enzensberger (2008), S. 114
5 Fest (1991), S. 745
6 Gisevius (1963), S. 382
7 Fest (1991), S. 746
8 Gisevius (1963), S. 366
Höhne (1976), S. 259
9 Ebd.
10 Ebd., S. 254
11 Gisevius (1963), S. 390
12 Ebd., S. 391
13 Ebd., S. 391f.
14 Ebd., S. 392
15 Höhne (1976), S. 254 und 258
16 Gisevius (1947), Band 2, S. 168
17 Rothfels (1960), S. 61
18 Kordt (1948), S. 100
19 Fest (1991), S. 747
20 Gisevius (1947), Band 1, S. 133
21 Fest (1991), S. 574
22 Gisevius (1963), S. 398f.
Höhne (1976), S. 260
23 Fest (1991), S. 746f.
24 Hirche (1964), S. 83
25 Gisevius (1947), Band 2, S. 13f.
26 Gisevius (1963), S. 399
27 Höhne (1976), S. 260
28 Kordt (1948), S. 115
29 Ebd., S. 116
30 Gisevius (1947), Band 1, S. 352f.
Höhne (1976), S. 255
31 Moorhouse (2007), S. 123
32 Fest (1991), S. 747
33 Hirche (1964), S. 110
34 Ebd., S. 117
35 Schmidt (1949), S. 516
36 Kordt (1948), S. 116
37 Meldungen aus dem Reich (1984), Band 2, S. 56 und 60
38 Ebd., S. 65
SD ist die Abkürzung für Sicherheitsdienst der SS.
39 Meldungen aus dem Reich (1984), Band 2, S. 75
40 Ebd., S. 75
41 Ebd., S. 74f.
42 Moorhouse (2007), S. 124
43 Ebd., S. 127
44 Höhne (1976), S. 252
45 Ebd., S. 256f.
46 Ebd., S. 255f.
Hans bzw. Johann von Dohnanyi war verheiratet mit Christine Bonhoeffer.
47 Höhne (1976), S. 256

48 Moorhouse (2007), S. 126
49 Ebd., S. 125
50 Ebd., S. 126
51 Höhne (1976), S. 266
52 Ebd.
53 Meldungen aus dem Reich (1984), Band 2, S. 32f.
54 Junge Freiheit, 08.06.2012, S. 2
55 Deutschlandradio (2014). Interview mit Werner Finck [online]. Verfügbar unter http://www.dradio.de/dkultur/sendungen/ausdenarchiven/1779994/ [01. 06.14]
56 Hirche (1964), S. 165
57 Siehe Fußnote 55.
58 Hirche (1964), S. 131
59 Ebd.
60 Ebd., S. 132
61 Siehe Fußnote 55.
62 Meldungen aus dem Reich (1984), Band 2, S. 115
63 Steinbach & Tuchel (1994), S. 433
64 Ebd., S. 433f.
65 Wojciechowski (1990), S. 270
Falin (1995) (1995), S. 56f.
Teschen war die alte deutsche Bezeichnung für eine Stadt und Region, die auf Alttschechisch Tiessjn und auf Polnisch Cieszyn heißt, nicht zu verwechseln mit der Stadt Děčín oder früher auf Deutsch Tetschen, die weiter westlich liegt.
66 Dokumente (1946), Band 1, S. 50
ČSR war die Abkürzung für Tschechoslowakische Republik.
67 Ebd., S. 50f.
68 Gisevius (1963), S. 399
69 Ebd.
70 Ebd., S. 402f. und 408f.
Fest (1991), S. 748
71 Wikipedia (2018). Wilhelm Freiherr von Ketteler [online]. Verfügbar unter http://de.wikipedia.org/wiki/Wilhelm_Freiherr_von_Ketteler [30.07.18]
72 Höhne (1976), S. 262
73 Fest (1991), S. 749
74 Höhne (1976), S. 262
75 Ebd., S. 263
76 Meldungen aus dem Reich (1984), Band 2, S. 49f.
77 Ebd., S. 49
78 Ebd., S. 49ff.
79 IMG (1948), Band XXII, S. 498
80 Preparata (2011), S. 320
81 Gisevius (1947), Band 1, S. 399
82 Ebd.
83 Meldungen aus dem Reich (1984), Band 2, S. 44
84 Gisevius (1947), Band 1, S. 399f.
85 Ebd., S. 401
86 Hirche (1964), S. 98
87 Meldungen aus dem Reich (1984), Band 2, S. 119
88 Gisevius (1947), Band 1, S. 400
Niemöllers Verteidiger waren RA Horst Holstein, Justizrat Willy Hahn sowie RA Hans Koch. (dazu: H. Prolingheuer, Hitlers fromme Bilderstürmer – Kirche & Kunst unterm Hakenkreuz, Köln/Berlin 2001, S.125f.) Es bleibt unklar, warum

Gisevius nur von einem Anwalt spricht.
89 Gisevius (1947), Band 1, S. 401
90 Ebd., Band 2, S. 39
91 Prolingheuer, Hans (2007). Der Prozess gegen Martin Niemöller vor 70 Jahren nach dem Bericht Matthes Zieglers, des Kirchenreferenten im Amt Rosenberg [online]. Verfügbar unter http://www.kirchengeschichten-im-ns.de/Zieglerbericht.pdf [30.07.18]
92 Dokumente (1946), Band 1, S. 52
93 Ebd., S. 53
94 Ebd.
95 Ebd., S. 54
96 Ebd., S. 54-58
Hughes, S. 189f.: „Leading British authorities have frankly admitted that it was the British rather than the Nazis who were responsible for initiating the policy of bombing civilians and nonmilitary objectives. This decision had been made by the British Air Ministry as early as 1936. The first foray of this sort was conducted by eighteen English Whitley bombers in a flight over western Germany on the night of May 11, 1940. ... All this is frankly admitted by such authoritative British writers as Air Marshal Sir Arthur Harris, in his Bomber Offensive (1947), by J. M. Spaight, principal secretary of the British Air Ministry, in his Bombing Vindicated (1944), and by Liddell Hart in his The Revolution in Warfare (1946) and in his article *War, Limited*, in Harper's Magazine (March, 1946).“ Nachzulesen in Hughes (1955), S. 189f.
Oder auf Deutsch: Führende britische Sachverständige haben offen zugegeben, dass es eher die Briten als die Nazis waren, die für die Einleitung der Politik verantwortlich waren, Zivilisten und nichtmilitärische Ziele zu bombardieren. Diese Entscheidung hatte das britische Luftfahrtministerium bereits 1936 getroffen. Der erste Versuch dieser Art wurde in der Nacht zum 11. Mai 1940 von achtzehn englischen Whitley-Bombern auf einem Flug über Westdeutschland durchgeführt. – Die anschließenden Literaturangaben müssen sicher nicht übersetzt werden.
97 Dokumente (1946), Band 1, S. 58
98 Ebd., S. 59
99 Ebd.
100 Ebd., S. 65
101 Ebd., S. 59
102 Ebd., S. 59f.
103 Ebd., S. 66
104 Ebd., S. 60
105 Ebd., S. 61
106 Ebd., S. 62
107 Ebd., S. 63
108 Preparata (2011), S. 320
Quigley (2010), S. 49
109 Fest (1991), S. 768f.
Fest (1994), S. 77
110 Fest (1991), S. 769
111 Ebd., S. 768
112 Rothfels (1960), S. 93f.
Vgl. Straeten (1997), S. 96.
113 Straeten (1997), S. 96f. und S. 111
114 Dokumente (1946), Band 1, S. 75
115 Ebd., S. 76

116 Dokumente (1946), Band 1, S. 79
117 Ebd., S. 80
118 Ebd., S. 80f.
119 Höhne (1976), S. 268f.
120 Ebd.
121 Ebd., S. 269
122 Gisevius (1963), S. 406f.
123 Falin (1995), S. 53
124 Ebd.
125 Quigley (2010), S. 48ff.
126 Falin (1995), S. 53
127 Schultze-Rhonhof (2007), S. 139
128 Gisevius (1963), S. 408f.
129 Ebd., S. 407f.
130 Höhne (1976), S. 273
131 Gisevius (1963), S. 408
132 Ebd.
133 Ebd., S. 408f.
134 Zöchling, Christa (2018). „Anschluss" 1938: „Sagen Sie ihm, es gibt keinen Spaß jetzt" [online]. Verfügbar unter https://www.profil.at/oesterreich/anschluss-1938-telefonprotokolle-9372996 [29.07.18]
135 Gisevius (1963), S. 405
136 Ebd.
137 Kern (1988), S. 109
138 Gisevius (1963), S. 413
139 Höhne (1976), S. 270
140 Fest (1991), S. 748f.
141 Gisevius (1963), S. 401
142 Wikipedia (2018). Wilhelm Freiherr von Ketteler [online]. Verfügbar unter http://de.wikipedia.org/wiki/Wilhelm_Freiherr_von_Ketteler [30.07.18]
143 Dokumente (1946), Band 1, S. 88
144 Ebd., S. 89
145 Ebd.
146 Ebd., Band 2, S. 29
147 Gisevius (1963), S. 414
148 Ebd., S. 402
149 Hirche (1964), S. 121
150 Ebd., S. 122
151 Höhne (1976), S. 271
152 Meldungen aus dem Reich (1984), Band 2, S. 37
153 Ebd., S. 37
154 Starikow (2008), S. 108
155 Quigley (2010), S. 59
156 Kordt (1948), S. 113f.
Höhne (1976), S. 278
157 Ebd.
Vgl. Namier (1949), S. 56.
Preparata (2011), S. 323
Moorhouse (2007), S. 138f.
sowie Shirer (1961), S. 361.
158 Shirer (1961), S. 392
159 Dokumente (1946), Band 1, S. 94f., Fußnote 3

160 Iswestija, 18. März 1938, in: Dokumente (1946), Band 1, S. 94-96
161 Falin (1995), S. 56
162 Ebd.
163 Höhne (1976), S. 272f.
164 Moorhouse (2007), S. 123
165 Höhne (1976), S. 283
166 Dokumente (1946), Band 1, S. 91ff.
167 Quigley (2010), S. 62ff.
168 Falin (1995), S. 54
Vgl. Quigley (2010), S. 65.
169 Dokumente (1946), Band 1, S. 94
170 Ebd., S. 94ff.
171 Falin (1995), S. 53
172 Dokumente (1946), Band 1, S. 100f.
173 Ebd., S. 106f.
174 Ebd., S. 111
175 Der Spiegel, 48/1949, S. 7f.
Fest (1991), S. 605
176 Meldungen aus dem Reich (1984), Band 2, S. 37
177 Ebd., S. 46
178 Speidel (1977), S. 78
179 Falin (1995), S. 53
180 IMG (1948), Band XXII, S. 495
181 Shirer (1961), S. XIV
182 Ebd.
183 Meldungen aus dem Reich (1984), Band 2, S. 25
184 Dokumente (1946), Band 1, S. 112
185 Ebd., S. 112f.
186 Ebd., S. 113
187 Ebd., S. 114
188 Zweiseitige Bündnisverträge zwischen der ČSR, Jugoslawien und Rumänien.
189 Quigley (2010), S. 65f.
190 Ebd., S. 66
191 Hirche (1964), S. 77
192 Starikow (2008), S. 123f.
193 Schmidt (1949), S. 386ff.
194 Höhne (1976), S. 283
Preparata (2011), S. 321
195 Quigley (2010), S. 50
196 Dokumente (1946), Band 2, S. 25
197 Schmidt (1949), S. 388
198 Ebd., S. 389f.
199 Ebd., S. 392
AA ist die Abkürzung für das Auswärtige Amt.
200 Dokumente (1946), Band 2, S. 28
201 Ebd., S. 157
202 Meldungen aus dem Reich (1984), Band 2, S. 36
203 Ebd.
204 Ebd., S. 124
205 Dokumente (1946), Band 1, S. 116 und 125
206 Ebd., S. 120f.
207 Ebd., S. 116

208 Dokumente (1946), Band 1, S. 121
209 Namier (1949), S. 61
Erst in England nahm er den Namen Lewis Bernstein Namier an.
210 Dokumente (1946), Band 1, S. 121
211 Ebd., S. 123f.
212 Ebd., S. 125f.
213 Ebd., S. 126
214 Gisevius (1963), S. 420
IMG (1948), Band XXII, S. 495
Fest (1991), S. 761
215 Dokumente (1946), Band 1, S. 189
216 IMG (1948), Band XXII, S. 403
217 Aufstand des Gewissens (1985), S. 65
218 Quigley (2010), S. 53
219 Aufstand des Gewissens (1985), S. 65
220 Ebd.
221 Fest (1994), S. 87
222 Gisevius (1947), Band 2, S. 16f.
223 Meldungen aus dem Reich (1984), Band 2, S. 41f.
224 Speidel (1977), S. 79
225 Vgl. dazu Conze (2010), u. a., Das Amt und die Vergangenheit.
AA ist die Abkürzung für das Auswärtige Amt.
226 Dokumente (1946), Band 2, S. 27
227 Ebd., S. 27 und 158f.
228 Ebd., S. 159f.
229 Ebd., S. 22f.
230 Ebd., S. 25f.
231 Ebd., S. 26
232 Ebd., S. 31
233 Ebd., S. 31f.
234 Ebd., S. 26 und 30
235 Ebd., S. 157f.
236 Ebd., S. 158
237 Ebd., S. 27f.
238 Dokumente (1946), Band 1, S. 147
239 Fest (1994), S. 85f.
240 Ebd., S. 86
241 Gisevius (1947), Band 2, S. 54
242 Shirer (1961), S. 350
243 Ebd., S. 351
244 Ebd.
245 Ebd., S. 354
246 Speidel (1977), S. 79
247 Gisevius (1947), Band 2, S. 17
248 Steinbach & Tuchel (1994), S. 301
249 Höhne (1976), S. 284f.
250 Ebd., S. 285
251 Ebd.
252 Shirer (1961), S. 350
253 Gisevius (1947), Band 2, S. 19
254 Ebd., S. 20
255 Dokumente (1946), Band 2, S. 161

256 Kordt (1948), S. 113f.
257 Rothfels (1960), S. 64
258 Höhne (1976), S. 285
Rothfels (1960), S. 64
259 Dokumente (1946), Band 2, S. 161
260 Ebd., Band 1, S. 157
261 Ebd.
262 Falin (1995), S. 61
263 Dokumente (1946), Band 1, S. 157f.
264 Ebd., S. 158
265 Gisevius (1947), Band 2, S. 41
266 Dokumente (1946), Band 1, S. 162
267 Fest (1991), S. 769f.
Knightley (1990), S. 87
268 Fest (1991), S. 769
269 Shirer (1961), S. 360
270 Ebd.
271 Ebd.
272 Rothfels (1960), S. 66
Shirer (1961), S. 359f.
Höhne (1976), S. 288
Vgl. Moorhouse (2007), S. 133.
273 Falin (1995), S. 46
274 Ebd.
275 Ebd., S. 142
276 Starikow (2008), S. 108
277 Falin (1995), S. 63
278 Dokumente (1946), Band 1, S. 158f.
279 Ebd., S. 159
280 Ebd.
281 Ebd., S. 159f.
282 Ebd.
283 Ebd., S. 160
284 Höhne (1976), S. 287
285 Quigley (2010), S. 69
286 Ebd., S. 72
287 Höhne (1976), S. 287
288 Ebd.
289 Ebd.
290 Schmidt (1949), S. 560f.
AA ist die Abkürzung für das Auswärtige Amt.
Vgl. Rothfels (1960), S. 61.
291 Quigley (2010), S. 69f.
Fest (1994), S. 91ff.
292 Höhne (1976), S. 291
293 Fest (1994), S. 91f.
294 Fest (1991), S. 771
295 Fest (1994), S. 85f.
296 Rothfels (1960), S. 59
297 Ebd.
298 Steinbach & Tuchel (1994), S. 87ff.
299 Rothfels (1960), S. 59

300 Kordt (1948), S. 100
Rothfels (1960), S. 66
301 Steinbach & Tuchel (1994), S. 302f.
302 Kordt (1948), S. 115f.
Steinbach & Tuchel (1994), S. 274f.
303 Gisevius (1947), Band 2, S. 50
304 Meldungen aus dem Reich (1984), Band 2, S. 33
305 Ebd., S. 37
306 Wikipedia (2018). Joannes Baptista Sproll [online]. Verfügbar unter http://de.wikipedia.org/wiki/Joannes_Baptista_Sproll [30.07.18]
307 Meldungen aus dem Reich (1984), Band 2, S. 37
308 Der Deutsche Weg vom 18.09.1938, in: Meldungen (1984), Band 2, S. 38
309 Meldungen aus dem Reich (1984), Band 2, S. 38
310 Ebd.
311 Manchester Guardian, 26.08.1938, in: Meldungen aus dem Reich (1984), Band 2, S. 38
312 Baseler Nationalzeitung, 29.08.1938, in: Meldungen aus dem Reich (1984), Band 2, S. 39
313 Meldungen aus dem Reich (1984), Band 2, S. 39
314 Ebd., S. 38
315 Hirche (1964), S. 93 und 107
316 Ebd., S. 114f.
317 Gisevius (1947), Band 2, S. 20ff.
318 Steinbach & Tuchel (1994), S. 398
319 IMG (1948), Band XXII, S. 496
320 Ebd., S. 511
321 Preparata (2011), S. 315
322 Kordt (1948), S. 114f.
323 Ebd.
324 Gisevius (1947), Band 2, S. 25
AA ist die Abkürzung für das Auswärtige Amt.
325 Steinbach & Tuchel (1994), S. 289
326 Fest (1991), S. 769
327 Fest (1994), S. 78
328 Rothfels (1960), S. 66
329 Ebd., S. 69
330 Falin (1995), S. 59
331 Leibovitz & Finkel (1998), S. 144
Preparata (2011), S. 324
332 Shirer (1961), S. 360
Knightley (1990), S. 87
333 Fest (1994), S. 82f.
334 Shirer (1961), S. 82f. und 93
335 Ebd., S. 83
336 Schmidt (1949), S. 330
337 Steinbach & Tuchel (1994), S. 303
Gisevius (1947), Band 2, S. 26
338 Ebd., S. 28
Vgl. Fest (1991), S. 771.
339 Gisevius (1947), Band 2, S. 38
340 Höhne (1976), S. 293
341 Fest (1994), S. 92

342 Höhne (1976), S. 292
343 Gisevius (1947), Band 2, S. 26
344 Ebd., S. 27f.
345 Ebd., S. 37
346 Fest (1994), S. 93
Gisevius (1947), Band 2, S. 33
347 Rothfels (1960), S. 64
348 Hirche (1964), S. 120
349 Ebd.
350 Ebd., S. 121
351 Gisevius (1947), Band 2, S. 40
352 Ebd.
353 Meldungen aus dem Reich (1984), Band 2, S. 76
354 Gisevius (1947), Band 2, S. 30
355 Ebd., S. 29
356 Höhne (1976), S. 292
357 Schmidt (1949), S. 393
Shirer (1961), S. 361
Ein Wort noch zu dem im Text erwähnten Norman Hulbert. Einem geschichtlich interessierten Menschen wird es ja nicht leicht gemacht und auf ein Stichwort wie Norman Hulbert stößt man ja auch nicht unbedingt in den gängigen Büchern. Wer liest schon die Erinnerungen eines Dolmetschers oder eines Hausmeisters? Doch dort findet man zufällige Beobachtungen am Rande, denen man nur nachzugehen braucht. Die Internet-Enzyklopädie Wikipedia wird oft verlacht und es heißt, man könne deren Informationen nicht für bare Münze nehmen. Das ist wahr, weil dort Zensoren Spuren verwischen sollen, sodass die Leute die Puzzleteile nicht mehr zusammenbekommen. Doch wenn sich dort Schnipsel finden, die das gewollte große Bild stützen, die aber in ein anderes großes Bild viel besser passen, dann darf man sie dankbar entgegennehmen. Dort heißt es also: Wing Commander Sir Norman John Hulbert, DL (5 June 1903 – 1 June 1972) was a British company director, Royal Air Force officer and politician who served as a member of parliament for the Conservative Party for nearly thirty years. Early in his career, he was an advocate of closer relations with Nazi-Germany but he served in action during the Second World War. At the end of his career, he attracted unwelcome publicity by attacking a pioneering BBC satirical television programme ... Hulbert was a member of the Anglo-German Fellowship and served on that organisation's Council in 1936-7; he was a guest in Germany at the Nuremberg Rally on 12 September 1938. Hulbert remained involved in business and was Chairman of British Steel Constructions (Birmingham) Ltd in 1945; he left the board in 1949. [Das ist natürlich aufschlussreich, ebenso wie die Information, von welcher Firma er der Chef war, wie er in der Kurzbeschreibung angekündigt worden war.] Hulbert remained involved in the Anglo-German Fellowship after the Munich Agreement, when it transformed into a private company; he was one of the directors. However, at the outbreak of the Second World War, Hulbert enlisted in the Royal Air Force, serving in combat and achieving the rank of Wing Commander. In 1943, he left to be British Liaison officer with the Free Polish forces. He was also Parliamentary Private Secretary to Oliver Lyttelton, who served as Minister of Production and later as President of the Board of Trade, from 1944. – Es ist natürlich ein Traum von einem Traum, dass diese Englisch-Deutsche Gesellschaft zur privaten Firma umgewandelt wurde. Wollte man so verhindern, dass die öffentliche Kritik am Münchener Abkommen von 1938 zum Verbot dieser kriminellen Vereinigung führen konnte?

358 Kordt (1948), S. 120
359 Shirer (1961), S. 361
360 Fest (1991), S. 761
361 Quigley (2010), S. 73
362 Ebd., S. 9, 38 und 48
363 Shirer (1961), S. 361
Hofer (1982), S. 344f.
364 Rothfels (1960), S. 67
August W. von Schlegel übertrug das so:
Sein oder Nichtsein; das ist hier die Frage:
Obs edler im Gemüt, die Pfeil und Schleudern
Des wütenden Geschicks erdulden oder,
Sich waffnend gegen eine See von Plagen,
Durch Widerstand sie enden?
365 Rothfels (1960), S. 67
Hofer (1982), S. 344
366 Ebd., S. 345
367 Shirer (1961), S. 358f.
368 Ebd., S. 362
369 Ebd.
370 Ebd., S. 379
371 Moorhouse (2007), S. 133ff.
372 Preparata (2011), S. 324
Fest (1994), S. 80
Schmidt (1949), S. 393
373 Leibovitz & Finkel (1998), S. 144
Preparata (2011), S. 324
374 Höhne (1976), S. 289
375 Dokumente (1946), Band 2, S. 161f.
376 Falin (1995), S. 59f.
377 Ebd.
378 Moorhouse (2007), S. 133
379 Sutton (2008), S. 37
380 Ebd., S. 72
381 Ebd., S. 71 und 76
382 Ebd., S. 36
383 Knightley (1990), S. 86f.
384 Ebd., S. 84
385 Ebd., S. 89
386 Preparata (2011), S. 306
Knightley (1990), S. 99
387 Ebd., S. 98
388 Sutton (2008), S. 89
389 Shirer (1961), S. 363
Schmidt (1949), S. 394
Vgl. Quigley (2010), S. 76.
390 Rothfels (1960), S. 68
Fest (1991), S. 773
391 Schmidt (1949), S. 394
392 Fest (1994), S. 93
393 Gisevius (1947), Band 2, S. 60
394 Hirche (1964), S. 121

395 Hofer (1982), S. 323f.
396 Moorhouse (2007), S. 133
397 Gisevius (1947), Band 2, S. 41
398 Ebd., S. 59
399 Kordt (1948), S. 130
400 Shirer (1961), S. 363f.
401 Ebd., S. 364
Schmidt (1949), S. 395ff.
402 Ebd.
403 Dokumente (1946), Band 2, S. 162
404 Gisevius (1947), Band 2, S. 60f.
405 Der Spiegel (1969). Rückspiegel. In: Der Spiegel 36/1969, S. 194: ZITATE. Das Guardian Journal, Nottingham: Der britische Militärattaché in Berlin hat 1938 vorgeschlagen, Hitler zu ermorden. Aber London verwarf den Plan als unsportlich -- so berichtete das westdeutsche Nachrichtenmagazin DER SPIEGEL. Der Attaché, Noel Mason-MacFarlane, fand sein Berliner Appartement ideal gelegen für einen Heckenschützen, weil es nur zirka 90 Meter von der Tribüne entfernt war, die der Führer anlässlich großer Paraden benutzte. Der SPIEGEL sagt, er habe Noel Mason-MacFarlanes Plan für die vorgeschlagene Ermordung unter den Papieren gefunden, die dem Kriegsmuseum in London vor eineinhalb Monaten geschenkt wurden. Mason-MacFarlane ist später zum General befördert und geadelt worden. Er starb 1953. Das Magazin zitiert seine Tochter, Mona MacFarlane-Hall, die sagte: „Whitehall und Westminster waren gegen den Plan. Er sagte uns, dass ihm bedeutet worden sei, so eine Sache sei unsportlich."
Ewen Butter, Deutschland-Korrespondent von 1937 bis 1939, in der Londoner Times: Ohne Zweifel genießt Mason-Mac irgendwo die Enthüllung seines Planes, Hitler zu ermorden, durch den SPIEGEL. Sicherlich wäre er der letzte, der sich deshalb schämen würde. Denn Generalleutnant Sir Noel Mason-Mac-Farlane war ein Mann, der an direkte Taten glaubte, und es war ihm egal, ob jemand sie kannte. Er hat seinen Plan im Sommer 1938 mit mir diskutiert, als ich in seiner Berliner Wohnung saß und aus dem Fenster schaute, durch das der Schütze den Schuss abgegeben hätte, der Hitlers Leben beendet haben würde, wenn der Oberst (der er damals noch war) seinen Willen in die Tat umgesetzt hätte. Mason-Mac glaubte damals, genau wie ich damals und heute, dass der Tod des Führers zu jenem Zeitpunkt den Zusammenbruch des nationalsozialistischen Regimes bedeutet hätte.
Die Londoner Evening News: Auch Sie könnten, wenn Sie die Ausdauer hätten, Geheimnisse aus der neueren Militärgeschichte aufdecken. Genauso wie es ein deutsches Magazin getan hat mit der Story über die geplante Ermordung Hitlers vor dem Krieg durch einen britischen Offizier, die von Whitehall als „unsportlich" verworfen wurde. Viele solcher Geschichten warten auf den eifrigen Rechercheur in den Archiven des Kriegsmuseums in Lambeth. Dort fand auch der SPIEGEL seine Information in den Papieren des Generalleutnants Sir Noel Mason-MacFarlane, der 1938 britischer Militärattaché in Berlin war. Aus den gleichen Quellen hat auch David Irving, der britische Historiker, der auf den Zweiten Weltkrieg spezialisiert ist, seine Karriere gespeist.
406 Dokumente (1946), Band 1, S. 181f.
407 Gisevius (1947), Band 2, S. 61
408 Quigley (2010), S. 72
409 Ebd., S. 76
410 Dokumente (1946), Band 1, S. 208
411 Ebd., S. 208f.

412 Dokumente (1946), Band 1, S. 213f.
413 Knightley (1990), S. 90
Vgl. Quigley (2010), S. 74 und 76.
414 Quigley (2010), S. 77f.
415 Dokumente (1946), Band 1, S. 199f.
416 Kordt (1948), S. 113f.
417 Shirer (1961), S. 368
418 Dokumente (1946), Band 1, S. 186
419 Ebd., S. 189
420 Ebd., S. 190
421 Ebd., S. 192
422 Ebd., S. 192f.
423 Ebd., S. 193
424 Ebd., S.194f.
425 Quigley (2010), S. 79
Vgl. Dokumente (1946), Band 1, S. 216f.
426 Höhne (1976), S. 291
Fest (1991), S. 772
427 Hirche (1964), S. 106
428 Fest (1991), S. 768
429 Steinbach & Tuchel (1994), S. 275
430 Höhne (1976), S. 293
431 Ebd.
Fest (1994), S. 90 und 94f.
Moorhouse (2007), S. 135
432 Quigley (2010), S. 78f.
433 Ebd., S. 79
Vgl. Dokumente (1946), Band 1, S. 216f.
434 Shirer (1961), S. 369
435 Schmidt (1949), S. 399f.
436 Moorhouse (2007), S. 136
Schmidt (1949), S. 401
437 Ebd.
438 Ebd., S. 401f.
439 Gisevius (1947), Band 2, S. 61f.
Moorhouse (2007), S. 136
440 Dokumente (1946), Band 1, S. 234
441 Ebd., S. 234f.
442 Falin (1995), S. 56
443 Quigley (2010), S. 80
Falin (1995), S. 505
444 Schmidt (1949), S. 402
445 Ebd.
446 Ebd., S. 402-404
447 Shirer (1961), S. 396
448 Moorhouse (2007), S. 136
Schmidt (1949), S. 405
449 Ebd.
450 Ebd.
451 Ebd., S. 406
452 Ebd.
453 Dokumente (1946), Band 1, S. 203

454 Fest (1991), S. 765
Falin (1995), S. 56
455 Ebd., S. 55ff.
456 Fest (1991), S. 770
Starikow (2008), S. 123f.
457 Schmidt (1949), S. 407
458 Ebd., S. 407f.
Moorhouse (2007), S. 136f.
Gisevius (1947), Band 2, 62
459 Meldungen aus dem Reich (1984), Band 2, S. 120
460 Hirche (1964), S. 103
461 Ebd., S. 119
462 Meldungen aus dem Reich (1984), Band 2, S. 118
463 Ebd.
464 Kennan (1968), S. 250f.
465 Ebd., S. 204
466 Ebd.
467 Gisevius (1947), Band 2, S. 62
468 Moorhouse (2007), S. 138
Fest (1991), S. 772f.
469 Shirer (1961), S. 376f.
470 Gisevius (1947), Band 2, S. 62
471 Hofer (1982), S. 207
472 Moorhouse (2007), S. 137
473 Schultze-Rhonhof (2007), S. 436
474 Shirer (1961), S. 374
475 Moorhouse (2007), S. 137
476 Gisevius (1947), Band 2, S. 62
477 Schmidt (1949), S. 409
478 Ebd.
479 The History Guide (2012). Neville Chamberlain on Appeasement [online]. Verfügbar unter http://www.historyguide.org/europe/munich.html [30.07.18]
Quigley (2010), S. 81
480 Ebd.
481 Gisevius (1947), Band 2, S. 63
Fest (1991), S. 773
482 Moorhouse (2007), S. 138
Shirer (1961), S. 385
483 Ebd., S. 376
Vgl. Fest (1991), S. 767.
484 Shirer (1961), S. 376
Vgl. Fest (1991), S. 767.
485 Gisevius (1947), Band 2, S. 63f.
486 Ebd., S. 64
487 Rothfels (1960), S. 65
488 Gisevius (1947), Band 2, S. 63
489 Schmidt (1949), S. 410
490 Ebd.
491 Hirche (1964), S. 117
492 Ebd., S. 121
493 Ebd., S. 130
494 Meldungen aus dem Reich (1984), Band 2, S. 119

495 Shirer (1961), S. 378
496 Ebd.
497 Ebd., S. 381
498 Gisevius (1947), Band 2, S. 63f.
499 Schmidt (1949), S. 411
500 Ebd.
501 Shirer (1961), S. 382
502 Schmidt (1949), S. 411
503 Gisevius (1947), Band 2, S. 65f.
Shirer (1961), S. 382
Moorhouse (2007), S. 138
504 Schmidt (1949), S. 412
Moorhouse (2007), S. 138
Shirer (1961), S. 383
505 Fest (1991), S. 773
Fest (1994), S. 104
506 Gisevius (1947), Band 2, S. 65f.
Fest (1994), S. 100
507 Kordt (1948), S. 131, Fußnote 1
508 Moorhouse (2007), S. 146
509 Ebd., S. 139
510 Fest (1991), S. 768
511 Strauß (1989), S. 37
512 Falin (1995), S. 60
513 Knightley (1990), S. 90
514 Preparata (2011), S. 322
515 Dokumente (1946), Band 1, S. 248-256
516 Ebd., S. 283
517 Schmidt (1949), S. 415
Kordt (1948), S. 132f.
518 Dokumente (1946), Band 1, S. 287
519 Quigley (2010), S. 72
520 Falin (1995), S. 82
521 Schultze-Rhonhof (2007), S. 181
522 Dokumente (1946), Band 1, S.291
523 IMG (1948), Band XXI, S. 634f.
524 Speidel (1977), S. 81
525 Schmidt (1949), S. 418
526 Dokumente (1946), Band 1, S. 288f.
527 Ebd., S. 290
528 Falin (1995), S. 64
529 Shirer (1961), S. 392
530 Ebd., S. 396
531 Ebd., S. 414
532 Gisevius (1947), Band 2, S. 61
533 Schultze-Rhonhof (2007), S. 181
534 Quigley (2010), S. 83
535 Schultze-Rhonhof (2007), S. 414 – 417
536 Shirer (1961), S. 397f.
537 Gisevius (1947), Band 1, S. 133
538 Ebd., Band 2, S. 69
539 Ebd.

540 Knightley (1990), S. 129
1961 wird Franz Josef Strauß, der in den ersten Bänden bereits als ein scharfer Gegner der Zustände unter Adolf Hitler vorgestellt wurde, über Willy Brandt im Wahlkampf tatsächlich äußern: „Ich weiß gar nicht, ob Herr Brandt persönliche Schwächen hat. Aber eines wird man doch noch fragen dürfen: Was haben Sie in den zwölf Jahren draußen gemacht, wie man uns gefragt hat, was habt Ihr in den zwölf Jahren drinnen gemacht?" Er selbst war immerhin in einem der Zirkel, die sich an einem Staatsstreich gegen Hitler versucht haben. Da man über Strauß so viel oder wenig aus der Kriegszeit in der Öffentlichkeit wusste wie über viele andere, die das konservative Publikum zu bedienen hatten, musste das natürlich in den falschen Hals kommen, und hatte auf der demokratischen Bühne der Bundesrepublik Deutschland genau die gewünschte Wirkung. Die ständigen vorschnellen moralischen Urteile vieler Bundesbürger über alles und jeden in der Welt, wie ich sie seit den 1990er Jahren *live und in Farbe* erlebe, wurden mit solchen Sprüchen jahrzehntelang trainiert.
541 Gisevius (1947), Band 2, S. 67
542 Ebd., S. 68
543 Ebd., S. 66f.
544 IMG (1948), Band XXII, S. 648
545 Fest (1994), S. 105
546 Ebd.
547 Ebd., S. 106
548 Shirer (1961), S. 395
549 Ebd., S. 394
550 Ebd., S. 394f.
551 Dokumente (1946), Band 2, S. 164
552 Falin (1995), S. 64f.
Dokumente (1946), Band 2, S. 164
553 Hirche (1964), S. 151
554 Ebd., S. 118
555 Shirer (1961), S. 393
556 Knightley (1990), S. 90
557 Meldungen aus dem Reich (1984), Band 2, S. 35f.
558 Schmidt (1949), S. 419
559 Schultze-Rhonhof (2007), S. 184
560 Hughes (1955), S. 145
561 Gisevius (1947), Band 2, S. 70
562 Dokumente (1946), Band 2, S. 164f.
563 Gisevius (1947), Band 2, S. 69f.
564 Rothfels (1960), S. 137
565 Ebd., S. 138
566 IMG (1948), Band XXII, S. 480
567 Ebd., S. 497
Schultze-Rhonhof (2007), S. 184
568 Falin (1995), S. 62
Vgl. auch Quigley (2010), S. 96f.
569 Schultze-Rhonhof (2007), S. 437
570 Wojciechowski (1990), S. 272
Quigley (2010), S. 96f.
571 Schultze-Rhonhof (2007), S. 185
572 Shirer (1961), S. 400

573 Steinbach & Tuchel (1994), S. 247
Wikipedia (2019), Lionel George Curtis [online]. Verfügbar unter https://de.wikipedia.org/wiki/Lionel_George_Curtis [28.05.19]
574 Speidel (1977), S. 56
Shirer (1961), S. 401
575 Rauber, Urs (1998), Judenstempel: Die Korrektur einer Unwahrheit. In der Schweizer Zeitschrift Beobachter Nr. 18/98 [online]. Verfügbar unter https://www.webcitation.org/68tYXXYou?url=http://www.beobachter.ch/leben-gesundheit/krankheiten-von-a-z/artikel/judenstempel-korrektur-einer-halbwahrheit/ [27.02.19]
576 Schultze-Rhonhof (2007), S. 394
Starikow (2008), S. 184ff.
577 Ebd.
Wikipedia (2018). Herschel Grynszpan [online]. Verfügbar unter https://de.wikipedia.org/wiki/Herschel_Grynszpan [30.07.18]
578 Gehört seit dem Versailler Vertrag von 1919 zur Republik Polen.
579 Shirer (1961), S. 401
580 Kordt (1948), S. 142
581 IMG (1948), Band XXI, S. 650
Shirer (1961), S. 401
582 Ebd, S. 516
Fest (1994), S. 107
583 Shirer (1961), S. 402
Hofer (1982), S. 293
584 Hirche (1964), S. 132f.
585 Vgl. Knobloch (1993) und
Scheer (1993).
586 Hirche (1964), S. 127
587 Meldungen aus dem Reich (1984), Band 2, S. 26
588 Shirer (1961), S. 402f.
589 Ebd., S. 403f.
590 Ebd., S. 404f.
591 Fest (1994), S. 107
592 IMG (1948), Band XXI, S. 516
Fest (1994), S. 107
593 Ebd.
Moorhouse (2007), S. 130f.
594 IMG (1948), Band XXI, S. 517
595 Ebd., S. 516
596 Rothfels (1960), S. 36
597 Steinbach & Tuchel (1994), S. 399
598 Hofer (1982), S. 293
599 Rothfels (1960), S. 36
600 Ebd.
601 Germany No. 2, London 1939, erwähnt in: Rothfels (1960), S. 36
602 Wikipedia (2019), Robert Townsend Smallbones [online]. Verfügbar unter https://de.wikipedia.org/wiki/Robert_Townsend_Smallbones [17.09.2019]
603 Straeten (1997), S. 145, bestätigt von der Gedenkstätte Yad Vashem.
Hofer (1982), S. 294
Vgl. Shirer (1961), S. 402.
604 Rothfels (1960), S. 36ff.

605 Wikipedia (2018). Novemberpogrome 1938 [online]. Verfügbar unter http://de.wikipedia.org/wiki/Novemberpogrome_1938#Die_Ereignisse_der_Folgetage [30.07.18]
606 Meldungen aus dem Reich (1984), Band 2, S. 74
607 Ebd., S. 60
608 Ebd., S. 50
609 Ebd., S. 36
610 Ebd., S. 37
611 Ebd., S. 37f.
612 Ebd., S. 36
613 Rothfels (1960), S. 184
EKD (2014). Helmut Gollwitzer [online]. Verfügbar unter http://www.ekd.de/predigten/2002/021124_huber_busstag.html [30.07.18]
614 Siehe Fußnote 613.
615 Meldungen aus dem Reich (1984), Band 2, S. 33
616 Ebd., S. 42f.
617 Ebd., S. 89
618 Ebd.
619 Strauß (1989), S. 36
620 Meldungen aus dem Reich (1984), Band 2, S. 114
621 Ebd., S. 114f.
622 Ebd., S. 117
623 Ebd., S. 115
624 Ebd., S. 115
625 IMG (1948), Band 1, S. 517
626 Meldungen aus dem Reich (1984), Band 2, S. 21f. und 28
627 Preparata (2011), S. 308
628 Aus der Erinnerung seines Enkels Martin Bremer aus Berlin.
629 Schultze-Rhonhof (2007), S. 311
630 Ebd., S. 312
631 Shirer (1961), S. 398
632 Schultze-Rhonhof (2007), S. 437
Vgl. IMG (1948), Band XXII, S. 499.
633 Dokumente (1946), Band 1, S. 306f.
634 Ebd., S. 307
635 Falin (1995), S. 61
636 Quigley (2010), S. 99
637 Hoffmann (1970), S. 31f.
638 Falin (1995), S. 62
639 Namier (1949), S. 69f.
640 Falin (1995), S. 68
641 Höhne (1976), S. 300f.
642 Schultze-Rhonhof (2007), S. 392f.
643 Ebd., S. 403, polnische zeitgenössische Darstellung
644 Namier (1949), S. 72f.
645 Ebd., S. 94

Literaturauswahl

Aufstand des Gewisssens (1985). Aufstand d. Gew. Der militärische Widerstand gegen Hitler und das NS-Regime 1933 – 1945. Im Auftrag des Bundesministeriums für Verteidigung zur Wanderausstellung herausgegeben vom Militärgeschichtlichen Forschungsamt, Herford und Bonn: Mittler

Conze, Vanessa; Frei, Norbert; Hayes, Peter; Zimmermann, Moshe (2010). Das Amt und die Vergangenheit. Deutsche Diplomaten im Dritten Reich und in der Bundesrepublik. München: Karl Blessing Verlag

Dokumente (1946). Dokumente und Materialien aus der Vorgeschichte des II. Weltkrieges. Bände 1 und 2. Moskau: Verlag für fremdsprachige Literatur

Enzensberger, Hans Magnus (2008), Hammerstein oder Der Eigensinn. Frankfurt am Main: Suhrkamp Verlag

Falin, Valentin (1995). Zweite Front. Die Interessenkonflikte der Anti-Hitler-Koalition. München: Droemersche Verlagsanstalt Th. Knaur Nachfolger

Fest, Joachim C. Fest (1991). Hitler. Eine Biographie. Ungekürzte Ausg., 2. Auflage. Frankfurt am Main und Berlin: Ullstein Verlag

Fest, Joachim C. (1994). Staatsstreich. Berlin: Wolf Jobst Siedler Verlag

Gisevius, Hans Bernd (1947). Bis zum bittern Ende. Bände 1 und 2. Darmstadt: Claassen & Würth

Gisevius, Hans Bernd (1963). Adolf Hitler. Versuch einer Deutung. München: Rütten und Loening Verlag

Hirche, Kurt (1964). Der braune und der rote Witz. Düsseldorf und Wien: Econ Verlag

Hofer, Walther (1982). Der Nationalsozialismus. Dokumente 1933 – 1945. Überarbeitete Neuausgabe, Frankfurt am Main: Fischer Taschenbuch Verlag GmbH

Hoffmann, Peter (1970). Widerstand. Staatsstreich. Attentat. Der Kampf der Opposition gegen Hitler. 2. verbesserte und erw. Auflage. Frankfurt/M., Berlin und Wien: Verlag Ullstein GmbH

Höhne, Heinz (1976). Canaris. Patriot im Zwielicht. München: C. Bertelsmann Verlag GmbH

Hughes, Emrys (1955). Winston Churchill. British Bulldog. His Career in War and Peace. New York: Exposition Press

IMG: Internationaler Militärgerichtshof Nürnberg (1948). Der Nürnberger Prozess gegen die Hauptkriegsverbrecher vom 14. November 1945 – 1. Oktober 1946. Genehmigte Sonderausgabe, herausgegeben vom Internationalen Militärgerichtshof Nürnberg, Frechen: Komet MA-Service und Verlagsgesellschaft mbH

Kennan, George F. (1968) Memoiren eines Diplomaten. Stuttgart: Henry Goverts Verlag

Kern, Erich (Hrsg., 1988). Verheimlichte Dokumente. Was den Deutschen verschwiegen wird. München: FZ-Verlag GmbH

Knightley, Phillip (1990). Die Geschichte der Spionage im 20. Jahrhundert. Aufbau und Organisation, Erfolge und Niederlagen der großen Geheimdienste. Berlin: Verlag Volk und Welt

Knobloch, Heinz (1993). Der beherzte Reviervorsteher. Ungewöhnliche Zivilcourage am Hackeschen Markt. 2., erweiterte Auflage. Berlin: Morgenbuch Verlag

Kordt, Erich (1948). Wahn und Wirklichkeit. Die Außenpolitik des Dritten Reiches. Versuch einer Darstellung. Stuttgart: Union Deutsche Verlagsgesellschaft

Leibovitz, Clement & Finkel, Alvin (1998). In Our Time: The Chamberlain-Hitler Collusion. New York: Monthly Review Foundation

Mackinder, Halford John (1904). The geographical pivot of history. In: The Geographical Journal. Special Issue: Halford Mackinder and the 'Geographical Pivot of History'. Edited by Klaus Dodds and James D. Sidaway. December 2004. Volume 170. Part 4. Glasgow/Schottland: Royal Geographical Society

Mackinder, Halford John (1919). Democratic Ideals and Reality. A study in the politics of reconstruction. London: Constable and Company Ltd.

Meldungen aus dem Reich (1984). Die geheimen Lageberichte des Sicherheitsdienstes der SS. 1938-1945. Bände 2 und 3. Herrsching: Pawlak Verlag

Moorhouse, Roger (2007). Killing Hitler. Die Attentäter, die Pläne und warum sie scheiterten. Wiesbaden: marixverlag

Namier, Lewis Bernstein (1949). Diplomatisches Vorspiel 1938-1939. Berlin: Oswald Arnold Verlag

Preparata, Guido Giacomo (2011). Wer Hitler mächtig machte. Wie britisch-amerikanische Finanzeliten dem Dritten Reich den Weg ebneten. 2. Auflage. Basel: Perseus Verlag

Quigley, Carrol (2010). Appeasement. Die britische Mitschuld am Zweiten Weltkrieg. Berlin: Kai Homilius Verlag, Compact

Rothfels, Hans (1960). Die deutsche Opposition gegen Hitler. Ungekürzte, stark revidierte Ausgabe, Frankfurt am Main und Hamburg: Fischer Bücherei KG

Scheer, Regina (1993). Im Revier 16. In: Die Hackeschen Höfe. Geschichte und Geschichten einer Lebenswelt in der Mitte Berlins. Berlin: Gesellschaft Hackesche Höfe e.V. (Hg.)

Schmidt, Paul (1949). Statist auf diplomatischer Bühne. 1923–1945. Ausgabe von 1961. Frankfurt/Main und Bonn: Athenäum Verlag

Schultze-Rhonhof, Gerd (2007). 1939. Der Krieg, der viele Väter hatte. 6., überarb. und aktualisierte Auflage. München: Olzog Verlag

Shirer, William (1961). Aufstieg und Fall des Dritten Reiches. Frechen: Komet MA-Service und Verlagsgesellschaft mbH, Originalausgabe: Köln: Verlag Kiepenheuer & Witsch

Speidel, Hans (1977). Aus unserer Zeit, Frankfurt am Main, Berlin, Wien: Lizenzausgabe des Deutschen Bücherbundes, Originalausgabe Frankfurt/M., Berlin, Wien: Verlag Ullstein GmbH

Starikow, Nikolai (2008). Wer hat Hitler gezwungen Stalin zu überfallen? Hitlers fataler Fehler. Ins Deutsche übersetzt von Dr. Wolfgang Schacht. St. Petersburg: Verlag Piter.com

Steinbach, Peter & Tuchel, Johannes (Hrsg., 1994). Widerstand gegen den Nationalsozialismus. Bonn: Bundeszentr. für Pol. Bildung

Straeten, Herbert (1997). Andere Deutsche unter Hitler. Mainz: v. Hase & Köhler Verlag

Strauß, Franz Josef (1989). Die Erinnerungen. Berlin: Wolf Jobst Siedler Verlag

Sutton, Antony Cyril (2008). Wallstreet und der Aufstieg Hitlers. Basel: Perseus Verlag

Wojciechowski, Marian (1990). Der historische Ort der polnischen Politik in der Genesis des Zweiten Weltkrieges. In: 1939: an der Schwelle zum Weltkrieg. Die Entfesselung des Zweiten Weltkrieges und das internationale System. Herausgegeben von Klaus Hildebrandt, Jürgen Schmädeke und Klaus Zernack. Berlin und New York: Walter de Gruyter

Namensregister

Adam, Wilhelm 83, 88, 106
Adenauer, Konrad 161 (siehe S. 264)
Alexandrowski 182 (Vorname unbekannt, siehe S. 271)
Altenburg, Günter 60 (siehe S. 265)
Ashton-Gwatkin, Frank 183 (siehe S. 269)
Astor, Lady Nancy 69 (Cliveden set, erstaunlich deutschfreundlich)
Attolico, Bernardo 118, 177, 181, 183 (siehe S. 269)
Baldwin, Stanley 99, 196 (siehe S. 268)
Bauer, Johann Peter 51 (genannt Hans, Hitlers Flugkapitän)
Baxter, Charles W. 59 (siehe S. 269)
Beck, Jósef 26, 73, 149, 151, 158, 187ff., 200f., 225ff. (siehe S. 270)
Beck, Ludwig 9, 16, 19, 44, 69, 77-83, 89-94, 96, 100, 106,
Bild auf Seite 107, 109, 114, 117f., 136, 154 (siehe S. 266)
Beitz, Berthold (Generalbevollmächtigter von Alfried Krupp von Bohlen und Halbach) 42
Beneš, Edvard 70, 77, 94, 148, 154, 156, 160, 162, 168f., 188
(deutsch: Benesch, siehe S. 263)
Benn, Gottfried 123
Bérenger, Henry 42 (siehe S. 267)
Bernstorff, Albrecht Graf von 89
Bismarck, Otto von 52, 220, 229 (siehe S. 264)
Blomberg, Werner von 8, 10f., 15
Blum, Léon (siehe S. 267)
Bock, Fedor von 210
Böhm-Tettelbach, Hans 119
Bonhoeffer, Christine 20, 232
Bonhoeffer, Dietrich 20, 89, 232
Bonhoeffer, Karl 108, 152
Bonnet, Georges 72-77, 150, 176, 182, 187, 223, 227 (siehe S. 267)
Bornewasser, Bischof Franz Rudolf 62, 216
Bosch, Robert 41f.
Brandt, Willy 191, 234
Brauchitsch, Walther von 7, 46, 81ff., 90f., 93, 115, 121, 129, 152, 154,
167, 171, 176, 225

Brockdorff-Ahlefeldt, Walter Graf 88, 106, 139f.
Brocket, Lord (Arthur Ronald Nall Nall-Cain, 2nd Baron Brocket, enger Vertrauter von Chamberlain, engagiertes Mitglied der Anglo-German Fellowship und lieber Gast beim 50. Geburtstag des lieben Führers in Berlin) 127
Brüning, Heinrich 12 (siehe S. 264)
Buch, Walter 207
Bullitt, William Christian 186 (siehe S. 273)
Busch, Ernst 83
Burckhardt, Carl Jacob 117f.
Cadogan, Sir Alexander 61, 84 (siehe S. 269)
Canaris, Wilhelm 9, 15f., 19ff., 57, 91, 102, Bild auf Seite 103, 104, 106, 126, 142, 151, 167, 224f. (siehe S. 265)
Carr, Wilbur John 94 (siehe S. 273)
Caudillo war eine Bezeichnung für den Diktator Franco. 63, 127
Chambre, Guy La 182
Chamberlain, Joseph 142
Chamberlain, Neville 32, 36f., 44, 50, 53, 58f., 60, 63, 65f., 69ff., 83, 85f., 92f., 98f., 115, 127f., 131f., 138ff., 142-145, 148f., 151, 154-157, 159-163, 168-171, 173-176f., 180, 182-185, 194, 197f., 220 (Cliveden set, irre deutschlandfreundlich, siehe S. 268)
Chartier, Jacques (siehe S. 267)
Chauvel, Jean (siehe S. 267)
Christie, Malcolm 67, 136
Churchill, Winston 87, 96, 98, 197ff. (bis 1938 Bewunderer Hitlers; dann will er plötzlich das Kind mit dem Bade ausschütten)
Chvalkovský, František (siehe S. 263)
Ciano, Gian Galeazzo 68, 194 (siehe S. 269)
Clive, Lord 127
Cliveden set 58, 69 (seltsam deutschlandfreundliche adlige Gruppe um die Politiker Neville Chamberlain, John Simon, Philip Kerr bzw. Lord Lothian, Edward Wood bzw. Lord Halifax, Samuel Hoare, Kingsley Wood, Tom Jones, Ernest Brown und William Montagu, die Politikerin Lady Nancy Astor, Robert Brand von der Lloyds Bank und den Chefredakteur von The Times Geoffrey

Dawson, Die Verbindung nach Amerika bildete US-Botschafter Joseph Patrick Kennedy.)
Coulondre, Robert (siehe S. 267)
Curtis, Lionel George 201f.
Cooper, Duff 197
Daladier, Édouard 65, 147, 183f., 186, 194 (siehe S. 267)
Dawson, Geoffrey 202 (Cliveden set und Chefredakteur von The Times)
Delbos, Yvon 42 (siehe S. 267)
Dieckhoff, Hans 168 (siehe S. 265)
Dietrich, Otto 15 (siehe S. 266)
Dinichert, Paul 203f. (siehe S. 271)
Dirksen, Herbert von 13, 50, 69, 71, 83, 85f., 92f., 131, 144, 198 (siehe S. 264)
Dohnanyi, Johannes (bzw. Hans) von 20, 108, 152, 232
Dowden, Arthur 213 (siehe S. 269)
Duce war eine Bezeichnung für den Diktator Benito Mussolini.
Eberstein, Karl Freiherr von 207, 219
Eden, Anthony 42, 85, 197 (siehe S. 268)
Eisenlohr, Josef 27, 58, 60 (siehe S. 265)
Elizabeth I. 229 (1558 bis 1603 Königin von England)
Elser, Georg 206
Espinosa de los Monteros y Bermejillo, Eugenio 127 (siehe S. 271)
Etzdorf, Hasso von 12 (siehe S. 265)
Faulhaber, Kardinal Michael von 215
Finck, Werner 24f.
Firebrace, Roy C. 127 (siehe S. 268)
Ford, Henry (amerikanischer Industrieller) 137, 139
Forster, Albert 87
Franco, Francisco 63, 127 (siehe S. 271)
François-Poncet, André 12, 176f. (siehe S. 267)
Frank, Hans 104
Fransoni, Francesco 186 (siehe S. 269)
Frisch, Achim von 9
Fritsch, Freiherr Werner von 7, 9ff., 15f., 18, 20f., 27, 29, 45, 57, 80f., 83, 90, 92, 221

Frölicher, Hans 204
Fromm, Friedrich 7
Funk, Walter 13, 140, 211 (siehe S. 266)
Galen, Clemens August Kardinal Graf von 22, Bild auf Seite 23, 215
Gamelin, Maurice Gustave 73, 145, 160, 162, 186 (siehe S. 267)
George VI. 84, 132, 145 (siehe S. 268)
George, Lloyd 143 (siehe S. 268)
Geyer, Waldemar (Polizei-Präsident von Hannover) 205
Gisevius, Hans Bernd 12ff., 19, 22, 32ff., 47, 88-91, 95, 108, 110, 117, 121f., 124ff., 130, 136, 139, 142, 144, 152, 167ff., 173, 175f., 179, 187, 191f., 197, 199
Goebbels, Joseph 17, 24, 27, 35, 46, 68, 113, 140, Bild auf S. 141, 164, 168f., 173, 206ff., 210, 212, 219 (siehe S. 265)
Goebbels, Magda 164
Goerdeler, Carl Friedrich 9, 39, Bild auf Seite 40, 41, 67, 70, 92, 100, 108, 117, 120, 162, 192
Goerdeler, Fritz 120
Goethe, Johann Wolfgang 133
Gollwitzer, Helmut 216
Göring, Hermann 8ff., 14, 17, 26, 29, 44-47, 49f., 56, 84, 101f., 113, 123, 140, 143, 174, 177, 183, 194, 200, 208-211 (siehe S. 266)
Groscurth, Helmuth 19, 88, 102, 142
Gröber, Erzbischof Conrad 215
Grynszpan, Esther 205
Grynszpan, Sendel 205
Grynszpan, Herschel Feibel 205f.
Gürtner, Franz 20, 33, 46 (siehe S. 266)
Gustav V. 168 (König von Schweden)
Guttenberg, Karl Ludwig Freiherr von und zu 89
Gwatkin, Frank (eig. Frank Ashton-Gwatkin) 183 (siehe S. 269)
Hácha, Emil 188 (siehe S. 263)
Haldane, Richard Burden 133 (siehe S. 269)
Halder, Franz 92, 95, 106, 108f., 117, 119-123, 125f., 129, 154, 167, 171, 175f., 179 (siehe S. 266)

Halifax, Lord 36, 38, 44, 50, 58, 70f., 84, 98, 128ff., 138f., 145, 154, 158, 184, 220 (eig. Edward Frederick Lindley Wood, im Cliveden set, wahnsinnig deutsch-freundlich, siehe S. 268)
Hamilton, Sir Ian Standish Monteith 131
Harris, Sir Arthur 234
Hart, Sir Basil Henry Liddell 234
Hase, Paul von 106
Hassell, Ulrich von 13, 89, 140 (siehe S. 264)
Heinz, Friedrich Wilhelm 19, 130, 152, 167
Helldorff, Wolf-Heinrich Graf von 34, 88, 93, 106, 108, 212
Henderson, Sir Nevile 35-38, 44, 58, 70, 96, 98, 115, 127, 130, 143, 160, 163 (siehe S. 268)
Hencke, Andor 186 (siehe S. 265)
Henlein, Konrad 54, 60, 65, 67, 104, 145, 162
Hentig, Werner von 19 (siehe S. 265)
Heydrich, Reinhard 9, 207f., 211 (siehe S. 266)
Hilgard, Eduard 209
Himmler, Heinrich 9, 20, 44, 49, 192, 207, 211 (siehe S. 266)
Hindenburg, Paul von 7, 10 (siehe S. 264)
Hitler, Adolf allgegenwärtig (siehe S. 264)
Hoare, Samuel 58, 198 (eig. Lord Samuel John Gurney Hoare, 1. Viscount Templewood, allgemein bekannter als Sir Samuel Hoare, Cliveden set, erstaunlich deutschfreundlich)
Hoepner, Erich 106, 167
Hohenlohe, Stéphanie Maria V. J. Prinzessin zu Hohenlohe-Waldenburg-Schillingsfürst 84
Holenden, Lord 127
Horthy, Miklos 102, 104 (siehe S. 272)
Hoßbach, Friedrich 11, 91
Hulbert, Sir Norman John 127, 240 (siehe Endnote 357)
Imredy, Bela 148f., 151 (siehe S. 272)
Inskip, Sir Thomas (eig. Thomas Walker Hobart Inskip, 1. Viscount Caldecote) 44
Innitzer, Kardinal Theodor 51
Jakob II. 99 (1685-89 König von England, Schottland und Irland)

Jodl, Alfred 21, 47, 89, 115, 192f.
Kageneck, Hans Reinhard Graf von 29, 49 (siehe S. 265)
Kaiser, Jakob 89
Kaltenbrunner, Ernst 49
Karl XII. 89 (1697 bis 1718 König von Schweden)
Keitel, Wilhelm 11, 14, 29f., 44ff., 63, 70, 77, 129, 193, 200
Kellogg, Frank Billings 187 (siehe S. 273)
Kennan, George Frost 165ff. (US-Diplomat)
Kennedy, Joseph Patrick 182 (siehe S. 273)
Keresztes-Fischer, Lajos 148 (siehe S. 272)
Kerr, Philip (Lord Lothian) 202 (Cliveden set, irre deutsch-freundlich)
Kerrl, Hanns 35 (siehe S. 266)
Kessel, Albrecht von 12 (siehe S. 265)
Ketteler, Wilhelm-Emanuel Freiherr von 29, 49 (siehe S. 265)
Kiep, Otto Carl 12 (siehe S. 265)
Kirkpatrick, Sir Ivone 155, 163 (siehe S. 269)
Kjosseiwanow, Georgi 224 (siehe S. 263)
Kleist-Schmenzin, Ewald von 89, 96, Bild auf S. 97, 98f., 119, 128, 199
Koch, Hans 34, 233f.
Kordt, Erich 12, 15, 17, 44, 92, 109, 116, 118, 128, 142, 157, 169, 171, 179 (siehe S. 265)
Kordt, Theodor 12, 118f., 128f., 138 (siehe S. 265)
Kreddig, Walter und Anny 214
Krofta, Kamil 42, 61, 145, 148, 185ff. (siehe S. 263)
Krützfeld, Wilhelm 208
Kühlenthal, Erich 168 (siehe S. 265)
Lacroix, Léopold Victor de 147f. (siehe S. 267)
Lahousen, Erwin von 57
Lammers, Hans Heinrich 13 (siehe S. 266)
Leber, Julius 89, 108
Leube, Max 115, 165
Léger, Alexis 39, 162 (siehe S. 267)
Leitz, Ernst 42
Leuschner, Wilhelm 89, 108
Lindbergh, Charles Augustus 147, 182, 195

Lipski, Jósef 56, 77, 93ff., 101f., 148ff., 157, 200f. (siehe S. 270)
Litvinov, Maxim Maximowitsch 55ff., 59, 151, 187 (eig. Meir Henoch Mojszewicz Wallach-Finkelstein, siehe S. 271)
Lothian, Lord 202 (eigentlich Philip Kerr)
Lukasiewicz, Juliusz 72-77, 150, 162, 187f., 227 (siehe S. 270)
Lyttelton, Oliver 240 (siehe S. 269)
Mackinder, Halford John 60, 99, 202
Manstein, Fritz Erich von 81, 194
Masaryk, Hubert 61, 183 (siehe S. 263)
Mason-MacFarlane, Sir Noel 98 (siehe S. 268)
Mastný, Vojtech 183 (siehe S. 263)
McGowan, Lord (eig. Harry Duncan McGowan) 127
Miklas, Wilhelm 46, 48 (siehe S. 270)
Milner, Lord Alfred, 1st Viscount 202
Moltke, Hans-Adolf von 225f. (siehe S. 265)
Moltke, Helmut James Graf von 89, 201f.
Morell, Theodor Gilbert 129
Mościcki, Ignacy 204 (siehe S. 270)
Mussolini, Benito 45, 63, 66, 68, 99, 175, 177, 179, 183, 194 (genannt Duce, siehe S. 269)
Mühlmann, (Vorname unbekannt, Dr.) 46
Nebe, Arthur 89, 106, 139
Neurath, Konstantin Freiherr von 11f., 36, 46, 183 (siehe S. 264)
Newton, Basil Cochrane 58, 147f., 186 (siehe S. 268)
Nicholson, Arthur Leslie (britischer Nachrichtendienstler, Pseudonym John Whitwell) 135f.
Niekisch, Ernst 89
Niemirowski, Ludwik (Historiker, erhielt 1913 brit. Staatsbürgerschaft, alias Lewis Bernstein Namier) 76
Niemöller, Else 32, 34
Niemöller, Martin 32-35, 46, 84, 221, 233
Noël, Léon 187 (siehe S. 267)
Norman, Montagu Collet, 1st Baron Norman 220 (siehe S. 268)
Oster, Hans Paul 16, 19ff., 88, 91, 95, 98, 117f., 121, 130, 139, 151f., Bild auf Seite 153, 157, 171, 175f. (siehe S. 265)

Osuský, Štefan 42, 145 (siehe S. 263)
Pacelli, Eugenio Maria G. G. 72 (ab 1939 Papst Pius XII.)
Papen, Franz von 13, 27, 29, 46, 49 (siehe S. 264)
Pariani, Alberto 104 (siehe S. 269)
Paul-Boncour, Augustin Alfred Joseph 61 (siehe S. 267)
Perth, The Earl of 175 (siehe S. 268)
Phipps, Eric 147 (siehe S. 268)
Piłsudski, Józef 189 (siehe Seite 270)
Pius XI. 22, 196 (siehe S. 273)
Popitz, Hermann Eduard Johannes 89, 117
Preysing, Bischof Konrad Graf von 52
Prinz Eugen 52 (Eugen Franz, Prinz von Savoyen-Carignan)
Puaux, Gabriel 45 (siehe S. 267)
Raeder, Erich (Oberbefehlshaber der deutschen Marine) 168, 210
Rath, Ernst Eduard vom 203, 206f. (siehe S. 265)
Reichenau, Walter von 83
Reynaud, Paul 42
Ribbentrop, Joachim von 11ff., 36, 44, 50, 60, 70, 104f., 109, 115f., 142ff., 148, 151, 155, 159, 176, 183, 192, 200f., 223ff., 227 (siehe S. 264)
Roediger 204 (Vorname unbekannt, Berliner Geheimrat)
Roosevelt, Franklin Delano 53, 168, 177, 196, 203, 220 (siehe S. 273)
Rosenberg, Alfred 32, 211
Rothermere, Harold Sidney Harmsworth, 1. Viscount (britischer Zeitungsmogul der Boulevardpresse) 127
Rothfels, Hans 173, 214f.
Rothmund, Heinrich 204
Runciman of Doxford, Lord Walter 92f., 104, 131, 145f. (siehe S. 268)
Schacht, Hjalmar 7, 12f., 91, 108, 117, 120f., 139f., 211, 219f. (s. S. 266)
Schallermeier, Luitpold 207, 219
Schellenberg, Walter 67
Scherp, Andreas 221
Schmidt, Paul-Otto (Chefdolmetscher des AA) 35, 68, 71, 104f., 127, 131, 138f., 142f., 155f., 159f., 163, 170, 173, 176, 183, 185
Schmidt, Guido 30 (siehe S. 270)

Schlabrendorff, Fabian von 89, 108
Schulenburg, Fritz-Dietlof von der 108, 121, 171
Schuschnigg, Kurt von 27, 29f., 43ff., 47ff., 156 (siehe S. 270)
Seeckt, Hans von 10 (ehemaliger Chef der Heeresleitung)
Seyß-Inquart, Arthur 30, 46-49
Shakespeare, William 109, 128
Shirer, William Lawrence (Europaberichterstatter für die Columbia Broadcasting Berlin) 63f., 155, 168f., 171f., 175f., 189
Simon, Sir Eric 32 (siehe S. 269)
Simon, Sir John (Cliveden set, irre deutsch-freundlich) 53, 58, 198
Smallbones, Robert Townsend 212f. (siehe S. 269)
Spaight, James Moloney 234
Speer, Albert 172
Speidel, Hans 62, 89, 184, 203
Sproll, Bischof Joannes Baptista 61f., 111f., 216
Stalin, Jossif Wissarjonowitsch 56, 91, 99, 158, 190 (siehe S. 271)
Stamp, Lord Josiah Charles Stamp, 1. Baron 127 (Gründungsmitglied der Anglo-German Fellowship)
Stauffenberg, Claus Graf Schenk von 211
Strang, William 142 (siehe S. 269)
Sträter, Weihbischof Hermann Joseph 216
Strauß, Franz Josef 133, 181, 217, 245
Stresemann, Gustav 74 (siehe S. 264, Kanzler und Außenamtschef)
Swinton, Lord (eig. Philip Cunliffe-Lister, 1. Earl of Swinton) 86
Szeptycki, Bischof Roman Maria Aleksander 226
Sztójay, Söme 157 (siehe S. 272)
The Earl of Perth 175 (siehe S. 268)
Thomas, Georg 106, 180
Tippelskirch, Werner von 190 (siehe S. 265)
Torgler, Ernst (einst Vorsitzender der KPD-Fraktion im Reichstag) 9
Vansittart, Sir Robert Gilbert, 1. Baron 39, 96, 98, 120, 128, 131, 136 (siehe S. 269)

Viebahn, Max von (hoher deutscher Militär, wurde wegen seines Widerstandes gegen den Anschluss Österreichs in eine Irrenanstalt eingewiesen) 21
Wallach-Finkelstein, Meir Henoch Mojszewicz (alias Maxim Maximowitsch Litvinov) 55ff., 59, 151, 187 (siehe S. 271)
Weisheitinger, Ferdinand (Komiker, alias Weiß-Ferdl) 194f.
Weiß-Ferdl (Ferdinand Weisheitinger) 194f.
Weizsäcker, Ernst Heinrich Freiherr von 12, 51, 58, 104f., 108f., 117f., 126, 128, 138f., 183, 224f. (siehe S. 264)
Werth, Henrik (ungarischer Generalstabschef) 148
Wiedemann, Fritz 20, 84
Wienskowski, Horst 214
Wietersheim, Gustav Anton von 88f.
Wildermuth, Eberhard 123
Wilson, Sir Horace John 44, 58, 92, 118, 128, 142, 144, 163f., 170, 183 (großer *Appeasement*-Politiker)
Wilson, Hugh Robert 94 (siehe S. 273)
Windsor, Eduard VIII., Herzog von 143
Winterton, Lord (eig. Edward Turnour, 6th Earl Winterton) 86
Witzleben, Erwin von 88, 93, 106, 121, 130, 139, 152, 154, 167, 175f., 179f.
Wood, Robert Elkington 197
Woroschilow, Kliment Jefremowitsch 37, 182 (siehe S. 271)
Yorck von Wartenburg, Peter Graf 88
Zernatto, Guido 43

Politiker, Diplomaten und Militärs

Bulgarien

Premierminister
23. 11. 1935 bis 16. 02. 1940 Georgi Kjosseiwanow 224

ČSR, Tschechoslowakei

Präsident
18. 12. 1935 bis 05. 10. 1938 Edvard Beneš (dt.: Benesch) 70, 77, 94, 148, 154, 156, 160, 162, 168f., 188
30. 11. 1938 bis 15. 03. 1939 Emil Hácha 188

Außenminister
29. 02. 1936 bis 04. 10. 1938 Kamil Krofta 42, 61, 145, 148, 185ff.
04. 10. 1938 bis 14. 03. 1939 František Chvalkovský

Botschafter in Paris Štefan Osuský 42, 145

Andere Diplomaten
Hubert Masaryk 61, 183
Vojtech Mastný 183

Deutschland

Reichspräsident
1925 bis 1934 Paul von Hindenburg 7, 10

Reichskanzler
1871 bis 1890 Otto von Bismarck 52, 220, 229
im Jahre 1923 Gustav Stresemann 74
1930 bis 1932 Heinrich Brüning 12 (emigrierte 1934)
1933 bis 1945 Diktator Adolf Hitler (im Buch allgegenwärtig)

Bundeskanzler in Bonn am Rhein
1949 bis 1963 Konrad Adenauer 161
Er setzte gegen alle Widerstände Bonn als Hauptstadt der BRD durch.

Außenamtschef
1923 bis 1929 Gustav Stresemann 74
1932 bis 1938 Konstantin Freiherr von Neurath 11f., 36, 46, 183
1938 bis 1945 Joachim von Ribbentrop 11ff., 36, 44, 50, 60, 70, 104f., 109, 115f., 142ff., 148, 151, 155, 159, 176, 183, 192, 200f., 223ff., 227

Staatssekretär des Auswärtigen Amtes in Berlin
03. 04. 1938 bis 31.03.1943 Ernst Heinrich Freiherr von Weizsäcker 12, 51, 58, 104f., 108f., 117f., 126, 128, 138f., 183, 224f.

Botschafter und Gesandte
1938 bis 1939 in **London**: Herbert von Dirksen 13, 50, 69, 71, 83, 85f., 92f., 131, 144, 198
1932 bis 1938 in **Rom**: Ulrich von Hassell 13, 89, 140 (Gegner von Hitlers Kriegsplänen und Befürworter eines Putsches gegen ihn nach Beginn des Krieges 1939)
1934 bis 1938 in **Wien**: Franz von Papen 13, 27, 29, 46, 49 (konservativer Gegner der Nationalsozialisten aus dem Kreis um Edgar Julius Jung)

1931 bis 1939 in **Warschau**: Hans-Adolf von Moltke 225f.
1937 bis 1938 in **Washington**: Hans Dieckhoff 168
Gesandter in **Prag**: Josef Eisenlohr 27, 58, 60
(Er war gegen den deutschen Einmarsch 1939 und emigrierte daraufhin nach London.)

Weitere Diplomaten
Günter Altenburg 60
Hasso von Etzdorf 12
Andor Hencke 186
Werner von Hentig 19
Hans Reinhard Graf von Kageneck 29, 49
Albrecht von Kessel 12
Wilhelm-Emanuel Freiherr von Ketteler 29, 49
Otto Carl Kiep 12
Erich Kordt 12, 15, 17, 44, 92, 109, 116, 118, 128, 142, 157, 169, 171, 179
(war als Attentäter auf Hitler vorgesehen)
Theodor Kordt 12, 118f., 128f., 138 (Botschaftsrat in London)
Ernst vom Rath 203, 206f.
Werner von Tippelskirch 190 (Botschaftsrat in Moskau)

Militärattaché
in **Paris**: Erich Kühlenthal 168

Reichspropagandaleiter
Joseph Goebbels 17, 24, 27, 35, 46, 68, 113, 140, Bild auf S. 141, 164, 168f., 173, 206ff., 210, 212, 219

Geheimdienstchef
Wilhelm Canaris 9, 15f., 19ff., 57, 91, 102, Bild auf Seite 103, 104, 106, 126, 142, 151, 167, 224f.

Leitung der Zentralabteilung im Amt Abwehr
Hans Paul Oster 16, 19ff., 88, 91, 95, 98, 117f., 121, 130, 139, 151f., Bild auf Seite 153, 157, 171, 175f.

Generalstabschef des Heeres
von 1935 bis zum 27. 08. 1938 Ludwig Beck 9, 16, 19, 44, 69, 77-83, 89-93, 96, 100, 106, Bild auf Seite 107, 109, 114, 117f., 136, 154
01. 09. 1938 bis 24. 09. 1942 Franz Halder 92, 95, 106, 108f., 117, 119-123, 125f., 129, 154, 167, 171, 175f., 179

Oberbefehlshaber der Luftwaffe u. a. führende Posten
Hermann Göring 8ff., 14, 17, 26, 29, 44-47, 49f., 56, 84, 101f., 113, 123, 140, 143, 174, 177, 183, 194, 200, 208-211

Chef der Reichskanzlei
Hans Heinrich Lammers 13

Wirtschaftsminister
03. 08. 1934 bis 26. 11. 1937 Hjalmar Schacht 7, 12f., 91, 108, 117, 120f., 139f., 211, 219f.
26. 11. 1937 bis 15. 01. 1938 Hermann Göring 8ff., 14, 17, 26, 29, 44-47, 49f., 56, 84, 101f., 113, 123, 140, 143, 174, 177, 183, 194, 200, 208-211
05. 02. 1938 bis 01. 05. 1945 Walter Funk 13, 140, 211

Reichsjustizminister
Franz Gürtner 20, 33, 46

Reichsminister für Kirchenfragen
Hanns Kerrl 35

Reichsführer SS
Heinrich Himmler 9, 20, 44, 49, 192, 207, 211

Leiter des Reichssicherheitshauptamtes
Reinhard Heydrich 9, 207f., 211

Reichspressechef
Otto Dietrich 15

Frankreich

Premierminister
13. 03. 1938 bis 10. 04. 1938 Léon Blum
10. 04. 1938 bis 21. 03. 1940 Édouard Daladier 65, 147, 183f., 186, 194

Außenminister
04. 06. 1936 bis 13. 03. 1938 Yvon Delbos 42
13. 03. 1938 bis 10. 04. 1938 Augustin Alfred Joseph Paul-Boncour 61
10. 04. 1938 bis 13. 09. 1939 Georges Bonnet 72-77, 150, 176, 182, 187, 223, 227

Generalstabschef
Maurice Gustave Gamelin 73, 145, 160, 162, 186

Botschafter
in **Warschau**: Léon Noël 187
in **Berlin**:
1931 bis 1938 André François-Poncet 176f.
1938 bis 1939 Robert Coulondre

Gesandter
in **Prag**: Léopold Victor de Lacroix 147f., 186
in **Wien**: Gabriel Puaux 45
ab März 1938 Jean Chauvel
ab Oktober 1938 Jacques Chartier

Generalsekretär des Pariser Außenministeriums
Alexis Léger 39, 162

Diplomat
Henry Bérenger 42

Großbritannien

König
George VI. 84, 132, 145

Vorsitzender des Geheimen Rates
Lord Walter Runciman of Doxford 92f., 104, 131, 145f.

Gouverneur der Bank of England
Montagu Collet Norman, 1st Baron 220

Premierminister
1916 bis 1922 Lloyd George 143
1935 bis 1937 Stanley Baldwin 99, 196
(von 1923 bis 1937 dreimal Londoner Premierminister)
1937 bis 1940 Neville Chamberlain 32, 36f., 44, 50, 53, 58f., 60, 63, 65f., 69ff., 83, 85f., 92f., 98f., 115, 127f., 131f., 138ff., 142-145, 148f., 151, 154-157, 159-163, 168-171, 173-177, 180, 182-185, 194, 197f., 220

Außenminister
22. 12. 1935 bis 20. 02. 1938 Anthony Eden 42, 85, 197
21. 02. 1938 bis 22. 12. 1940 Lord Halifax 36, 38, 44, 50, 58, 70f., 84, 98, 128ff., 138f., 145, 154, 158, 184, 220

Botschafter und Gesandte
in **Paris**: Eric Phipps 147
in **Berlin**: Sir Nevile Henderson 35-38, 44, 58, 70, 96, 98, 115, 127, 130, 143, 160, 163
in **Rom**: The Earl of Perth 175
in **Prag**: Basil Cochrane Newton 58, 147f., 186

Militärattaché
in **Prag**: Roy C. Firebrace 127
in **Berlin**: Sir Noel Mason-MacFarlane 98, 144

Weitere Diplomaten
Charles W. Baxter 59 (Head of Eastern Department)
Sir Alexander Cadogan 61, 84
Arthur Dowden 213
Frank Gwatkin 183 (eigentlich Frank Ashton-Gwatkin)
Ivone Kirkpatrick 155, 163
Robert Townsend Smallbones 212f.
William Strang 142 (leitender Diplomat)
Sir Robert Gilbert Vansittart 39, 96, 98, 120, 128, 131, 136

Schatzkammersekretär
Sir Eric Simon 32

Produktionsminister
Oliver Lyttelton 240

Kriegsminister
1905 bis 1912 Richard Burden Haldane 133

Italien

Staats- und Parteichef, genannt Duce
Benito Mussolini 45, 63, 66, 68, 99, 175, 177, 179, 183, 194

Außenminister
Gian Galeazzo Ciano 68, 194

Botschafter und Gesandte
in **Berlin**: Bernardo Attolico 118, 177, 181, 183
in **Prag**: Franceso Fransoni 186

Generalstabschef
Alberto Pariani 104

Japan

Militärattaché
in **London** 116 (Name wurde nicht gefunden)

Österreich

Bundespräsident
Wilhelm Miklas 46, 48

Bundeskanzler
Kurt von Schuschnigg 27, 29f., 43ff., 47ff., 156

Außenamtschef
Guido Schmidt 30

Polen

Diktator
1926 bis 1935 Józef Piłsudski 189

Präsident
01. 06. 1926 bis 01. 09. 1939 Ignacy Mościcki 204

Außenminister
Jósef Beck 26, 73, 149, 151, 158, 187ff., 200f., 225ff.

Botschafter:
in **Berlin**: Jósef Lipski 56, 77, 93ff., 101f., 148ff., 157, 200f.
in **Paris**: Juliusz Lukasiewicz 72-77, 150, 162, 187f., 227

Schweiz

Gesandter
in **Berlin**: Paul Dinichert 203f.

Sowjetunion

Diktator
1927 bis 1953 Jossif Wissarjonowitsch Stalin
(eigentlich Iosseb Bessarionis dse Dschughaschwili,
Diktator in der Sowjetunion) 56, 91, 99, 158, 190

Außenminister
Maxim Maximowitsch Litvinov, eigentlich Meir Henoch Mojszewicz
Wallach-Finkelstein) 55ff., 59, 151, 187

Gesandter
in **Prag**: Alexandrowski (Vorname unbekannt) 182
Volkskommissar für Verteidigung
Kliment Jefremowitsch Woroschilow 37, 182

Spanien

Diktator, genannt Caudillo
Francisco Franco 63, 127

Vizeaußenminister
General Eugenio Espinosa de los Monteros y Bermejillo 127

Ungarn

Reichsverweser
1920 bis 1944 Miklos Horthy 102, 104

Ministerpräsident
14. 05. 1938 bis 16. 10. 1939 Bela Imredy 148f., 151

Im deutschen Eintrag bei Wikipedia über Bela Imredy findet sich gleich der nächste Hinweis auf den Jahrhundertskandal, dem es nachzugehen lohnt. Auch Bela Imredy hat sich nicht ohne fremden Einfluss Hitler zugewandt. Am 21. 09. 2019 fand ich: „Am 14. Mai 1938 wurde er Premierminister. Nach mehreren vergeblichen Versuchen, Unterstützung von den Westalliierten zu erhalten, näherte er sich der deutschen Politik." Der englische Eintrag lässt es nicht allgemein bei Westalliierten. Darin heißt es expliziter: „Imrédys Versuche, die diplomatischen Beziehungen Ungarns zu Großbritannien zu verbessern, machten ihn bei Deutschland und Italien zunächst sehr unbeliebt." Erwartungsgemäß liefert der Eintrag ebenfalls keine Erklärung dafür, warum das offizielle London keine Lust hatte, Ungarn an sich zu binden und von Hitler fernzuhalten.

Generalstabschef
24. 05. 1938 – 29. 09. 1938 Lajos Keresztes-Fischer 148

Gesandter
in **Berlin**: Söme Sztójay 157

USA, Vereinigte Staaten von Amerika

Präsident
Franklin Delano Roosevelt 53, 168, 177, 196, 203, 220

Außenminister
1925 bis 1929 Frank Billings Kellogg 187

Botschafter
in **Berlin**: Hugh Robert Wilson 94
in **London**: Joseph Patrick Kennedy 182
(war zuvor im Wahlkampfausschuss für F. D. Roosevelt)
in **Paris**: William Christian Bullitt 186
in **Prag**: Wilbur John Carr 94

Vatikan

Papst
1922 bis 10. 02. 1939 Pius XI. 22, 196

Kardinalstaatssekretär
Eugenio Maria G. G. Pacelli 72 (ab 1939 Papst Pius XII.)

Unternehmen

Dow Chemical 133
Ford Motor Company 137, 139
IG Farben AG 133ff.
National City Bank 135
Robert Bosch 41f.
Standard Oil of New Jersey 134
Waffenfabrik Wolf u. Ebermann GmbH 136

Zeitungen

Daily Mail 69, 127, 229
Der Deutsche Weg 111, 196
Frankfurter Zeitung 184
Manchester Guardian 112
Nationalzeitung (Basel) 112
New York Herald Tribune 67
New York Times 137
The Round Table: The Commonwealth Journal of International Affairs 202
The London Times (dahinter stehen u. a. Geoffrey Dawson und Neville Chamberlain aus dem Cliveden set, super deutschfreundlich eingestellt) 127, 202
Völkischer Beobachter 15, 51, 212

Rundfunk

In Deutschland 17, 160, 164f., 217
In England 38, 115, 160, 165, 199, 240
Radio Vaticana 52f.
Sender Straßburg 190

Abkürzungen

AA	Auswärtiges Amt
BDM	Bund Deutscher Mädel
DNVP	Deutschnationale Volkspartei
DVP	
HJ	Hitlerjugend
SD	Sicherheitsdienst der SS
SdP	Sudetendeutsche Partei
SS	Sturmstaffel

Inhalt

1938

Ein halbes Jahrzehnt im Zeitraffer 7
Ein »trockener 30. Juni« mitten im Winter 8
Hohe Militärs koordinieren jetzt den Widerstand 15
Kommt 1938 der Staatsstreich? 17
Clemens August Graf von Galen im Bild 23
Hinter verschlossenen Türen 26
Flucht nach vorn – Hitler holt Österreich heim 27
Hitlers Zimmer mit Blick auf den Untersberg 28
Der Kampf um die Köpfe 30
Der Führer spricht zu Seinem Volk 31
Adi beißt wegen Niemöller vor Wut in den Teppich 32
Behind closed doors 35
Schattendiplomatie mit dem Strick um den Hals 39
Carl Friedrich Goerdeler im Bild 40
Eine Analyse für Prag 42
Wien will die Österreicher vor Hitler bewahren 43
Nationale Gleichschaltung auch in Prag 54
Moskau will ein Österreich II verhindern 55
Warschau und Berlin planen gemeinsame Raubzüge 56
Zwischen Putsch und Furcht 57
Was wird aus der Tschechoslowakei? 58
Die Deutschen sollen schon wieder wählen 61
London hält unbeirrt seinen Kurs bei 63
In einem Land der geheimnisvollen Friedhofsruhe 63
Heuchelei gehört zu den Basics für manchen Job 65
Verliebt – verlobt – verheiratet? 68
Das Drama um die ČSR geht in die nächste Runde 69
Die Katholische Kirche ist der Fels in der Brandung 72
Der nächste Fall von Größenwahn 72
Ein unerwarteter Zwischenfall wird eingeplant 77
David gegen Goliath 77
Die Kirchenfürsten wollen ihre Schafe *clean* halten 82

Verzweifeltes Ringen um die Erhaltung des Friedens 83
Warum soll ein Empire mit anderen teilen? 87
Die hohen Generäle kämpfen gegen einen Krieg 88
Der Staatsstreich wird ins Visier genommen 93
Dauerbrenner Tschechoslowakei 93
Ewald von Kleist-Schmenzin im Bild 97
Deutschland wird Polen nicht im Stich lassen 101
Diplomatie vor und hinter den Kulissen 102
Wilhelm Canaris im Bild 103
Countdown für den Umsturz in Deutschland 106
Deutschland ist reif für den Umsturz 107
Septemberrevolution in Deutschland 117
Jenseits von Europa winkt die Freiheit 133
Noch zwei Tage bis zum Umsturz in Berlin 138
Joseph Goebbels im Bild 141
Der große und der kleine Klaus 143
Krisendiplomatie unter Druck 145
Die Nerven liegen blank 151
Hans Oster im Bild 153
Die Goldene Stadt schläft 154
Das Schmierentheater wird fortgesetzt 155
In Warschau tropft der Zahn 158
Jetzt schreiben sich die Streithähne Briefe 159
Der polnische Ritter mit dem Zauberschwert 162
London wünscht keinen Umsturz in Deutschland 162
Der kleine Klaus rastet vollkommen aus 163
Es bleibt bei Folter, Mord und Totschlag in Deutschland 178
Die Revolution fällt aus 179
Die Münchener Konferenz 182
Warschau erweitert seinen Lebensraum erneut 187
Was von München bleibt 189
Kritischer Rückblick 196
Der kleine Klaus riskiert wieder die große Lippe 197
Berliner Außenpolitik nach Süden und Osten 200
Einem jungen Mann platzt der Kragen 203

Spontan brechen überall gleichzeitig Pogrome aus 207
Meilensteine 221
Die ewige Friedenspropaganda einschläfern 222
Winter unter Diplomaten 223
Abschließende Gedanken 229
Quellen und Anmerkungen 231
Literaturauswahl 249
Namensregister 253
Politiker, Diplomaten und Militärs
Bulgarien, ČSR bzw. Tschechoslowakei 263
Deutschland 264
Frankreich 267
Großbritannien 268
Italien 269
Japan, Österreich, Polen 270
Schweiz, Sowjetunion bzw. UdSSR, Spanien 271
Ungarn 272
Vereinigte Staaten bzw. USA, Vatikan 273
Unternehmen und Medien 274
Abkürzungen 275
Inhalt 276

Ebenfalls im Anderwelt Verlag erschienen:

England war mit dem Aufstieg kontinentaleuropäischer Länder zu Wirtschaftsmächten und Konkurrenten am Ende des 19. Jahrhunderts nicht untergegangen. Dabei standen die Sterne für das Empire nicht günstig. Der Anteil der Insel am Welthandel war über Jahrzehnte immer weiter gesunken, sie verfügte perspektivisch nicht selbst über genug Rohstoffe für ihre eigene Wirtschaft, auch nicht über hinreichend viele Einwohner, um den ökonomischen Aufstieg anderer Länder mit Hilfe von Feldzügen zu beenden. Wie lässt es sich erklären, dass binnen 50 Jahren die erfolgreiche Entwicklung großer Reiche in Kriegen und Diktaturen versandete und England auch ohne materielle Grundlage noch der Global Player ist wie vor hundert Jahren?

Londoner Außenpolitik & Adolf Hitler: Gibt es einen blinden Fleck?
Autor: Reinhard Leube

ISBN 978-3-940321-19-0 **€ 25.00 (D)**

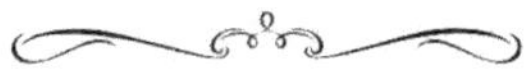

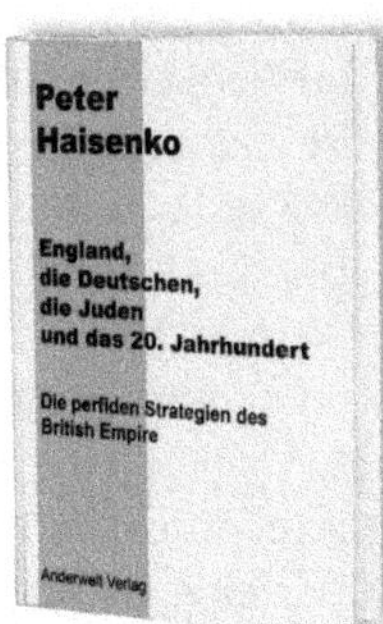

Kriege werden aus zwei Gründen begonnen: Wirtschaft und Religion. In der Neuzeit ist es oftmals nicht zu übersehen, dass der Kampf ums Öl der wahre Grund für Kriege ist. Die Betrachtungen von Peter Haisenko zeigen, dass es bereits vor mehr als 100 Jahren nicht anders war. Politisch orchestrierte Lügen und Intrigen sind keine Erfin- dung der Neuzeit. Mit diesem Buch gehen Sie auf eine Reise durch das 20. Jahrhundert, und die Analyse wirtschaftlich-politischer Verknüpfungen lässt manche „geschichtliche Wahrheit" zweifelhaft erscheinen.

England, die Deutschen, die Juden und das 20. Jahrhundert
Autor: Peter Haisenko

ISBN 978-3-940321-03-9 **€ 24.90 (D)**

Wer echte Demokratie will, muss als wichtigste Voraussetzung ein Finanz- und Wirtschaftssystem fordern, das die Macht des Kapitals bricht, der „wundersamen Geldvermehrung" durch Zins und Zinseszins ein Ende setzt und Korruption weitgehend unmöglich macht. Die Humane Marktwirtschaft wird das leisten, und nicht nur das. Sie wird den Menschen Freiheit schenken in bisher nicht gekanntem Ausmaß; ein Leben frei von Lohnsteuer und Inflation und damit eine zuverlässig planbare Zukunft. Um das zu erreichen, bedarf es keiner blutigen Revolution, sondern lediglich der Rückbesinnung auf die Grundsätze des Humanismus – und deren konsequente Umsetzung.

Die Humane Marktwirtschaft
Autoren: Peter Haisenko / Hubert von Brunn
ISBN 978-3-940321-13-8 **€ 15.00 (D)**

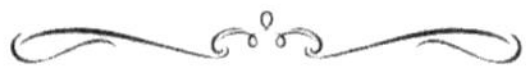

Was haben die Menschen in Deutschland wohl gefühlt und erlebt in den Jahren 1933 bis 1937? Waren alle glühende Nationalsozialisten oder begann mit den Nazis eine Diktatur? Hätte es tatsächlich eine braune Mehrheit gegeben, dann wäre das eine Demokratie gewesen und man hätte die Gestapo und Ähnliches nicht gebraucht. Wie hat aber das Ausland auf den neuen Kanzler Adolf Hitler reagiert? Wieso war die Chefetage in London von ihm eigentlich so begeistert?

Das vorliegende chronologisch aufgebaute Werk vermittelt dem Publikum einen Eindruck von dieser Zeit, der eine Gänsehaut erzeugt. Ganz anders als die unzähligen Dokus, die nur blitzlichtartig Ausschnitte zeigen ...

Atemberaubend
Autor: Reinhard Leube
ISBN 978-3-940321-20-6 **€ 25.00 (D)**

Deutschland als Kulturnation ist am Ende. Ein besetztes Land – sein Schicksal in fremden Händen, eine Marionettenregierung in einer Parteiendiktatur, eine machtlose Bevölkerung. Ein Grundgesetz, das keine Verfassung ist, und das zwar einen Widerstandsartikel kennt, aber dabei nicht konkret wird. Arbeit kann immer mehr Menschen nie wieder ernähren. Riesige soziale und wirtschaftliche Umwälzungen ohne Antworten. Flüchtlinge, die nicht gebraucht werden, ohne Pespektiven. Die Medien sind den Mächtigen hörig, anstatt Alternativen aufzuzeigen oder zumindest die harten Fragen zu stellen. Die Analyse der aktuellen Situation drängt sich förmlich auf.

Die Deutschen – Das klügste Volk auf Erden verabschiedet sich von der Geschichte

Autor: Hans-Jürgen Geese

ISBN 978-3-940321-17-6 **€ 16.00 (D)**

Der NSA-Skandal im Jahre 2013 führte den Deutschen vor Augen, dass sowohl ihre individuelle als auch die staatliche Souveränität nicht gewährleistet sind. Bei dem zu dieser Zeit geführten Bundestagswahlkampf wurde das massenhafte Ausspionieren der Bürger nicht thematisiert. Als am Wahlabend im September 2013 CDU und CSU ihren Sieg feierten, bekam Angela Merkel eine kleine deutsche Fahne gereicht. Diese entsorgte sie mit verzerrtem Gesicht. In jedem anderen Land wäre damit die Karriere eines Politikers beendet gewesen. Ihr Amtseid, alles zum Wohle des deutschen Volkes zu tun, erwies sich als Farce …

Ist Deutschland ein souveräner Staat?

Autor: Wolfgang Schimank

ISBN 978-3-940321-18-3 **€ 24.00 (D)**

Auf keinem anderen gesellschaftspolitisch brisanten Terrain herrscht ein so geisterhaftes Diktat des Schweigens, des Verschweigens, des Schönfärbens wie bei Fragen rund um Migration und Integration. Dieses Buch wagt sich weit vor, es zeigt mutig die zentrale Ursache jener längst aus dem Ruder gelaufenen Einwanderungsströme auf: das Tabu. Leidenschaftlich und mit lebendigen Beispielen räumt der erfahrene Sachbuchautor auf mit Lebenslügen, die unsere politisch Verantwortlichen uns seit 50 Jahren auftischen, um ihre Konzeptlosigkeit, ihr Zaudern, ihre Ohnmacht auf diesem grundlegenden Zukunftsfeld zu verschleiern.

Auf nach Germania!
Autor: Hans Jörg Schrötter
ISBN 978-3-940321-06-0 **€ 14.90 (D)**

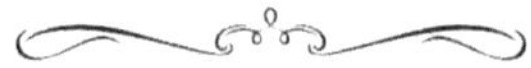

Afghanistan wird in Deutschland vor allem mit Krieg, Terror, Taliban, Chaos, Korruption und Drogen in Verbindung gebracht, nicht zuletzt deshalb, weil die Medien hierzulande fast ausschließlich über Kämpfe, Bomben und Tod berichten. Der Auslandseinsatz der Bundeswehr indes wird eher mit „höflichem Desinteresse" begleitet – die Soldaten und ihre Angehörigen werden in vielfacher Weise alleingelassen. Anliegen dieses Buches ist es, in einem persönlichen Exkurs episodenhaft und exemplarisch das andere, das zivile Afghanistan zu zeigen.

Verteidigung am Hindukusch
Autor: Dr. Joachim Sproß
ISBN 978-3-940321-09-1 **€ 14.00 (D)**

Was für ein Leben! Hineingeboren in die dunkelste Epoche der Neuzeit, wird der Protagonist dieser authentischen Odyssee konfrontiert mit menschlichen Grenzerfahrungen, wie wir sie uns, die wir in Frieden, Freiheit und Wohlstand aufgewachsen sind, überhaupt nicht vorstellen können: Hunger, Terror, Verfolgung, Vernichtungslager, Flucht, Gefangenschaft. Ständig in Gefahr, kein Ort, der dauerhaft Schutz und Sicherheit bieten konnte, Verlust der Heimat, Entbehrungen und Verzicht. Wie viele Menschen sind in vergleichbaren Situationen gescheitert?!

Nicht so Peter Gorew. Das Vertrauen auf seine Fähigkeiten und Talente, der Mut, sich in ausweglos erscheinenden Situationen nicht aufzugeben und allen Gefahren zum Trotz seinen Weg zu gehen, ein klares Ziel vor Augen und der unerschütterliche Wille, dieses Ziel zu erreichen, waren ihm Quellen der Kraft und der Orientierung. Nur dank dieser schier unmenschlichen mentalen Stärke konnte er die Wirren des Zweiten Weltkrieges schadlos überstehen und sein Ziel erreichen: ein neues, ein besseres Leben in Freiheit.

Der Leser wird förmlich hineingezogen in diesen geradezu unglaublichen Lebensbericht eines ungewöhnlichen Menschen und muss sich immer wieder vergewissern, dass es sich hier nicht um Fiktion handelt, sondern um die brutale Wirklichkeit eines gelebten Lebens. Die Lektüre dieser beiden Bände hinterlässt eine Fülle unauslöschlicher Bilder und eine tiefe Dankbarkeit für „die Gnade der späten Geburt".

Der Weg vom Don zur Isar

Autor: Vadim Grom

Band 1: ISBN 978-3-940321-12-1 **€ 13.90 (D)**

Band 2: ISBN 978-3-940321-15-2 **€ 14.20 (D)**

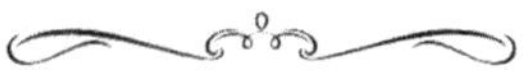

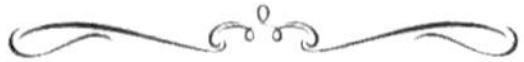